아버지의 마지막 골프 레슨

"이 아름다운 책에서 데이먼은 한 번도 만난 적 없는 아버지의 삶과 자신의 삶을 동시에 돌아본다. 그가 회고하는 두 인생, 두 이야기, 두 여정에는 우리 모두를 위한 교훈이 담겨 있다. 그를 통해 우리는 나와 타인을 용서하고 인정하는 법, 그리고 과거와 화해함으로써 앞으로 나아갈 방향을 발견하는 법을 배우게 된다."

— 앤절라 더크워스, 《그릿 : IQ, 재능, 환경을 뛰어넘는 열정적 끈기의 힘》 저자

"인간 발달과 성장에 대한 선도적 사상가인 데이먼은 아버지의 숨겨진 이야기를 발견한 뒤 인생 회고에 돌입한다. 이 비범한 회고록은 자연인이자 학자로서 자신의 삶과 연구를 성찰하며 생겨난 강력한 통찰을 그려낸다."

— 하워드 가드너, 하버드 대학교 심리학과 교수, 《다중지능》 저자

"놀라운 사실을 전해준 딸의 전화를 받은 후, 윌리엄 데이먼은 한 번도 알지 못했고 알고 싶어 한 적도 없는 아버지를 찾아 나선다. 이 감동적이고 긴장감 넘치는 회고록에서 저명한 발달심리학자인 저자는 60대의 나이에 아버지를 찾아 나선 것이 어떻게 자아발견의 여정이 되었는지 보여준다. 개인적 경험과 심리학 이론이 씨줄과 날줄처럼 엮여 기억과 정체성의 수수께끼 그리고 자아수용과 용서, 감사의 힘을 아름답게 그려내는 책이다. 아리스토텔레스의 말처럼 잘 사는 삶이 기교와 아름다움을 모두 갖춘 악기 연주와 같다면, 이 책은 윌리엄 데이먼이야말로 명연주자임을 입증해 보인다."

— 댄 맥애덤스, 노스웨스턴 대학교 심리학과 교수

"삶의 목적을 연구하는 세계적 석학이 들려주는 놀라운 이야기 속에는 숨겨진 과거를 발견한 사연과 함께 삶을 성실히 고찰하면 더 나은 미래를 만드는 데 도움이 된다는 강력한 통찰이 담겨 있다. 더 충만하고, 더 감사할 줄 알며, 더 기쁜 삶이란 어떤 것인지 보여주는 청사진과 같은 책. 술술 읽힐 뿐 아니라 삶을 변화시키는 힘이 있는 책이다."

— 마크 프리드먼, 시빅벤처스 CEO, 《빅 시프트 : 100세 시대 중년 이후 인생의 재구성》 저자

"저명한 학자이자 저자인 윌리엄 데이먼이 또 한 권의 매력적인 책을 내놓았다. 60여 년간 빌은 아버지가 2차 세계대전에서 '작전 중 실종'되었다고 믿었다. 아버지가 살아 있으면서도 가족과 함께하지 않았다는 사실을 노년에야 알게 되면서 그는 심리적 위기에 직면한다. 빌의 자전적 이야기는 독창적이고, 솔직하며, 가슴 아리면서도 아이러니와 유머로 가득하다. 이 눈부신 책은 현재를 직면하기 위해 과거를 수용하는 이야기를 들려주고, 한 사람의 인생을 돌아보는 일이 보상과 활력을 불어넣는 힘을 지녔음을 보여준다."

— 바텐 그레고리언, 뉴욕 카네기재단 이사장

"최고의 발달심리학자인 윌리엄 데이먼이 한 번도 만난 적 없는 아버지의 굴곡진 삶을 가슴 저미면서도 마음을 사로잡는 이야기로 만들어 들려준다. 그러나 이 책은 단순히 아름다운 회고록에 그치지 않고 독자들이 삶의 의미와 가치, 정체성, 목적을 발견하는 데 가족관계가 차지하는 보편적 의미를 깊이 느낄 수 있게끔 해준다. 모든 독자가 자신의 인생 여정을 회고하면서 끌어안을 수 있도록 인도하는 독보적인 안내서다."

— 리처드 러너, 터프츠 대학교 인간발달학과 교수

"이 책은 어느 한 분야로 분류되기를 거부한다. 한순간도 눈을 떼지 못하게 하는 추리소설이면서 깊은 감동을 주는 회고록이자, 발달심리학 비평서이기도 하고, 삶의 지혜가 담긴 금언집이며, 인생 회고의 훌륭한 본보기다. 그래서 한번 읽기 시작하면 도무지 내려놓을 수 없다. 데이먼이 권하는 태도와 통찰을 바탕으로 인생을 회고한다면 우리 내면에서 만개滿開를 기다리는 더 훌륭한 삶에 이르게 될 것이다."

— 마이클 머피,《내 생애 최고의 골프》저자

"일부는 추리소설, 일부는 스릴러, 또 일부는 심리학 마스터 클래스, 한마디로 필독서다. 데이먼은 자신의 과거로 가는 지극히 개인적인 여정에 우리를 초대하면서 우리가 어떻게 더 위대한 목적을 품고 미래를 직면할 수 있는지 보여준다. 영감을 주는 이 놀라운 책을 읽기에 지금보다 더 적절한 시기는 없을 듯하다."

— 헨리 팀스, 비영리단체 92번가Y CEO,《뉴파워 : 새로운 권력의 탄생》공저자

아버지의 마지막 골프 레슨

더 충만하고 의미 있는 삶으로 안내하는 인생수업

월리엄 데이먼 지음 | 김수진 옮김

북스톤

제시, 마리아, 캐롤라인, 세라

그리고 아이작에게

한국의 독자들께

　전쟁은 전장에서 발생하는 끔찍한 사상자 외에도 인간의 삶에 수많은 영향을 미치곤 합니다. 특히 제가 태어난 1944년 전후에 벌어진 전면적인 전쟁('2차 세계대전')은 더욱 그러했습니다. 저는 한국인의 삶이 2차 세계대전의 영향을 직접적으로 많이 받았다는 사실을 잘 알고, 어린 시절에 그 어려운 시기를 겪은 한국인 친구들도 있습니다. 한국과 달리 미국은 외세의 침략은 피했지만, 그럼에도 일부는 깊은 영향을 받았습니다.

　저에게 2차 세계대전은 아버지를 잃은 사건이었습니다. 이 사건은 제 인생의 방향을 완전히 바꿔놓았습니다. 그 결과, 아버지의 실종과 관련해 오랫동안 감춰져 있던 미스터리를 밝혀내기 전까지는 온전히 이해할 수 없는 정신적 유산을 제게 남겼습니다.

이 책은 2차 세계대전의 암울한 시기에 아버지에게 무슨 일이 일어났는지 알아보고, 아버지의 실종이 제 삶에 어떤 영향을 미쳤는지 탐구하는 여정을 이야기합니다. 아버지의 사진 한 장 없이 성장한 저는 60대의 어느 날 큰딸로부터 놀라운 전화를 받습니다. 딸은 제가 알던 것과는 전혀 다른 할아버지의 운명을 접하게 되었습니다. 딸이 알려준 단서를 따라 저는 집으로 돌아오지 못한 아버지의 삶에 대해 가능한 모든 것을 알아내기 시작했습니다. 아버지는 1991년에 돌아가셨지만 재구성할 수 있는 개인사를 남겼고, 제가 만나 친해질 수 있는 새로운 가족, 아버지에 대한 기억과 사진을 나눠줄 수 있는 오랜 친구들을 통해 아버지에 대한 제 머릿속 그림을 완성할 수 있었습니다.

그러면서 제 삶을 돌아보았습니다. 아버지의 부재로 내가 습득하지 못한 것은 무엇인가? 반대로 내가 얻은 강점은 무엇인가? 이 모든 과정에서 어머니의 역할은 무엇이었는가? 내 인생 이야기에서 내가 감사해야 할 결과는 무엇인가? 내가 받아들이고 화해해야 할 원한이나 불안감이 있는가?

저는 심리학을 전공하면서 사람들이 '인생의 목적'을 어떻게 찾는지 연구해왔습니다. **목적**이란 자기 자신에게도 의미

있고 자신 너머의 세상에도 영향을 미칠 수 있는 무언가를 성취하려는 장기적인 의도입니다. 목적은 개인 정체성의 핵심 요소로, 우리가 누구이며 무엇을 위해 존재하는지를 알려 줍니다.

목적은 미래에 성취하고자 하는 열망에 초점을 맞추기에 미래 지향적입니다. 동시에 목적은 과거와 현재를 바라보기도 합니다. 헌신할 이유가 있는 목적을 선택할 때 우리는 과거의 관심사를 끌어들이고, 목적을 달성하기 위해 현재의 능력을 끌어들입니다. 이렇게 우리의 목적은 과거, 현재, 미래의 자아 사이에 연속성을 확립합니다. 이것이 바로 '자기 정체감', 그리고 위대한 심리학자 에릭 에릭슨Erik Erikson이 개인 정체성 발달의 최종적 성과라고 말한 '자아 통합감'에 목적이 절대적으로 중요한 이유입니다.

목적을 통해 자아 통합을 이루는 과정이라니, 너무 추상적으로 느껴지나요? 그렇다면 미국 정신과 의사 로버트 버틀러Robert Butler(국립노화연구소 설립자)가 고안한 '인생 회고 life review' 프로세스가 도움을 줄 수 있습니다. 인생 회고의 목적은 잘못된 선택, 실수, 어려움에도 불구하고 자기 삶이 가치 있다는 인식을 갖도록 돕는 것입니다. 삶의 만족은 모든 불행을 피하는 것을 의미하지 않으며(이는 불가능합니다), 실

12

수를 항상 피하는 것도 아닙니다(이 또한 불가능합니다). 오히려 최선을 다하고, 과거의 경험에서 배우고, 미래에 대한 희망을 잃지 않는 것을 목표로 합니다. 이러한 방식으로 우리의 과거, 현재, 미래의 자아가 긍정적인 정체성으로 통합되어 에릭슨이 말한 충만한 통합감을 만끽할 수 있습니다.

'나는 어디에서 왔을까?' 이와 같은 질문에 답을 찾기 위해 우리는 끊임없이 노력합니다. '나는 어떤 사람인가?', '나는 왜 이렇게 되었나?' 그리고 가장 중요한 질문은 이것입니다. '나는 내가 원하는 사람이 되었나?' 이들 질문에 답하려면 우리의 과거, 현재, 미래를 살펴보고 이를 일관된 비전으로 통합해야 합니다. 저는 인생 회고를 통해 아버지를 이해하게 되고 동시에 제가 어디까지 왔는지, 어떤 사람인지, 앞으로 어디로 가고 싶은지 돌아보는 기회를 얻었습니다. 이 책을 읽는 한국의 독자들도 제 여정을 통해 여러분의 삶에 소중했던 무언가를 떠올리고, 그 의미를 되새기며, 미래의 방향성을 발견하는 시간을 갖게 되시길 바랍니다.

윌리엄 데이먼

차례

프롤로그.

운명의 전화 한 통

"아빠, 이런 얘기 전해드려야 할지 모르겠는데요….."

어느 날 오후, 캘리포니아의 연구실로 딸 마리아가 전화를 걸어왔다. 목소리에 딸아이답지 않은 주저함이 묻어났다.

젊은 경제학자로 세계를 누비며 왕성하게 활동하던 마리아는 학생들을 가르치기 위해 남아프리카공화국 케이프타운에 있었다. 그날 밤은 비행 시차 때문에 잠을 이루지 못했던 모양이다. 잠이 안 오는 차에 온라인으로 '집안 문제'를 파헤쳤던 것 같다. 그 내용이 내 관심을 끌지 화를 돋울지, 딸아이로서는 알 수 없었다. 하지만 워낙 엄청난 사실을 발견한 터라 내게 말해주고 싶은 마음이 굴뚝 같았다. 결국 딸은 내가 잘 감당하리라 믿고 수화기를 들었다.

이 전화 한 통으로 나는 아버지에 대해 알게 되었다.

케이프타운에서 잠 못 이루던 밤, 마리아는 아무것도 아는 것이 없었던 할아버지가 문득 궁금해졌다. 내게는 아버지였지만, 나 또한 그분에 대해 아는 바가 전혀 없었다. 그런데 참 이상하게도 나는 한 번도 마리아처럼 궁금해한 적이 없었다. 왜 그랬을까? 그때까지는 조금도 의아히 여기지 않았지만, 이제 와 생각해보면 의문투성이다.

내 어린 시절 내내 가족의 묵인하에 묻혀 있던 수수께끼가 마침내 베일을 벗을 참이었다. 오랫동안 잠겨 있던 문이 열렸고, 나는 열심히 들었다. 딸아이의 생각이 옳았다. 나는 담담했다. 아니, 사실은 마리아가 해준 이야기에 온통 마음이 설렜다.

이날을 계기로 나는 10년간 본격적인 진실 탐험의 여정에 올랐다. 그 결과 나 자신은 물론 내 삶의 경로 전체를 새롭게 이해하게 되었다. 과거의 선택을 원망이나 회한 없이 바라보고 내 앞에 놓인 미래의 선택에 대해 더 명료하게 생각하게 되었다.

아버지를 알아가는 과정이 직접 살을 맞대며 진행되지는 않았다. 그럴 수도 없었다. 마리아가 그분을 '찾아냈을' 때는 돌아가신 지 이미 20년이 지났기 때문이다. 물론 나는 이런 사실을 전혀 몰랐다. 하지만 마리아의 전화를 받은 뒤, 한 사람으로서 아버지를 알게 되었다. 낡은 흑백사진을 보며 신체 특징을 파악할 수 있는 사람, 조사 가능한 인생 스토리가 있는 사람, 내가 만날 수 있는 친구와 친척이 있는 사람, 성격을 파악하고 나와 비교할 수 있는 실체적인 사람 말이다.

나는 60년 넘도록 아버지 사진 한 장 없이 살았다. 물론 나름의 아버지 상을 마음에 품고 성장기를 헤쳐 나갔지만, 아버지라는 존재는 내 인생에서 완전히 빠져 있었다. 그렇게 세월을 보낸 지금 눈앞에 실존 인물이었던 아버지가 등장한 것이다. 그분은 어떤 사람이었을까? 대체 무슨 일이 있었던 걸까? 아버지는 어떤 인생을 살았을까?

대학 입학 때까지 아버지에 관해 내가 알고 있던 것이라고는 '2차 세계대전 중 실종되었다'는 한 문장뿐이었다. 나는 아버지가 이름 모를 유럽의 전장에서 작전 중 전사했겠거니 짐작했다. 그러다 대학교에 다닐 무렵 전혀 다른 이야기를 들었다. 어머니가 암호처럼 도통 알 수 없는 정보를 짤막하게 흘린 것이다. 하지만 이미 그때는 아버지에 대해 더 알아보고 싶은 마음이 없었다. 학업에 몰두했고, 그 뒤로는 학자로서 경력을 쌓고, 동시에 내가 꾸린 가정을 건사하는 데 여념이 없어 한눈팔 겨를이 없었다. 무엇보다 내가 태어나기도 전에 어머니와 나를 버린 남자에게 정신이 팔려 마음의 부담을 떠안고 싶지 않았다.

그 결과, 흔적 하나만 남기고 떠난 아버지가 그 뒤 어떻게 되었는지 나는 아무것도 몰랐다. 그렇다, 내가 보기에 어머니를 수정시킨 행위는 아버지가 남긴 '흔적'일 뿐이었다. 나와 우리 아이들에게는 무엇보다 결정적인 의미이지만, 그 또한 아버지를 둘러싼 모든 이야기가 그렇듯이 수수께끼로 남았다.

마리아의 전화를 받았을 때만 해도 내가 이렇게까지 대대적인 여정에 돌입하게 되리라고는 생각지 못했다. 아버지의 지난날을 추적하는 이 여정은 나를 유년 시절로, 나아가 20세기와 그 시대의 몇몇 주요 장면 속으로 이끌었다. 아버지의 실종은 내 인생에 지대한 영향을 미쳤을 뿐 아니라 굵직굵직한 역사적 사건들과도 엮여 있었다. 2차 세계대전, 냉전, 1960년대 시민 평등권 운동, 민주주의의 세계적 확산이라는 전후 미국의 외교적 과제 같은 것들 말이다. 모든 인생이 그렇듯, 내가 지나온 역사적 시대에 따라 내 삶도 빚어졌다. 다행히 그 세월 속에 나의 통찰력도 깊어졌을 테고, 덕분에 아버지의 삶이 그가 살았던 시대, 그가 작지만 유의미하게 공헌했던 시대를 어떻게 반영하는지 고찰할 수 있었다.

그러자 이번에는 내 삶의 궤적에 대한 인식이 뿌리부터 흔들렸다. 내가 어디서 왔으며, 어떻게 여기까지 오게 되었는지, 현재의 나를 만든 여러 선택을 왜 했던 건지 생각해야 했다. 그렇게 하다 보면 앞으로 나아갈 방향도 저절로 알 것 같았다. 실제로 내 뿌리를 파악하자 내 미래가 더 뚜렷이 손에 잡혔다. 그동안 알지 못했던 내 정체성의 빈칸을 채우고 나니, 오랫동안 소중히 간직했던 삶의 목적을 진전시킬 새로운 기회가 주어졌다.

이 모든 것은 자기 성찰법이 없었다면 불가능했을 것이다. 녹록지 않은 탐색에 착수한 나는 아무 생각 없이 되는 대로 접근했다가는 중도에 포기하고 말리라는 사실을 잘 알고 있었다. 아버지의 인생을 복원하려면 오래된 자료를 파고들고 생존해 있는 아버지의 친구나 친지를 인터뷰해야 했는데, 아무리 노력한다 해도 아마추어 수준을 벗어나지 못할 게 뻔했다. 대신 발달심리학자로서 내가 가진 전문지식을 활용했다. 나는 새롭게 알아낸 것을 바탕으로 인생을 보는 관점을 변화시켰다. 새로워진 목적과 방향을 제공할 수 있는 인생관 말이다. 하지만 내가 했던 기존의 심리학 연구만으로는 충분치 않았다. 그러다 발견한 대안이 '인생 회고법'이다. 임상 연구 및 자전적 연구 분야에서 20여 년에 걸쳐 다져진 방법으로, 찬찬히 과거를 복원함으로써 사람들이 희구하는 다음 세 가지를 누릴 수 있게 해준다.

첫째, 자기혐오나 후회에 빠지기보다 삶에 감사하며 내 인생을 만들어낸 여러 사건과 선택을 겸허히 받아들이기.

둘째, 내가 누구이며 어떻게 여기까지 오게 되었는지 진정으로 (그리하여 확실하게) 파악하기.

셋째, 과거의 내 삶에 의미를 부여했던 경험과 목적에서 배운 바를 되새기며 앞으로 원하는 삶의 방향을 명확히 깨닫기.

나의 인생 회고에서 연구 대상은 단 하나, 나뿐이었다. 내 아버지였던 남자를 둘러싼 진실을 알아가면서 나는 아버지 없이 보낸 유년기에 내가 놓쳤던 것이 무엇인지 깨달았다. 편모슬하에 외동아들로 자라면서 마음속에 품었을지 모르나 오랫동안 인정하지 않았던(또는 묻어왔던) 원망스러운 마음을 마침내 받아들이게 되었다. 아버지의 빈 자리를 채우는 법을 터득하면서 내가 얻은 것이 무엇인지도 알게 되었다. 이상하게 들릴 수도 있겠지만, 심지어 아버지에게 빚진 것이 무엇인지도 알게 되었다.

그 과정에서 내가 고군분투하고 성취하고 실수했던 것들, 무엇보다 내 삶의 목적들이 남긴 흔적을 새롭게 발견했다. 그 흔적의 틀 안에서 나는 가장 숭고한 열망을 품고 가장 보람되게 세상에 이바지했다. 나의 인생 이야기는 아직 완성되지 않았지만, 그래도 예전보다 채워졌고 진정성을 지니게 되었다. 그 결과, 나의 인생 이야기는 나를 앞으로 이끌어줄 진정한 지침이 되었다. 이 지침은 앞으로 다가올 여러 선택의 순간에 올바른 방향을 잡아주고 더 든든하게 선택을 지지해 줄 것이다. 이것이야말로 아버지가(혹은 그의 부재가) 내게 남긴 유산이었음을 이제는 안다.

이 책에서는 딸아이에게서 걸려 온 전화를 받은 후 내 마음을 온통 사로잡은 세 가지 여정을 따라 발견한 내용을 다루었다. 첫 번째 여정은 심리학자라는 내 직업의 중추를 이루는 작업이었다. 이 탐색에 함께하면서 여러분은 목적의식으로 가득한 정체성을 발견하고 자신의 삶을 충족시킬 방법을 배울 수 있다.

두 번째 여정은 개인적인 차원의 것이다. 그러나 자신의 과거와 현재, 미래를 파악해 후회나 절망이 아닌 만족의 이유를 알고 싶은 마음은 인간 모두가 가진 욕망이다. 내가 인생 회고를 통해 성찰한 내용을 여러분과 나눔으로써, 인생 회고가 삶의 목적을 쇄신하고 뚜렷한 방향을 찾는 기회가 된다는 사실을 알리고 싶다.

세 번째 여정은 나에게만 한정된 독특한 여정이다. 나는 실종된 아버지를 둘러싼 진실을 찾기 위해 자료를 검색했고,

생존해 있는 아버지 친구와 친지 여러 명을 인터뷰했다. 아버지가 나서 자라고, 공부하고, 놀았던 장소들을 직접 방문했다. 이 여정의 목표는 아버지 인생의 초상을 그리는 것이었다. 그러면서 뒤늦게 생긴 내 호기심을 충족시켰을 뿐 아니라 앞의 두 탐색에 필요한 정보도 얻을 수 있었다. 나에게만 한정된 이 탐색의 결실을 여러분과도 나누고 싶다.

이 책에서는 심리학과 개인 경험, 철학적 성찰이 만나는 지점에서 탐구가 이루어진다. 내가 이 영역에 발을 들인 것은 이번이 처음이 아니다. 《무엇을 위해 살 것인가The Path to Purpose》라는 책의 밑바탕이 된 연구를 시작했을 때도 그랬다. 다만 그때만 해도 '목적'이란 개념은 릭 워렌의 《목적이 이끄는 삶》처럼 철학과 신학에 기반한 사색이나 리처드 라이더의 《목적의 힘》과 같은 자기계발서에서 주로 다루어졌다. 하지만 이제는 상황이 달라져 교육학, 경영학, 의학, 심리학 등 다양한 분야에서 목적이 연구 대상으로 자리잡았다.

이 책을 쓰게 만든 내 목적에는 누구나 공감하리라 생각한다. 내 과거의 자아와 현재의 자아, 내 인생에서 사라진 주요 가족 구성원을 잃은 상실감, 오래전 유년기의 미스터리를 둘러싼 혼란, 과거의 상처와 후회를 치유할 필요성, 내게 주어진 삶을 재확인하고픈 마음을 제대로 파악하고 싶었다. 사람은 누구나 개인적이고 유일무이한 나름의 방법으로 삶의 의미를 탐색한다. 하지만 탐색 자체는 어디까지나 보편적이다. 나와 함께 이 책의 여정에 합류하기로 한 여러분께 부디 나의 연구와 성찰, 발견이 가장 개인적이면서도 가장 보편적이고 인간적인 탐색에 대한 유용한 통찰을 제공하기를 바란다.

1장.

정체성의 빈칸을 채우는 여정

우리는 늘 자기 이야기를 한다. 대부분 사람들 앞에서, 때로는 자기 혼자 이야기보따리를 푼다. 어느 경우건 그 이야기를 들으면 우리가 어떤 사람인지, 어떤 사람이 되고 싶은지, 사람들 눈에 어떻게 비치고 싶은지 알 수 있다. 즉 인생 이야기는 삶의 의미와 방향성을 제시하는 정체성을 정립하고, 보여주고, 확인하는 유용한 수단이 된다. 그러나 이 사실을 아는 이는 아직 많지 않다.

어떤 이야기가 인생 이야기일까? 무엇이라도 될 수 있다. 먼저, 고귀한 사명감에 기꺼이 위험을 무릅쓰는 이야기가 있다. 파도에 휩쓸린 아이를 구조했다거나 불타는 건물에 갇힌 사람을 구해냈다는 등의 이야기 말이다. 아니면 직장에서 힘들었다거나 싼 가격에 좋은 물건을 샀다거나 하는 일상적인 이야기도 있다. 일장 연설을 하듯 고난과 역경, 투쟁과 승리로 점철된 영웅담을 늘어놓을 수도 있다. 아니면 휴가 때 여행한 이야기를 짧게 나눌 수도 있다.

이 모든 이야기에는 의도가 있다. 사람들을 즐겁게 하거나, 재미있게 해주거나, 영향을 미치거나, 심지어 기만하려는 의도 같은 것 말이다. 자기 자신에게 이야기를 들려주는 의도는 소중했던 일, 다시 경험하고 싶은 일을 떠올리기 위해서일 수 있다. 또는 지금이라면 해결할 수 있는 과거의 실패나 괴로움을 되짚어보고 싶어서일 수도 있다. 이 외에도 의도했건 의도하지 않았건 우리는 자기 이야기를 들려줌으로써 자신이 어떤 사람이며 어떤 사람이 되고 싶은지 정보를 전달한다.

재미있는 사실은 그 정보가 결코 정확하지 않다는 것이다. 얼마나 솔직하냐에 따라, 기억력이 얼마나 좋은가에 따라 우리 이야기는 정확성 면에서 크게 차이 난다. 하늘에 맹세하듯 '오로지 진실만을' 이야기할 수 있는 경우는 드물다. 우리는 사건과 내용을 선별적으로 골라서 이야기한다. 그나마 정확히 알고 고르는 것도 아니다. 자신이나 타인을 속이려고 그런 것은 아니다(물론 간혹 그런 사람들이 있기는 하다). 그보다는 우리가 가진 정보가 불완전하기 때문이다. 관련 사실을 빠짐없이 알지 못할 수도 있고, 기억에 구멍이 있을 수도 있으며, 미화해서 기억할 수도 있다. 어쩌면 인생 이야기 자체가 태생적으로 불완전할 수밖에 없기도 하다. 우리 삶은 지금도 진행 중이며 그 끝이 어떻게 될지 알 수 없기 때문이다. 이처럼 인생 이야기는 특정한 때에 일어난 일을 완전무결하게 설명하는 작업이 아니다.

그럼에도 살아 있는 한 우리는 계속해서 이야기한다. 그 모든 순간이 자신이 누구인지 새삼 깨닫는 기회가 된다. 그리고 이렇게 가다듬는 과정을 통해 삶을 긍정하고, 진짜에 더 가깝고, 더 단단한 정체성이 만들어진다.

모든 이야기에는 의미가 있다

맥 빠지고 무의미해 보이는 사건들은 방치하면 곪아 터져버린다. 하지만 인생 이야기는 그런 사건에서도 의미를 깨닫게 한다. 후회로부터 무언가 얻는 것이 생긴다. 인간의 한 가지 장점은 가장 고통스러운 삶의 순간에도 의미를 발견하는 능력이다. 깊이 생각해서 하는 이야기는 우연이거나 제각각인 것 같아 보이는 사건들 안에서도 의미를 발견하게 해준다.

예컨대 우리가 중요한 관계 안에서 했던 행동을 돌이켜보자. 대부분이 그렇겠지만 부모와의 관계는 인생 이야기에서 큰 비중을 차지한다. 누구나 자신이 좋은 자식이길 바란다. 부모에게 사랑받았고, 부모의 자랑이었으며, 부모에게 받은 것에 감사할 줄 알고, 마지막 순간까지 부모 곁을 지킨 자녀로 남고 싶다. 그러나 이런 바람이 이루어지는 적이 얼마나 있던가. 그보다는 실제로 얼마나 애썼든, 병들거나 죽음을 앞둔 부모에게 진즉 더 잘해드렸어야 했다는 후회가 사무치는 것이 보통이다. 엄마 머리맡을 더 오래 지킬 수는 없었을까? 미처 하지 못한 그 말, 그 행동을 해드렸어야 했는데. 이런 감정은 쉽게 정당화되기 어렵고 그다지 합리적이지도 않아서 괴로움과 의혹만 유산처럼 남곤 한다. 이럴 때 모든 시간을 아우르며 관계 전체를 새로이 서사적으로 이야기하는 것이 해법이 될 수 있다. 그러면 사색적 회고 과정의 물꼬가 트이며 전보다 너그러운 시각으로 기존의 감정들을 재구성하고 해소할 수 있다.

마찬가지로 직장동료나 옛 연인, 옛 친구, 친척과의 사이에서 해결하지 못한 갈등이 마음속에 앙금처럼 남은 사람들도 많다. 지난 일이지만 여전히 불편함을 느끼고, 사태를 바로잡지 않은 것을 후회하기도 한다. 아직 기회가 있다면 조심스럽게 성찰함으로써 지금이라도 바로잡을 수 있다. 만약 기회가 없더라도 최소한 무엇이 잘못되었는지 깨달아 교훈을 얻고 실수를 인정할 수 있다. 궁극적으로 이러한 인식은 우리의 정체성과 관련 있다. 중요한 관계를 내가 어떻게 관리했는지에 대한 생각에도 영향을 준다.

바로 이 점에서 찬찬히 의도적으로 스토리텔링에 접근하는 방법이 도움이 된다. 인생 이야기를 하다 보면 골칫거리 결함투성이인 과거 행동이 중심이 되는 경우가 적지 않다. 하지만 우리에게는 이런 이야기들만 있는 것이 아니다. 어떤 관계든 후회할 일들만큼이나 귀하고 소중히 여길 것들도 있지 않은가. 그러므로 괴로운 이야기를 수정해서, 아쉬워하는 것과 소중히 간직하고 있는 것 사이의 균형을 잘 잡아보자. 그러면 후회를 피할 수는 없더라도, 적어도 긍정과 감사의 마음이 담긴 더 넓은 시각으로 후회를 바라볼 수 있게 된다. 이 책에서 풀어내는 인생 회고가 그렇듯, 인생 이야기에 차분히 의식적으로 접근하면 우리 삶의 경험을 두고 후회하거나 절망하기보다는 긍정하는 길이 열린다.

심리학 분야에서 긍정적 접근법을 획기적으로 주창한 인물이 빅터 프랭클Victor Frankl이다. 이 책에 소개된 내 견해는 그의 영향을 주로 받았다. 프랭클은 2차 세계대전 중 나치의 강제수용소에 갇혀 지내는 동안 필생의 역작《죽음의 수용소에서Man's Search for Meaning》를 썼다. 삶의 목적과 의미, 그 밖에 인간의 고귀한 능력을 강조한 그의 책은 전혀 새로운 관점에서 심리적 행복을 증진하는 길로 안내한다. 그의 통찰은 긍정적 정신 상태의 가치에 초점을 둔 오늘날 주류 심리학의 기틀이 되었다.

그런데 여기서 짚고 넘어가야 할 점이 있다. 프랭클이 붙인 원제는 영어 번역본 제목과 달랐다. 원제는 《그럼에도 삶을 긍정하라...trotzdem Ja zum Leben sagen》다. 이 짧은 문장은 과거의 경험을 긍정하는 것이 무슨 의미인지 포착하고 있다. 지금의 삶을 만든 과거의 선택과 사건을 긍정한다는 것은 그 선택과 사건에 '노'가 아니라 '예스'라고 말하는 것을 의미한다. 실수에서 교훈을 찾는다는 뜻이다. 역경 속에서 기회를, 후회 가운데서 만회할 가능성을 발견한다는 의미다. 프랭클은 인간이 겪을 수 있는 가장 암울한 상황에서도 이것이 어떻게 가능한지를 몸소 보여주었다.

긍정의 유익한 효과는 이 밖에 각종 노래가사나 격언, 속담 등 일상에서도 쉽게 접할 수 있다. 하지만 인생이 정말로 큰 타격을 가할 때 이런 충고를 실천하기가 어디 쉽던가. 어떻게 해야 수많은 부침을 겪으면서 이렇게 할 수 있을까? 이 질문에 대해 심리학은 프랭클의 연구와 최근의 긍정심리학적 접근법을 바탕으로 다양한 해답을 제시해왔다.[2] 이 책 또한 정신의학, 성격심리학, 내러티브 연구 분야에서 출현한 인생 회고법을 활용하는 것에 초점을 두고 있지만, 그 목표는 어디까지나 프랭클에서 긍정심리학파로 이어진 '긍정'이다.

과거의 경험을 긍정한다는 의미는 그 경험이 가져다준 건설적인 결과를 발견한다는 것이다. 가장 힘든 시간이라 해도 결실이 없는 게 아니다. 결국에는 가르침과 인격 성장, 새로운 기회 등의 이익을 얻게 된다. 물론 때로는 비통함만이 남는 사건도 있다. 이런 세상에 사는 것 자체가 비극일 수도 있다. 하지만 우리 마음이 온전하기만 하다면, 경험에서 의미를 찾을 기회는 있다.

가장 먼저 눈길을 주어야 하는 것은 바로 우리 자신이다. 과거에 무슨 일이 있었건, 그 일이 없었다면 우리는 지금과 같은 사람이 될 수 없다. 이런 이유로, 자신의 정체성을 알고 받아들인다는 것은 우리를 여기로 인도한 선택과 사건을 긍정한다는 뜻이다. 후회 가득한 이야기들도 찬찬히 곱씹으며 성찰하는 과정에서 자기용서와 평가, 만족감을 반영하는 긍정적 이야기로 바뀔 수 있다. 이를 바탕으로 탄탄한 정체감을 형성할 수 있게 된다. 이런 정체감은 예기치 않은 더 많은 시련에 대처하는 능력에 자신감을 불어넣는다.

살다 보면 정체성 재평가가 반드시 필요한 순간이 온다.

흔하게는 학교를 마치고 사회에 뛰어들 때, 우리를 북돋아 어른의 세계로 인도해줄 삶의 목적을 탐색하곤 한다. 그 과정에서 나는 누구인지 근본적으로 돌아보는 스스로를 발견할지도 모른다. 결혼처럼 장기적 관계를 약속할 때도 마찬가지다. 인생 행로와 생활, 재정을 다른 사람과 합칠 생각을 하다 보면 우리가 어떻게 지금에 이르렀으며 장차 어디로 가게 될지 새삼 생각해보게 된다. 반대로 사별이나 이혼으로 결혼 생활이 끝나면 나는 누구인지 정체감에 혼란이 생길 수 있다. 지금까지 '우리'를 중심으로 이야기가 구축되었는데, 이제 새로 초점 둘 곳을 찾아야 한다. 자녀가 성장해서 독립할 시기가 되었을 때도 그렇다. 나의 일상생활이 자녀에게 맞춰질 필요가 사라지면 이제 나는 어떤 사람이 되는 걸까?

퇴직하거나 이직할 때도 같은 물음에 직면하게 된다. 직업 이야기가 엮여 개인의 정체감이 만들어지기에 이 둘을 풀어서 분리하기는 쉽지 않다. 암 진단, 부상, 신체 능력 퇴행 등 건강의 이슈 역시 신체적 범위 이상으로 우리에게 타격을 준다. 신체 능력과 활동에 뿌리를 둔 개인의 정체성이 달라져야 하기 때문이다. 더는 달리지 못하게 된 운동선수, 관절염으로 손가락이 뻣뻣해진 피아니스트만 그런 것이 아니다. 거스를 수 없는 노화의 문턱을 넘어가는 한 사람 한 사람은 잃어버린 능력에 기반하지 않은 새로운 인생 이야기를 찾아야 한다.

모든 과도기에는 삶의 방향이 나뉘는 갈림길이 나온다. 청년이 졸업 후 선택할 수 있는 길은 여럿이다. 졸업 즉시 일자리를 구할 수도 있고, 상급 학교로 진학할 수도 있으며, 세상 구경을 떠날 수도 있고, 신앙의 길로 들어설 수도 있으며, 군에 입대할 수도 있다. 이 밖에도 수많은 길이 있다. 어떤 선택을 하든 그 순간 다른 선택지들은 배제되거나 연기된다. '가지 않은 길'이 되어버린다. 과거를 돌아보면서 만약 다른 길을 택했더라면 인생이 어떻게 되었을지 궁금해하지 않을 수 있을까? 거의 불가능하다. 인간은 필연적으로 인생의 전환점이 지금의 나와 미래의 나를 어떻게 바꾸어놓았는지 알고 싶어 한다. 또한 내가 선택한 삶의 방향을 편한 마음으로 받아들이기를 원한다.

이럴 때 인생 이야기가 도움이 된다. 고등학교나 대학교 동창회 같은 모임이 반가운 이유 중 하나는 이런 이야기를 끝도 없이 하게 되기 때문이다. 모임에 참석했을 때처럼 즉각적이지는 않지만 페이스북 등의 소셜미디어도 마찬가지다. 그곳에서 오랜 친구를 '만나면서' 자신의 정체성을 다시 돌아보고 정립한다. 서로 자기 이야기를 하며 혹은 이야기의 편린을 담은 사진을 보여주며 자신의 삶이 어떻게 진행되고 있는지 새삼스레 알게 된다. 그러면서 지금에 이르게 된 이유가 무엇인지 질문을 던지고, 이다음에 무슨 일이 생길지 추측한다.

인간은 인생 과도기마다 그리고 발달 과정의 여러 시기마다 인생 이야기를 풀어내면서 자신이 확립해온 정체성을 접하고, 그 이야기에 바탕을 둔 미래로 인도된다. 누구나 겪는 인생의 부침과 누구나 공유하는 발달 단계의 도전에 직면하면서 미처 인지하지도 못한 채 저절로 그렇게 한다. 정체성 정립은 보편적인 심리학적 과제다. 사람들이 들려주는 자기 이야기는 이 과제를 수행하는 표준적인 방법이다. 이 행위는 자연스럽게 일어나곤 하지만, 의도적으로 하면 성찰이 더 깊어질 수 있다.

자신의 인생 전체를 돌아보는 법

정신의학과 심리학 분야에는 자신의 이야기를 풀어놓는 접근법이 있다. '인생 회고', '치료적 자서전GAB', '회상', '서사 정체성' 등 삶을 이루는 선택과 사건을 성찰적으로 검토한다는 의미의 이름으로 다양하게 불린다.[3] 이들 접근법은 과거의 기억을 살펴보고 이를 현재의 생각과 감정, 자의식, 미래의 희망과 기대로 연결 짓는다. 그럼으로써 기존의 방식보다 한층 긍정적인 정체성을 구축하도록 돕는다.

인생 회고법의 선구자는 노령 환자들의 우울증에 관심 있었던 전설적인 정신의학자 로버트 버틀러다. 버틀러는 자신의 환자들이 우울증을 보이는 원인이 목표 없이 과거를 기억하기 때문이라고 보았다. 그래서 사람들이 과거에 추구했던 핵심 목적에 집중할 수 있도록 인생 회고법을 고안했다. 그는 과거의 행복하고 불행했던 경험들이 낳은 긍정적 결과물을 발견한다면 누구나 삶의 가치를 긍정하고 앞으로 나아갈 희망을 찾을 수 있으리라 믿었다. 그는 "한 사람의 삶이 세상이 말하는 '성공'적인 삶이어야 할 필요는 없다. 사람들은 자기가 최선을 다했다고 느낄 때 (…) 그리고 때로는 끔찍한 역경에 맞서 단지 살아남았다는 것만으로도 자부심을 느낀다"라고 했다.

이러한 장점에도 불구하고 인생 회고법이 널리 알려지지 않은 데에는 버틀러가 노인학 분야에서 명성을 얻게 된 이유도 있을 것이다. 노화에 관한 저서로 퓰리처상을 수상하고 '에이지즘(고령자 차별)'이라는 용어를 창안하는 등 노인학 분야에 매진한 그는 2007년 사망할 때까지 인생 회고라는 혁신적 아이디어를 발전시킬 시간을 내지 못했다. 버틀러가 노년에 남긴 글에는 이에 대한 후회가 드러난다.

버틀러는 성찰적 인생 회고법이 (우울증과 싸우고 있건 아니건, 나이가 많건 적건) 의미 있는 삶을 살고자 하는 모든 이에게 유용할 거라 믿었다. 그가 꼽은 인생 회고법의 심리적 효용은 여러 가지다.[4] 오랜 갈등을 해결하고, 미래에 대한 긍정적 시각을 갖게 하며, 안정감과 성취감을 주고, '최선을 다했다는 느낌'을 갖게 하며, 유머, 사랑, 본질, 사색과 같은 현재의 즐거움을 누리는 능력을 키워주고, '생애주기와 삼라만상, 세대의 변화를 편안한 마음으로 받아들이게' 한다. 이 모든 것들은 심리적 건강을 떠받치는 주요 기둥들이다.

심리학에서는 인생 회고법과 유사한 방식으로 유년기와 청소년기의 안녕감과 성인의 인성 발달, 트라우마 치유, 범죄 교정과 같은 문제들을 진찰해오고 있다. 노스웨스턴 대학교의 댄 맥애덤스Dan McAdams 연구진은 성년기의 정체성 성장을 연구하면서 '인생 이야기 인터뷰'를 활용했다.[5] 이와 함께 병행한 '치료적 자서전' 쓰기는 내가 아는 인생 회고 도구 가운데 가장 체계적이고 과학적인 방법이다.

그의 이론에서 상정하는 궁극의 '레벨 3'은 한 개인의 정체성에 통일성과 의미를 부여하는 인생 이야기에 뿌리를 둔다. 맥애덤스는 성숙한 정체성을 형성하는 데 생산성이 얼마나 중요한지, 부정적 사건과 경험에서 의미를 찾을 때 '구원적' 사고방식이 얼마나 가치 있는지 다룬다. 이 책은 일반적 성격 유형보다는 나라는 개인의 발달 과정에서 경험한 인생 굴곡에 방점이 찍혀 있지만,[6] 나는 그의 방법과 이론에서 많은 것을 배웠다. 게다가 생산성과 구원에 관한 맥애덤스의 통찰은 내가 이 책의 핵심인 목적과 보상이라는 두 개념을 파악하는 데 도움을 주었다.

맥애덤스의 연구에 영감을 받아 유년기와 청소년기의 서사 정체성에 관한 연구가 줄을 이었다. '서사 정체성 이론'에서는 과거와 현재의 경험을 미래의 열망과 통합하는 인생 이야기를 만듦으로써 정체성 형성을 고취할 수 있다고 본다. 이 방식에서는 '목적'이 핵심 역할을 한다. 청소년을 대상으로 한 연구에서도 스토리텔링을 통해 서사 기술이 향상되거나 심리적 안녕감 수준이 높아지는 등 긍정적 효과가 나타났다.[7] 개인의 스토리텔링과 생산적이고 의미 있는 삶을 사는 능력 사이에 모종의 관계가 있는 걸까? 그 가능성을 엿볼 수 있게 한 연구이기도 하다.[8]

한편 노인학자 제임스 비렌James Birren은 소규모 그룹을 대상으로 인생 회고법을 적용했다. 그의 결론에 따르면, 인생 회고는 과거에 대한 통찰력만 높이는 것이 아니라 시간이 지나면서 불가피하게 겪게 되는 삶의 변화에 대비할 수 있게 해준다. 비렌과 연구진은 사람들에게 다음의 주제로 자서전을 쓰도록 지도했다.[9] (1) 인생에서 특정한 방향을 취하게 된 전환점, (2) 가족 이야기, (3) 직업이나 경력, (4) 돈의 역할, (5) 건강과 신체의 역할, (6) 연애와 성 경험, (7) 상실과 죽음의 경험, (8) 개인의 인생에 의미를 부여하는 믿음과 가치.

인생 회고는 '전인적' 접근법이다.[10] 어느 하나 중요치 않은 것이 없다. 그 사람이 경험한 것은 물론 경험할 것으로 예상되는 것도 마찬가지다. 전체 인생 이야기라는 맥락에서, 그리고 그 일이 당사자에게 어떤 의미를 지니는지 살필 때 모든 경험을 더 잘 이해할 수 있다. 인간의 행동을 세세하게 쪼개 개별적으로 분석하려는 심리학계의 경향과 정반대로, 인생 회고법은 어느 한 가지 요인으로 행동을 설명하거나 한 사람의 선택을 어느 한 가지 원인으로 축소하려 들지 않는다. 인생의 모든 것, 과거 현재 미래가 다 중요하다.

따라서 인생 회고는 한 사람의 삶을 이루는 현재 사실들을 가능한 많이 확보하는 것으로 시작한다. 학교와 직장 관런 기록을 검색하고, 친지나 오랜 친구들과 과거의 경험을 이야기하며, 부모와 조상에 관한 정보를 얻고자 족보를 찾고, 실제 일어난 일과 착각한 것을 구분하기 위해 기억을 엄격하게 검토한다. 이 과정에서 일기나 편지, 이메일, SNS 포스팅 등 모든 기록물이 나름의 역할을 한다.

예기치 않은 자아 탐구

나는 특별한 걱정거리 없는 중년기를 보냈다. 폴 사이먼의 노래 가사처럼 그저 "한 해 더 매달아놓은" 줄과 같았다. 뒤돌아보고 싶은 충동도, 내가 아는 내 인생 이야기에 의문을 가질 이유도 없었다.

그 이야기에는 한 번도 본 적 없고 아는 바도 없는 아버지를 잃은 이야기도 포함되었다. 어렸을 때 사람들이 아버지 어디 계시냐고 물으면 어머니가 알려준 대로 "아버지는 2차 대전 때 실종되셨어요"라고 아무 생각 없이 말했다. 이 말은 나에게는 의식적인 생각을 막는 주문이자 상대방에게는 더 이상 질문을 하지 못하게 막는 주문이었다. 이렇게 대답하면 사람들은 으레 나를 불쌍히 여겼는데, 정작 나는 이런 동정이 의아했다. 내 딴에는 유년기를 잘 헤쳐가며 꽤 잘 지내고 있었기에 스스로 안됐다는 생각은 하지 않았던 것이다. 아버지를 잃었다는 사실과 어떻게 그런 일이 일어났는지에 대해 무지했던 터라, 내게 유익한 무언가가 결핍되었을지 모른다는 개념 자체가 머리에 없었다. 여기에는 긍정적인 측면도 있었다. 덕분에 기가 죽어 낙담하거나 젊은 날의 희망과 열망이 식지 않았으니 말이다. 그러나 이제 깨달았지만, 그 때문에 나의 진짜 감정을 부정하고 보완했어야 할 단점들을 도외시하는 결과도 낳았다.

그러다 내 나이 예순이 되었을 때 일이 터진 것이다. 아버지의 실종을 둘러싼 진실을 밝히는 딸아이의 전화 한 통이 내 인식에 지각변동을 일으켰다. 내가 알고 있던 가족사와 내 과거, 그리고 자라면서 내가 했던 온갖 선택의 배경과 이유 등, 이 모든 것에 대한 기존의 생각이 흔들렸다. 내 인생의 진짜 이야기를 의식하지 못하고 부정했던 시간에 이제는 종지부를 찍어야 했다.

로버트 버틀러는 말했다. "전쟁으로 사랑하는 사람을 잃는 등 가족 안에서 겪는 정서적 사건들은 깊은 상흔을 남길 수 있다. 이런 사건들은 가족 비밀이라는 덮개 아래 감춰지기도 하지만, 인생 회고 과정을 통해 예기치 않게 다시 수면 위로 떠오를 수 있다."[11] 물론 내 경우에는 인생 회고가 비밀을 밝혀낸 것이 아니라, 오히려 비밀이 밝혀짐으로써 인생 회고에 대한 영감을 얻었다. 예기치 않게 아버지의 이야기를 발견하면서, 비로소 나의 정체성을 의식적으로 돌아봐야겠다는 생각이 들었다.

인생 이야기를 더 정확하게 다듬어가면서 과거에 대한 나의 해석도 달라졌다. 아버지가 부재한 가운데 내가 어떻게 정체성과 삶의 목적을 세웠는지 근본적인 의문이 고개를 들었다. 이어서 당연한 수순으로 **아버지를 알았더라면 뭐가 달라졌을지** 궁금해졌다.

이런 의문들은 안정적인 상태를 뒤흔든다. 새로운 화석이 발견돼 종들 사이의 진화적 연결에 관한 기존 이론이 전복되듯이 말이다. 인생의 어느 시기에건 새롭고 불안정한 정보는 고통 아니면 성장, 또는 이 두 가지 모두를 초래할 수 있다. 최근에 내가 알게 된 진실들도 내가 알던 삶의 궤적을 뒤집어버렸다. 그러나 다행히 절망이 아닌 긍정을 찾는 탐색으로 나를 인도했다. 새로운 진실들은 고통과 잘못된 행동만이 아니라 기대치 않은 용기와 품위라는 요소로도 이루어져 있었다.

버틀러가 예견했듯, 내 인생의 수면 아래 가라앉아 있던 가족 비밀이 다시 떠오르자 나의 내면에서는 새로이 자기성찰에 임해야 한다는 요구가 깨어났다. 마침 인생 회고법이 진정한 정체성 탐색을 한결 수월하게 만들어줄 것 같았다. 물론 여기에는 직업적 흥미도 없지 않았다. 인생 회고법이 어떻게 삶에 대한 긍정과 정체성의 성장, 그에 따른 심리적 이익을 촉진하는지 알고 싶었다.

과거를 돌아보고 옆으로 눈을 돌려 현재를 둘러보고 미래를 내다본 다음에 할 일은 우리가 찾아낸 것을 의미 있는 일관된 비전으로 통합하는 것이다. 이렇게 만들어진 비전에는 한 사람의 삶에 의미를 부여한 모든 것이 포함된다. 핵심가치, 의미 있는 관계, 공헌과 성취, 신앙, 그리고 우리가 어디에서 왔고, 어떻게 지금의 자리에 오게 되었으며, 장차 어디로 향하고 싶은지를 보여주는 이야기들이 담긴다. 과거와 현재, 미래 차원에서 본 인생 이야기를 일관된 비전으로 통합하는 작업은 그 자체로 안정감과 만족감을 준다.

통합에 성공하느냐 여부는 과거를 어떻게 받아들이느냐에 달려 있다. 과거는 지금의 온전한 나를 이루는 한 부분이기 때문이다. 윌리엄 포크너는 소설《어느 수녀를 위한 진혼

곡》에서 "과거는 결코 죽지 않는다. 지나가지도 않는다"라고
했다. 과거를 이해하는 것은 자아통합감을 찾는 과업에 없어
서는 안 될 단계다. 이와 함께 현실과 미래의 포부 또한 이해
하고 수용하고 통합해야 한다. 그리하여 이 모두가 한 사람
의 긍정적인 인생 이야기를 이루어야 한다.

세월에 따라 삶을 경험하는 방식에 변화가 생기는 것은
어쩔 수 없다. 하지만 자아통합을 이루게 되면 이러한 변주
를 자신의 믿음과 다짐을 거스르는 것으로, 심하면 자신의
존재이유를 부정하는 것으로 보는 것이 아니라 점진적으로
발전하는 서사의 일부로 받아들이게 된다.

인생을 통합적으로 요약하는 과정에서 뒤를 돌아보고, 옆
을 둘러보며, 앞을 내다보는 동안 과거 현재 미래라는 시간
구분은 의미를 잃는다. 통합의 경험은 시기로 분리된 시간을
초월하기 때문이다. 성공적으로 통합된 순간에는 시간을 가
로질러 동시에 보는 것처럼 느껴진다. 과거만 '지나가 버리
지 않는' 것이 아니다. 미래 역시 현재의 일부가 된다. 그리고
현재는 미래를 향해 나아가는 것으로 여겨진다.

위대한 심리학자 에릭 에릭슨은 이 과정을 가리켜 '자아
통합으로 가는 여정'이라 했다. 이 여정의 열쇠는 우리에게
주어진 각종 상황(가족 상황, 유전적·생물학적 상태, 사회적·문화

적 배경)과 우리의 선택과 행동으로 만들어낸 조건들을 연결하는 맥락을 찾는 데 있다.

자아통합으로 가는 여정은 주어진 상황에서 최대한 잘 살았다는 신념을 바탕으로 확신과 성취감, 만족감을 선사한다. 설령 재앙 같은 결과에 직면하더라도 적어도 최선을 다했노라 말할 수 있다. 에릭슨은 이런 신념이야말로 궁극의 지혜라고 여겼다. "죽음 앞에서조차 초연한 태도로 삶 자체에 관심을 가지는 것"이라고 했다.

궁극적으로 이것은 주어진 삶을 들쭉날쭉한 모습 그대로 받아들인다는 의미다. 우리가 지구상에서 보내는 최고의 시간과 최악의 시간 모두 일시적이라는 사실을 인정한다는 뜻이다. 반대로 자아통합에 실패하면 살면서 놓친 기회들을 후회하기 쉽다. 내 인생은 실패작이라며 뿌리 깊은 절망으로 여생을 보낼 수 있다는 뜻이다.

자아통합으로 가는 여정에는 무엇이 요구될까? 내가 어디서 왔고, 지금 어디에 있으며, 자신의 운명을 결정한 선택을 왜 했는지, 그 결과 나는 어떤 부류의 사람이 되었는지 파악해야 한다. 이것은 역사적 차원을 포괄하는 일종의 '거울 실험'이다.

어쩌면 일어날 수도 있었던 대화

사람들은 발달 중기와 후기를 거칠 때 자신의 시초가 된 조상들의 영향에 큰 흥미를 보이곤 한다. 그중에서도 좋건 싫건 우리를 인생의 여행길로 내보내고 첫 인생 행로를 설정해준 존재가 있다. 바로 부모님이다. 그 뒤에 오는 모든 것에 부모님의 흔적이 깃들어 있다. 부모님의 생물학적, 표상적, 혈연적 유산들 말이다. 우리가 부모님의 진짜 모습을 가능한 한 많이 알고 싶어 하는 이유도 이 때문이다. 안정적인 가족 안에서 성장했건 편부모 슬하에서 자랐건 혹은 부모 모두를 모른 채 살았건 마찬가지다.

부모님이 돌아가시고 어느 정도 지나면 한 번만이라도 부모님과 다시 이야기해보고 싶은 순간이 온다. 오직 부모님만이 답할 수 있는 그분들의 인생 이야기나 자신의 어렸을 적 이야기가 궁금할 수 있다. 어쩌면 부모님이 돌아가신 후에 일어난 일을 들려드리고 싶을 수도 있다. 말할 기회를 놓쳤던 감정이 있을 수도 있고, 아니면 새롭게 생겨난 감정을 알려드리고 싶을 수도 있다. 오해가 남았을 수도 있고, 미처 표현하지 못한 고마움이나 차마 풀어내지 못한 원망이 부채처럼 남아 있을 수도 있다. 하지만 삶은 복구 기능이 없는 소프

트웨어와 같아서, 죽음은 되돌릴 수 없게 존재를 현실에서 삭제해버린다.

그에 비해 가족에 관한 통찰력은 너무도 느리게 성숙한다. 그래서 종종 우리는 중요한 대화를 하지 않은 바람에 놓쳐버린 것이 무엇인지조차 깨닫지 못한다. 더러 통찰력이 남다른 사람들은 임종 직전이나 임종 때 중요한 이슈를 마무리하기도 하지만, 그런 이들조차 한 번 더 관계를 재정립하고 싶다는 간절한 마음이 드는 경우가 많다. 마치 손가락 사이를 빠져나가는 모래알처럼, 완결감을 느끼기란 늘 어렵다. 그럴수록 완결에 대한 갈망은 더욱 강해진다.

유대가 돈독했던 가족이 사망하면 때때로 슬픔과 그리움에 잠기곤 한다. 가족 관계의 문제를 바로잡지 않았던 사람이라면 사후에 느끼는 감정이 너무 복잡해 한참 동안 혼란과 후회가 앙금처럼 남을 수 있다. 이런 감정들을 정리하는 것이 심리학 초창기인 프로이트 시절부터 심리치료가 해오던 역할이다.

그런데 이보다 훨씬 큰 위험성을 안고 사는 사람들이 있다. 어머니나 아버지를 전혀 모른 채 자란 사람이라면 있어야 할 자리에 없는 부모와 소통하고 싶은 충동이 한층 강렬하지 않겠는가? 게다가 그 부모가 세상을 떠난 경우라면 더 깊은 상실감에 휩싸일 수 있다. 한 아이의 삶에서 부모가 사라지는 데에는 수많은 이유가 있다. 사고나 질병, 이혼 때문일 수도 있고, 부모가 아이를 버렸거나, 경제적으로 몰락했거나, 강제 이주 또는 혁명이나 전쟁으로 인생의 주사위가 수없이 던져졌기 때문일 수도 있다. 어떤 경우에는 이유도 모른 채, 부모가 어떤 사람이었는지, 심지어 부모가 실제로 누구였는지조차 알지 못한 채 자라기도 한다.

내 어머니는 재혼하지 않았다. 나는 성장기 내내 아버지 없는 아이로 자랐다. 그래서 청소년기에 정체성을 찾는 과업을 이루기가 쉽지 않았다. 청소년은 롤모델을 찾고, 배우고, 반항하는 복잡한 노력을 거치면서 자기만의 자의식을 구축할 안정적인 기반을 만들어가는데, 내게는 그럴 아버지가 없었다.

친구들에게 내 이야기를 들려주면서 나는 종종 놀라곤 했다. 나와 같은 처지의 친구들이 생각보다 많았던 것이다. 전쟁이나 재정문제 등 이런저런 사연으로 마치 카드를 섞다가 일부가 바람에 날아가 버리듯 가족을 잃는 경우가 많았다. 나보다 사정이 나아 보였는데 알고 보니 콩가루 집안이었던 경우도 비일비재하다. 이런 사람들은 어떻게 해서라도 잃어버린 가족에 대해 알고 싶다는 미련 어린 갈망을 대개 한참이 지난 후에야 표현한다. 내가 그랬던 것처럼 말이다.

가족의 뿌리를 찾는 데 심취하다 보면 조부모, 증조부모뿐 아니라 그 이상으로 거슬러 올라가기도 한다. 최근 조상과 관련된 온갖 기록물의 조회량이 급속히 증가했다. 노년기에 접어든 많은 이들이 자기 뿌리와 조상에 대해 가능한 한 많이 알고 싶어서 이런 기록물에 모여들고 있다. 내가 현실을 살아가는 데 아무런 자리도 차지하지 않았던 먼 조상까지 알고 싶은 갈망이 생기는 건 왜일까? 인간은 언제나 자아 형성 과정에 있고, 그 과정에서 어느 위치에 있는지 늘 확인하고 싶어 하기 때문이다. 우리는 자신을 점검하는 정신능력을 잃지 않는 한 '나는 어디서 왔는가?', '나는 어떤 사람인가?', '나는 왜 이 길을 가는가?'와 같은 질문 앞에서 새로운 답을 찾는 일을 결코 멈추지 않는다. 비단 자신의 과거만이 아니라 한참 전에 세상을 떠난 가족의 삶에서도 그 답을 찾는다.

여기에 더해 가족사 너머에 있는 세계사도 소환할 필요가 있다. 역사 속에 공유되는 이야기들 역시 우리 정체성의 일부를 전해준다. 한 사람으로서 우리는 누구인가? 우리가 발딛고 선 역사의 주요 장면은 무엇인가? 반드시 피해야 하는 최악의 지점들은 무엇일까? 누구의 실수와 실패를 타산지석으로 삼아야 할까? 과거와 현재의 자아에는 우리가 경험한 극적인 사건들뿐 아니라 선조들이 배운 역사적 교훈이 반영되어 있다. 내 경우에는 2차 세계대전이 내 인생 이야기에서 특별한 역할을 했다. 애초에 나와 아버지를 떼어놓은 것이 바로 이 사건이다. 이 거대한 전쟁은 세상을 뒤바꾼 동시에 내 인생도 바꾸어놓았다.

과거는 현재와 미래의 자아에 녹아들어 통합되어야 하지만, 그렇다고 자아성찰이 과거에 지배되어서는 안 된다. 과거를 인정하고 고려할 필요는 있지만, 과거에 매몰되어서는 안 된다. 구시대적인 농담 가운데 이런 것이 있다. "과거는 아름답고, 현재는 지겨우며, 미래는 두렵다." 이런 신랄한 시각과 달리, 우리는 우리가 경험한 모든 시기를 있는 그대로 받아들여 미래에 긍정적 방향을 제시하는 일관된 이야기로 통합해야 한다.

그러려면 가장 먼저 지금의 우리를 빚어낸 과거의 사건을 떠올리고자 진지하게 노력해야 한다. 또한 이들 사건을 현재와 미래에 도움 되는 방향으로 해석함으로써 새로이 통제해야 한다. 캐나다의 심리학자 폴 웡Paul Wong은 말했다. "우리의 과거는 짐도 될 수 있고 자원도 될 수 있다. 우리가 짊어진 감정의 짐과 상흔은 우리 에너지를 빨아먹고 우리의 안녕감을 갉아먹는다… 하지만 드넓은 기억의 저수지는 지혜와 의미, 위안을 가득 담고 있는 저수지 역할도 한다."[12] 이제부터 지금의 내 인생을 있게 한 과거를 밝혀내기 위해 나만의 탐색에 나선다. 무엇이 되건 좋다. 부디 이 과업을 통해 의미와 지혜, 위안을 찾을 수 있기를.

2장.

과거의 문을 열다

딸 마리아가 전화로 알려준 정보는 놀랍게도 요즘 같은 디지털 시대에는 쉽게 찾아낼 수 있는 것이었다. 딸아이는 아버지(마리아에게는 할아버지) 이름이 필립이라는 것을 알고 있었다. 가족 안에서 전해진 이야기도 조금 알고 있어서, 이유는 몰라도 그가 태국에서 살았을 것으로 추측할 수 있었다. (듣고 보니 나도 이 정보가 기억났지만 어떻게 알게 되었는지, 이것이 무슨 의미인지는 기억하지 못했다.) 마리아는 구글 검색창에 '필립 데이먼 태국'이라고 입력했다. 그러자 오랫동안 닫혀 있던 금고의 열쇠가 즉시 나타났다. 케네스 맥코맥이라는 전직 외교관의 인터뷰였다. 지금은 해체된 미국 해외공보처 USIA United States Information Agency[1]가 1980년대 말 업무를 서서히 줄이기 시작한 뒤 의뢰한 구술 자료의 일부였다.

통화를 마치자마자 마리아는 이 인터뷰 링크를 이메일로 보내주었다. 나는 서둘러 다운로드해서 부랴부랴 읽어 내려갔다. 인터뷰에서 맥코맥은 그가 수행한 임무를 설명하면서 동료들 이야기도 애정을 담아 들려주었다. 그는 이념이 충돌하던 수십 년 동안 세계 곳곳의 분쟁 지역에 파견돼 까다로운 임무를 수행했다. 말하자면 '미국의 세기'라 불리는 시기를 대표하는 애국주의의 모범이었다. 또한 언론인 톰 브로코우가 저서 제목으로 내세우며 칭송했던 '가장 위대한 세대'[2]의 일원이었다.

그런데 맥코맥의 인터뷰가 반환점을 돌 즈음, 앞뒤 설명 없이 불쑥 질문 하나가 튀어나왔다. "태국에 계실 때 필 데이먼과 알고 지내셨나요?" 이 질문이 호기심을 자극했다. 그 많은 동료 외교관, 문화담당관들 중 대체 왜 필 데이먼(**나의 아버지다. 나는 이제 그를 속으로 '아버지'라 부르기 시작했다**)이라는 이름이 튀어나왔을까? 대체 아버지는 거기서 무엇을 하고 있었던 걸가?

그러나 내 호기심은 뒤이은 맥코맥의 답변으로 빛이 바랬다. 나는 오랜 세월 버려진 해변을 우연히 걷다가 보물상자를 발견하기라도 한 듯 그다음 문장들을 응시했다.

맥코맥 : 네, 필립 데이먼. 제가 독일에서 근무할 때 알고 지냈죠. 발레단과 함께 니스에서 뮌헨으로 온 유쾌한 성격의 프랑스 여성과 결혼했더랬죠. 제가 방콕에 있을 때 그도 거기 있었습니다. 필과 주느비에브 데이먼 부부는 태국 국왕 부처와 매우 가까웠습니다. 두 사람 모두 프랑

스어를 유창하게 구사했어요. 필은 체격도 크고 사교적인데다 훌륭한 골퍼였지만, 안타깝게도 다발성 경화증에 걸렸습니다. 그래서 워싱턴으로 돌아왔지요. 그 뒤 다시 태국으로 가면서 상태가 호전되기를 기대했지만 그렇지 않았습니다. 기관의 도움으로 그는 무보수 직원 신분으로 태국으로 돌아갔습니다. 아마 그렇게 요청했던 것 같습니다. 그곳에서 그는 군사우체국과 매점을 이용할 수 있었습니다. 태국 국왕 부처는 처음 한 해 동안 주야로 간호사를 붙여서 그를 쭐라룽껀 병원에서 지내게 해주었습니다. 필은 아직 살아 있습니다. 저는 방콕에 갈 때마다 그를 만나러 갑니다. 지금은 하루 종일 침대 생활을 하고 있지요. 시력도 거의 잃은 것 같아요. 그의 유일한 낙은 의회도서관에서 제공하는 오디오북을 듣는 것이죠.

질문자 : 지금은 국왕과의 교류가 끝났나요?

맥코맥 : 아뇨. 국왕 부처와는 여전히 돈독합니다. 그의 아내 주느비에브는 왕비의 절친한 친구랍니다. 제가 알기로 태국인이 아닌 외국인 가운데 국왕으로부터 작위를 받은 유일한 사람이에요. 지금은 '쿤 잉(귀족 여성에 대한 경칭 – 옮긴이) 데이먼'으로 알려져 있죠. 주느비에브는 작은 발레 학교를 운영하고 있어요. 그녀는 필립 데이먼에게

아주 훌륭하고 멋진 아내입니다. 슬하에 딸이 셋 있는데, 지금은 다 결혼해서 태국에 살고 있습니다.

음… 심리상담 업계에서 말하듯, 이 정도면 '처리할 내용'이 너무 많았다. 가장 먼저 뇌리를 강타한 것은 목록 가운데 가장 대단치 않은 항목이었다. **아버지가 '훌륭한 골퍼'였다니!** 이 생각을 되풀이하느라 나머지 놀라운 정보는 한동안 안중에 없었다.

나는 왜 그때 나머지 정보를 묵살해버렸을까? 인생 회고를 하면서 맨 먼저 던진 질문이다. 지극히 생산적인 의문이었다. 스스로 인정한 적 없던 불편한 감정을 드러낸 질문이었기 때문이다. 이 질문 덕분에 깨달을 수 있었다. 아버지의 부재에 한평생 무심했고 아버지의 운명에 무관심한 것처럼 보였지만, 실제로는 아버지가 어떤 사람이었으며 내가 없는 그의 인생에 무슨 일이 일어났는지 뿌리 깊이 궁금해했다는 것을.

사실 새로운 정보를 접하고 내가 보인 첫 반응은 회피였다. 정보가 워낙 강력했던 터라 평정심을 유지하기 힘들었던 것이다. 그나마 내가 외면하지 않았던 것이 '위대한 골퍼'라는 코멘트였다. 앞뒤 맥락 없이 툭 던진 이 말은 내 가슴속에

묵혀둔 감정들의 은닉처를 열어젖혔다. 그 안에는 한 번도 인정한 적 없었던 원망이 똬리를 틀고 있었다. 유쾌하지도, 원하지도 않았던 반응이었다. 이런 감정을 느끼지 않으려 그렇게 애썼건만! 그 후 인생 회고에 깊이 발을 들여놓을수록 아버지의 빈자리가 더 크게 드러나면서 억눌렸던 원망이 천천히 그러나 거침없이 모습을 드러냈다.

처음에 나는 속으로 투덜거렸다. **'왜 아버지는 내게 골프도 가르쳐주지 못했담!'**

내가 골프를 좋아한 건 중학생 때부터다. 레슨을 받거나 한 것은 아니다. 마침 집 근처에 시에서 운영하는 저렴한 골프 코스가 있어서 열심히 연습했지만, 어디까지나 독학 수준이었다. 제대로 된 테크닉을 보고 배울 사람이 한 명도 없었다. 결국 나는 '훌륭한 골퍼' 근처에도 갈 수 없는 실력의 골퍼로 남았다.

내가 아버지 찾기 여정을 시작했을 때만 해도 골프에 대한 원망밖에 눈에 띄지 않았다. 이것이 내가 인정한 유일한 불만이었다. 지금 생각해보면 다른 불만을 깨닫지 못했다는 게 이상한데, 다른 사람들에게도 그랬던 듯하다. 특히 모르고 살다가 처음 만나게 된 친척들이 그랬다. 그들은 내가 아버지에 대해 유일하게 알고 있던 사실을 지적했다. 그가 전쟁이 끝난 후 내가 있는 집으로 돌아오지 않았다는 사실 말이다. 그러기는커녕 편지 한 장 쓰지 않았다. 내가 아버지에 대해 뭐라도 알게끔 배려하지도 않았다. 그러나 누가 봐도 당시 나는 아버지에게 화난 것처럼 보이지 않았다. 새로 알게 된 가족 한 명이 궁금한 듯 물었다. "너는 왜 원망하지 않니?"

왜 그런지 이유를 열심히 생각해봐도 아무것도 떠오르지 않았다. 오히려 내 마음은 감사에 가까웠다. '나는 인생이라는 경주를 잘 달려왔어. 아버지가 없었다면 지금의 나도 없었을 텐데 불평할 게 뭐람?' 진부한 말 같지만 어느 정도는 진심이었다. 하지만 그렇다 해도 내 감정의 전체 그림 안에서 고마움은 극히 일부일 뿐이었다. 나머지를 밝혀내는 것이 내 인생 회고의 핵심과제가 될 터였다. 꽤 시간이 소요되는 일이었다.

인터뷰를 한 번 읽고 다시 읽었다. 처음 접하는 정보들을 허투루 넘길 수는 없는 일이었다. 그러자 이내 새로운 정보가 파도처럼 밀려왔다. '체격이 크고 사교적인' 아버지가 '쾌활한' 프랑스인 발레리나와 결혼했다는 대목이었다. 국왕이니 왕비니 작위니 하는 화려한 말들이 장식 효과를 주긴 했지만, 나를 사로잡은 것은 갑작스레 드러난 아버지의 이미지였다. 외교관 경력과 온전한 가정생활을 누린 아버지의 모습 말이다. 아버지 생각을 거의 하지 않았던 내가 기껏 상상해냈던 그의 이미지라곤 모든 책임을 팽개치고 도망가 버린 뒤 인간쓰레기처럼 망각 속으로 사라진 무능력한 패배자의 모습이었다. 그런데 세상에, 아버지는 생산적인 삶을 살았던 것이다. 불치병으로 죽어가는 아버지의 이미지를 떠올리자 마음이 울컥했다.

나는 발달심리학자다. 사람들이 어떻게 인생을 좌우할 선택을 하고, 삶의 동력이 되는 목적을 발견하며, 자신이 원하는 사람이 되도록 정체성을 정립하는지 탐구하는 데 평생을 바쳤다. 이제 이런 눈으로 내 아버지의 삶을 탐구할 차례가 되었다. 그 과정에서 내 삶도 다시 점검하게 될 터였다. 아버지의 영구적인 부재에도 불구하고 내 인생은 아버지의 삶과 불가분의 관계로 얽혀 있었다. 나는 이제야 겨우 이 사실을 이해하기 시작했다.

맥코맥의 인터뷰를 통해 알게 된 사실들을 완전히 소화한 다음, 나는 기록물 검색을 시작했다. 5년간의 작업 끝에 아버지의 학창 시절, 군대 시절, 외교관 업무가 조명되었다. 디지털 기록물을 검색하고, 디지털화되지 않은 기록물은 파일함에서 찾아냈다. 여러 도서관과 기록물 보관소, 런던의 전쟁 박물관을 뒤졌다. 아버지가 자란 매사추세츠주의 소도시 피츠필드도 찾아갔다. 어디든 가서 아버지가 언급된 자료를 찾았다. 낡은 자료에서 역사적 정보를 발견하는 짜릿함은 놀라웠다. 마치 탐정이 된 기분이었다. 오늘날 자신의 뿌리 찾기가 유행이 된 이유를 알 것 같았다.

기억이 비밀을 숨기는
두 가지 방법

누구든 과거는 비밀로 가득하다. 의도적으로 과거를 숨긴다는 뜻은 아니지만, 대체로 우리 과거는 어렸을 적 사건들을 **자기 자신에게** 비밀로 감춘다. 처음에는 그런 비밀이 존재한다는 사실조차 모를 수도 있다. 혹여 알더라도 자기 힘으로는 그 비밀을 파악할 수 없을지도 모른다.

인생 회고는 이런 과거를 밝혀내는 수단이 될 수 있다. 또는 내 경우처럼, 반드시 이해해야 하는 과거의 비밀이 드러난 것을 계기로 인생 회고를 시작할 수도 있다.

과거를 숨기는 비밀에는 두 가지 유형이 있다. 첫 번째는 우리 인생에서 모종의 역할을 한 사람과 사건들을 속속들이 알지 못해서 생긴 비밀이다. 이런 비밀은 어느 정도 불가피한 것이다. 아무리 가까운 가족 친지라도 그들에게 일어난 일을 우리가 다 알 수는 없는 노릇이다.

몇몇 사실은 일부러 우리에게 감추거나 언급하지 않았을 수도 있다. 전쟁통에 힘들었던 이야기나 집안 형편이 기운 이야기는 입에 담는 것 자체가 고통스러웠을 것이다. 가족 중에 잘못된 길로 빠진 사람의 이야기를 의도적으로 입에 올리지 않는 경우도 있다. 그러면 아이는 속으로 궁금할 것이다. '왜 아무도 테드 삼촌 이야기는 하지 않는 거지?' 하지만 어린아이가 소리 내어 물어볼 만한 질문은 아니다. 어쩌면 삼촌이 존재한다는 사실을 끝내 모를 수도 있다. 아이를 어릴 때 잃은 기억은 부모에게 형언할 수 없는 고통이다. 그래서 그 뒤에 태어난 아이들은 으레 형제가 있었다는 사실을 모른 채 자란다. 그러다 부모가 나이 들고 치매에 걸려 낯선 이름을 중얼거리면서 알게 될 수도 있다. 다락방에서 오래된 신문 스크랩 더미가 발견되면서 내가 알던 할머니나 할아버지와는 전혀 다른 그분들의 젊은 시절 모험담을 알게 될 수도 있다. 가족 중 자살하거나 알코올중독자, 범죄자가 있다는 사실을 숨기기도 한다. 과거의 가치관이 받아들이지 못한 삶의 방식들도 그렇게 감추어지곤 했다. 가령 여성 반려자와 함께 살았던 '결혼 안 한 이모' 이야기는 과거에는 지금과 전혀 다른 식으로 묘사되었을 것이다.

인생 회고 과정에서 우리는 가족 및 자신의 역사에 대해 더 많이 알게 된다. 개중에는 충격적이거나 놀라운 이야기도 있어서, 사람들과 사건을 새롭게 바라보는 계기가 된다. 오랫동안 믿어온 내용에 균열이 생길 수도 있다. 내가 사랑한 사람들 그리고 나 자신을 처음부터 다시 알아가는 느낌이 들 수도 있다.

두 번째 유형의 비밀은 우리 내면과 관련된 것이다. 기억은 과거에 실제 일어난 일을 완벽하게 기록하는 게 아니다. 기억이란 우리의 현재 감정과 편향, 우리가 믿도록 배운 것, 실제 사건을 소환한 흔적을 모두 합친 것을 반영해 광범위하게 구축한 것이다. 이 과정에서 생략이나 왜곡, 무의식적으로 덧씌운 디테일 때문에 결함이 생기는 경우가 흔하다.

이런 이유로 우리 기억 안에는 대개 비밀이 있어서, 우리도 모르게 실제 과거 이야기를 숨긴다. 특히 트라우마가 되는 사건사고에는 이런 일이 비일비재하다. 자연재해에서 살아남은 생존자 일부는 그때의 일을 뚜렷하게 기억하지 못한다. 마찬가지로 우리를 불편하게 하는 기억 역시 억압될 수 있다. 어처구니없는 실수는 떠올릴 때마다 창피함에 몸부림 치게 만들기에 머릿속에서 지워지기도 한다.

인생 회고를 위해 내 과거를 다시 구축하는 동안, 비밀의 두 가지 유형(정보 부족과 불완전한 기억) 모두 굳건히 작동했다는 사실을 알 수 있었다. 어렸을 때 어머니를 비롯해 내 인생에 등장했던 어른들은 나를 아버지에 대한 무지로 채워진 비누방울 속에 가두었다. 아버지의 행방에 관한 이야기가 나올 때마다 어머니는 '2차 대전 때 실종되었다'는 것 이상은 말하지 않았다. 이 통명스러운 대답에 대화는 더 진전되지 못하고 중단되기 일쑤였다. 결국 이 문장은 바깥세상이 물어올 때 내가 하는 말이 되었다. 나로서는 들은 대로 외워서 대답할 뿐, 그 이상의 말은 필요 없었다. 그런데 내가 받아들인 것은 이 문장만이 아니었다. 나를 낳은 아버지라는 남자와 관련된 그 무엇에도 무관심한 태도를 지니게 되었다. 그러다 인생 회고를 시작하면서 어렸을 때 가졌던 아버지에 대한 내 기억이 얼마나 결함투성이인지 비로소 깨달은 것이다.

두 가지 유형의 비밀을 모두 다루기 위해 내 인생 회고에는 가족의 역사를 찾는 작업과 마음을 다해 기억을 재구성하는 노력이 모두 필요했다. 가족의 역사에서 찾아낸 정보가 기억을 재구성하는 바탕이 되었다. 내가 알아낸 정보는 내 마음속 밑바닥에 오랫동안 가라앉아 있던 기억을 휘저어 떠오르게 했다. 몇몇 기억은 어렴풋한 흔적으로만 남아 있어 온전히 파악하는 건 불가능했다. 내가 마음속에 이들 기억을 묻어둔 방식을 보면 실종된 아버지를 향한 내 진짜 감정을 알 수 있었다. 좀먹고 지워지고 왜곡된 내 기억들 속에 꼭꼭 싸여 마음속 깊이 가라앉아 있던 감정들은 내가 뒤늦게나마 이해하고 밝혀야 할 인생 이야기의 일부였다.

이러한 노력을 통해 모아 맞춘 나의 인생 이야기는 대수롭지 않아 보일지도 모른다. 이 이야기에는 오랜 세월 생사를 알지 못한 부모 외에도 개인적 고군분투, 역사적 사건을 비롯한 흥미롭고 생생한 디테일이 등장한다. 물론 누구에게나 고군분투한 시절이 있다. 누구나 역사의 일부이며, 누구나 당대의 극적인 역사적 사건 안에서 자기 몫을 한다. 누구에게나 수수께끼 같은 과거가 있다(하나일 수도 있고, 둘, 셋 혹은 그 이상일 수도 있다). 이런 수수께끼는 밝혀내는 것이 좋다. 그리고 새삼 알게 된 사실이지만, 가족 중에 행방불명된 사람이 있는 경우도 의외로 많다. 이런 이유로 모든 이야기는 각자 나름의 방식으로 유일무이하다. 때로는 수수께끼 같고, 대체로 파란만장하며, 언제나 흥미진진하다.

실종된 아버지의 이야기로 포장된 나의 이야기에 가장 깊이 매료된 사람은 물론 나다. 버틀러, 에릭 에릭슨, 맥애덤스 등 정체성 형성 및 쇄신을 위한 내러티브 접근법을 연구한 학자들이 일관되게 주장하듯이, 자신의 과거에 대한 이해가 높아지면 긍정과 감사의 마음이 커지고 후회는 줄어드는 등 현재와 미래의 삶에 도움이 되는 심리적 이점을 누릴 수 있다. 부디 이 책을 읽는 독자 여러분도 나의 탐구 이야기에서 흥미와 쓸 만한 정보를 얻을 수 있기를.

되찾은 연결과
끊어진 기회

마리아의 전화로 알게 된 정보를 파악한 후 추적 작업은 탄력을 받았다. 회고에 조금이라도 도움이 될 만한 것을 찾아 기억 속을 뒤졌다. 그랬더니 어렸을 때 잠시나마 아버지의 어머니를 만났던 기억이 났다. 나는 시키는 대로 그분을 '데이먼 할머니'라 불렀다. 할머니는 때때로 나를 보스턴의 넓은 아파트로 초대하셨다. 내게 '이모할머니'라고 소개한 연세 지긋한 여성 네 명과 함께 사시던 곳이었다. 초등학교

에 다니는 동안 네댓 번쯤 할머니 댁을 방문했던 것 같다. 그
곳에도 아버지 사진은 없었고 아버지에 대한 언급도 없었다.
할머니 댁은 즐거웠다고 기억한다. 같이 살던 아녜스 이모할
머니가 레드삭스의 열혈 팬이어서 우리는 만나면 테드 윌리
엄스와 그의 물 흐르는 듯한 스윙 이야기를 했다. 데이먼 할
머니와는 무슨 이야기를 나누었는지 기억나지 않지만, 온화
하고 상냥한 분이었다.

할머니를 만났던 일을 떠올리자, 꼬리를 물고 중요한 사
실 하나가 생각났다. 할머니에게는 베르나라는 딸이 있었다.
베르나 고모를 만난 기억은 없지만, 이름만은 내 뇌리에 박
혀 있었다. 그 자리에서 인터넷으로 검색하자, 연락이 끊겼
던 베르나 고모가 뉴저지 프린스턴에 살고 있다는 사실을 알
게 되었다. 고모는 아버지보다 일곱 살 어렸던 터라 80대 초
반의 나이로 정정하게 지내고 계셨다.

고모에게 전화를 걸 용기를 내기까지 꼬박 하루가 걸렸다.
다행히 고모는 놀라우리만치 반가워했다. 고모는 내가 아주
어렸을 적에 한 번 본 적이 있고 그 뒤에는 내 소식을 얼핏
들었다고 했다. 나는 고모를 무척이나 만나고 싶었다. 만나
서 내가 몰랐던 아버지와 가족에 대해 가능한 한 많이 듣고
싶었다. 고모도 내 바람을 따뜻하게 받아주었다. 나는 전화

를 끊자마자 아내 앤과 함께 동부 여행 계획을 세웠다. 프린스턴의 고모 댁이 최종 목적지였다. 몇 주 후, 이 여행은 또다시 수많은 기적 같은 결과를 낳게 된다. 베르나 고모의 두 아들(있는 줄 몰랐던 나의 사촌들)은 그 후로 12년째 나와 친한 친구로 지내고 있다. 무엇보다도 이 만남으로 나의 자아정체감에 지대한 영향을 줄 충격적인 정보를 알게 되었다. **아버지가 다녔던 학교를 내가 22년 후에 다녔다**는 사실이었다. (이것이 지니는 의미에 대해서는 4장에서 다루도록 하겠다.)

온라인으로 찾으니 놀라운 정보는 더 있었다. 나는 아버지의 두 번째 아내 '주느비에브 데이먼'을 검색했다. 그녀에 관한 기사가 프랑스어 신문 〈가브로슈 타일랜드〉의 온라인판에 올라와 있는 것이 보였다. 기사에는 "프랑스계 미국인 발레리나, 왕실에 입성"이라는 헤드라인이 달려 있었다. 대학생 때 잠시 파리에 머물면서 배운 실력으로 떠듬떠듬 읽어보니 태국에서 발레 무용수이자 발레 학교 설립자, 왕실의 발레 선생님으로 활약한 주느비에브의 경력이 자세히 소개되어 있었다. 나의 파리지앵 의붓어머니는 뛰어난 발레리나이자 영향력 있는 여성 인사였다.

또한 주느비에브는 헌신적인 아내이자 어머니이기도 했다. 기사에는 1950년대에 아버지가 방콕에서 지냈던 시절의 이야기도 있었다. "이 시기에 세 딸이 태어났다. 수말리, 라완, 피치트라인데, 둘째와 셋째 딸은 국왕이 이름을 지어주었다."

이번에도 새로 알게 된 사실 덕분에 흐릿한 내 기억의 한 모퉁이를 덮고 있던 베일이 살짝 걷혔다. 아버지에게 딸이 있었다는 소식 자체가 대단한 뉴스거리는 아니었다. 다만 프랑스어 기사를 해석해가는 동안, 오랫동안 묻혀 있던 기억이 표면으로 떠올랐다. 중년이 된 후 언제였던가, 난데없이 아버지의 딸이라고 밝힌 젊은 여성에게 편지 한 장을 받은 적이 있었다. 어렴풋이 이름을 '패트리샤'로 기억하고 있었는데, 틀렸다. 이제 보니 진짜 이름은 피치트라였다. 내게 편지를 보냈을 때 그녀는 열아홉 살쯤 되었을 것이다. 당시 나는 가정을 꾸리고 자리잡느라 바빴다. 내 기억에 고상한 엽서로 답장을 보냈던 것 같다. 편지해줘서 고맙고 나는 아버지와 연락한 적 없다는 내용이었다. 피치트라에게서 받은 첫 번째 편지를 찾을 수 없는 것으로 보아 내가 버린 것이 틀림없다.

피치트라는 내가 보낸 짤막한 엽서에 곧장 답장했다. 두 번째 편지는 주로 항공우편 용도로 쓰던 가벼운 편지지에 쓴 것이 기억난다. 하지만 내용이 무엇이었는지는 전혀 기억이 없다. 그 뒤로도 이 일을 다시 생각한 적이 없다. 그러다 수십 년이 지나 프랑스어 신문에서 그 이름을 발견한 것이다. 외동으로 자란 나는 문득 이복 누이들을 만나고 싶다는 갈망이 일었다.

자, 21세기에 당신이라면 단서라고는 이름밖에 없을 때 어떻게 사람을 찾겠는가? 이름이 꽤 특이하다면(다행히 내 이복 누이들이 그랬다) 페이스북으로 찾는 것이 한 가지 방법이다. 내 경우, 이 방법이 적중했다. 세 명 가운데 두 명, 라완과 수말리의 프로필을 발견했다. 나는 내가 누구인지 설명하는 메시지를 보냈다.

첫 번째 응답은 라완이 보내왔다. 내 바람만큼이나 친근한 응답이었다.

제게는 아주 뜻밖의 기쁜 연락이네요. 당신과 당신 가족을 좀 더 알고 싶어요. 제가 너무 앞서 나가는 건 아니죠? 저와 언니가 얼마나 당신을 궁금해했는지 상상도 못 할 거예요! 맞아요, 우리 아버지 성함은 필립이고, 우리에게는 피치트라라는 여동생이 있어요. 이제는 우리 곁에 없지만요. 거의 20년 전, 아버지가 돌아가시고 한 해 뒤에 세상을 떠났으니까요.

이렇게 첫 연락을 주고받은 것을 시작으로 우리는 여러 차례 직접 만났다. 덕분에 아버지에 관한 소중한 정보는 물론 새로운 가족(이복 누이들과 조카들)도 얻었다. 태국에서 만난 사람들은 모두 나를 따뜻하게 반겨주었다. 그럴수록 알고 지낼 기회를 놓쳐버린 피치트라의 부재가 안타까웠다.

그러고 한참 후, 불과 몇 달 전의 일이다. 이 책을 집필하던 중 차고에 있던 낡은 종이 상자 밑바닥에서 피치트라가 보낸 두 번째 편지를 찾았다. 찾으려고 해서 찾은 건 아니었다. 한 무더기의 공책과 그림, 기념품 아래 묻혀 있던 것을 우연히 발견한 것이다. 그것도 이 타이밍이라니, 신의 섭리였을까.

더 놀라운 건 내용이었다. 편지를 다시 읽으니, 내가 내용을 기억하지 못했다는 사실이 믿기지 않을 지경이었다. 과거의 나를 어이없어하며 편지를 다시 읽었다. 편지에는 이렇게 적혀 있었다. "아마 당신은 저에 대해 아무것도 모를 거예요. 지금까지 제게 어떤 일이 일어났는지 알려드릴게요."

이어서 그녀는 자신이 태국에서 태어나 네 살 때까지 그곳에 살았고, 아버지가 전근하면서 가족과 함께 워싱턴으로 이주했다고 했다. "처음에는 영어를 할 줄 몰라서 애먹었어요. 하지만 금세 영어를 배웠고 당연히 태국어는 다 잊어버렸죠." 편지에 따르면, 그 후 몇 년 뒤 온 가족이 태국으로 돌아갔다고 한다. "저는 태국어를 처음부터 다시 배워야 했지요. 하지만 영어를 잊어버리지는 않았답니다."

그 뒤 그녀는 방콕의 국제학교에서 고등학교를 마쳤고, 이 편지를 쓸 때에는 하와이에 있는 대학교 1학년에 재학 중이었다.

피치트라의 편지를 받을 무렵 나는 일과 가족에 대한 책임감에 부대끼는 삶을 살고 있었다. 새 직장은 가르치고, 연구하고, 논문 쓰는 일이 복잡하게 얽혀 있었다. 아이들은 어렸던 만큼 활동적이고 시끄럽고 호기심이 많았고, 어디든 차로 데려다줘야 했다. 나는 피치트라의 두 번째 편지를 몇 주간 그냥 방치했다. 그렇게 몇 주가 몇 달이 되었다. 결국 나는 답장도 하지 않은 채 편지를 처박아두었다. 어쩌다 편지가 낡은 종이 상자 밑바닥까지 가게 되었는지도 모르겠다.

이렇게 빡빡하게 살다 보니 피치트라에 대한 생각이나 기억은 금세 지워졌다. 어쩌면 실종된 아버지를 원망하는 감정이 있었거나, 아니면 답장하지 않았다는 죄책감이 기억을 지워버렸는지도 모르겠다. 이유가 무엇이든, 편지를 치워버린 뒤 피치트라는 내 마음에서 사라졌다. 그리고 30년 뒤 딸의 전화를 받고 이복 누이들과 연락하기 전까지는 내 마음속에 다시 떠오르지 않았다.

내 인생에서 후회되는 수많은 일들 중에서도 피치트라의 편지에 답장하지 못했던 것이 여러 가지 이유에서 단연 가장 후회스럽다. 그때로 돌아가 다정하게 답장을 보낼 수 있다면 얼마나 좋을까. 피치트라는 친해지길 바라는 순수한 마음으로 내게 연락했건만, 나는 그렇게 해주지 못했다. 그랬다면 지금이 아니라 내 나이 한창 때 데이먼이라는 성을 가진 친가 쪽 가족들을 만날 수 있었을 텐데 말이다. 그리고 아버지가 살아 계실 때 만날 수도 있었을 텐데(내 마음의 준비가 되었다면 말이다. 하지만 장담은 못하겠다). 피치트라의 편지를 물끄러미 바라보면서, 내가 참 좋아했을 여동생이었겠다는 느낌이 강하게 들었다. 외동이었던 내게는 세상 누구보다 소중한 존재였을 테다. 남자 형제가 없었던 그녀에게도 어쩌면 마찬가지였으리라. 하지만 라완의 말대로 피치트라는 그 편지를 쓰고 불과 몇 년 뒤 세상을 떠나고 말았다. 그녀와 알고 지낼 기회도 내게서 영원히 사라졌다.

죽음이 잔인한 이유 하나는 실수를 되돌리지 못하게 만든다는 것이다. 세상에 없는 피치트라를 나는 결코 만날 수 없다. 이제 나는 아버지를 육신을 가진 온전한 모습으로는 결코 알 수 없다. 이 세상 사람이 아닌 어머니에게 나는 뒤늦게 알게 된 사실들로 궁금해진 것들을 결코 물어볼 수 없다. 이렇게 날아가 버린 기회들을 볼 때마다 내가 대가족의 가치를 얼마나 느리게 깨닫는지 실감하곤 한다. 어릴 적에 대가족에 대한 경험이 워낙 없어서였을까. 그때 피치트라의 초대에 응했더라면 내 인생이 얼마나 더 충만해졌을지 이제는 안다. 인간에게 언제든 배울 수 있는 능력이 있다는 건 다행이다. 하지만 중요한 것은 좀 더 빨리 배울 수 있으면 좋으련만. 내 종조부인 루이 할아버지가 늘 책상 위에 놓아두던 맥주잔 문구가 생각난다. "우리는 너무 빨리 나이 들고 너무 늦게 철이 든다."

인생 회고의 성패는 과거의 비밀 속에 감추어진 것이 무엇이건 열린 마음으로 받아들이는 태도에 달려 있다. 그동안 나는 갑자기 등장한 실마리들을 노골적으로 회피했을 뿐 아니라 아버지와 관련된 것이라면 무관심으로 일관했던 탓에 비밀들이 더 오리무중에 빠졌다. 인생의 초창기 동안 가슴속에 묻혀 있던 부정적인 감정이 회피하고 싶은 마음을 부채질했다. 그 결과 내가 아는 것은 거의 없었고, 조금 아는 것조차 모호함과 왜곡으로 가득했다. 그러다 60대가 되어서야 마침내 마음을 열고 아버지에 대해 알아보기로 한 것이다. 아버지에 관해 무엇을 알게 되더라도 더는 두려움을 느끼지 않는 인생의 시점에 도달했기 때문이리라. 이제라도 모을 수 있는 것은 모두 모아야 했다. 아버지와 그의 인생사에 관해, 그리고 생물학적 관계를 넘어 아버지의 삶이 어떻게 내 삶을 만들어냈는지에 대해 가능한 많이 알고 싶었다.

기억의 변덕

인생 회고는 회상에 의존한다. 그런데 기억은 (또렷하게 잘 찍은 사진과 달리) 우리의 필요와 욕구, 편향, 현재의 마음 상태가 안개처럼 뿌옇게 가리고 있는 흐릿한 이미지와 같다. 따라서 회상을 해석할 때는 기억이 실제 일어난 일은 물론 그에 대한 느낌을 어떻게 반영하고 있는지까지 인식해야 한다. 극단적인 경우, 기억은 우리가 실제 일어났다고 착각하고 있는 것만을 반영하기도 한다.

대학교를 졸업한 뒤 스위스의 제네바 대학교에서 공부할 기회를 얻었다. 그곳에서 나의 지적 우상 가운데 한 명인 심리학자 장 피아제Jean Piaget의 세미나 수업을 청강할 수 있었다. 그는 위엄 있는 태도가 인상적인 노신사였다. 사전에 나는 그에게 '봉주르'나 '라 비 드 부 랑콩트레'라는 표현을 쓰면 안 된다는 당부를 들었는데, 모두 '안녕하세요'나 '만나서 반갑습니다'라는 일상적인 프랑스식 인사다. 이런 말 대신 '오노레', 즉 '만나뵙게 되어 영광입니다'라는 존경의 표현을 써야 한다는 것이었다. 피아제는 교직원들이나 학생들 사이에 '파트롱'으로 알려져 있었다. 이는 그가 보스와 아버지의 중간쯤 되는 존재감을 가졌음을 의미했다. 그의 강의 습관 중에는 내가 감히 흉내 낼 엄두를 내지 못하는 것이 하나 있었다. 그는 학생이 발표를 시작하면 주머니에서 회중시계를 꺼내 줄을 잡고 흔들기 시작해 발표가 끝나면 멈췄다. 덕분에 그의 수업에서는 길고 장황하게 말하다가 삼천포로 빠지는 일이 없었다.

피아제는 강의 중에 일화와 이야기 들려주는 것을 좋아했다. 이야기보따리를 풀면 얼굴에 생기가 돌았다. 그는 기억의 속성을 설명하면서 딱 들어맞는 사례로 자신이 직접 겪은 일을 들려주었다. 두 살쯤 되었을 때 유아차에 누워 있던 그를 유괴범이 잡아챘다는 드라마 같은 이야기였다. 그는 과장된 몸짓을 곁들여 이때의 기억을 생생하게 묘사했다. 유괴범은 검정 망토를 입고 있었고, 충직한 유모는 얼굴이 벌게져서 그를 구하러 달려들었고(그 과정에서 유괴범으로부터 머리를 강타당했으며) 번뜩이는 몽둥이를 든 경찰관이 달려와 유괴범을 쫓아버렸다고 했다.

그런데 피아제가 생생하게 기억한다던 이 이야기의 결말은 놀라웠다. 전혀 사실무근이었기 때문이다! 오랜 세월이 흐른 뒤 임종을 앞둔 유모가 피아제의 부모에게 편지를 보내면서 밝혀진 사실이다. 사건의 전모는 특별 대우를 받고 싶었던 유모가 지어낸 이야기였던 것으로 드러났다. 하지만 피아제의 기억 속에서는 유모의 이야기가 나름대로 현실성 있게 받아들여졌다. 그는 꽤 오랫동안 그 이야기를 사실이라 믿었다. 거기에 세월이 지나면서 피아제가 의도치 않게 만들어낸 생생한 이미지와 디테일이 추가되면서 이야기에 살이 붙었다.

피아제가 전달하고자 했던 메시지는 이렇다. 우리의 기억은 부분적으로는 사건 발생 후 생긴 생각과 느낌의 영향을 받아 **구성**된 것이다. 기억과 실제 일어난 일은 매우 허술하게 연결돼 있다. 피아제의 일화처럼 어떤 기억은 전적으로 허구다. 어떤 기억에는 원래 사건에 존재하지 않았던 디테일이 추가된다. 그런가 하면 존재했던 디테일이 빠져 있는 기억도 있다. 그 어느 경우도 의도적인 왜곡은 아니다.

기억이 구성의 산물이라는 말의 의미는 무엇인가? 우리가 사건을 기억해낼 때 마음속에 떠오르는 심상을 무조건 신뢰해서는 안 된다는 뜻이다. 인간은 자신이 간직하고 있는 대략적인 이미지라면 무엇이건 다 모아서 하나로 이어붙인다. 이때 감정과 해석이 이들 이미지를 인식하는 방식에 영향을 미친다. 그 결과 다행히 과거 사건에 대한 충실하고 정확한 이야기가 만들어지기도 하지만, 아무 생각이 나지 않는 때도 있다. 또 어떤 때는 잘못 생각하게 되기도 한다. 대개는 특정 기억이 현실에 바탕을 둔 것인지 아닌지 수수께끼인 채로 남는 경우가 많다. 어릴 적 부자 친구네 집이 내가 기억하는 것처럼 정말로 대궐 같았을까? 이모가 돌아가셨을 때 어머니가 우는 모습을 내가 정말로 봤던 걸까, 아니면 그냥 그렇게 기억하는 걸까? 1학년 수업 시간에 내가 떠들자 실제로 담임 선생님이 자로 내 손바닥을 때렸을까, 아니면 당시 선생님들이 그렇게 했다는 글을 읽고 그렇게 생각하는 것일 뿐일까?

그 후 오랜 시간이 지나, 나는 다시금 피아제의 메시지를 되새겨보았다. 아버지에 대해 최근에 알게 된 사실들 때문에 혼란스러워진 내 마음을 이해하고 싶어서였다. 아버지와 그의 행방불명을 설명해줄 몇몇 유용한 단서는 내 주변 어른들의 입에서 흘러나온 것이 틀림없는 듯하다. 하지만 내 기억 속에는 그런 단서들의 흔적이 거의 남아 있지 않다. 내가 무언가 듣긴 했는데 그냥 무시해버렸거나 잊어버렸던 걸까? 내가 듣고 싶지 않았던 것들이 언급되었던 걸까? 사실 나는 알고 있었지만, 안다는 사실을 인지하지 못했던 걸까? 아니면 그 당시에 오해했거나 나중에 잘못 기억한 걸까?

그러고 보니 내게는 실마리가 될 만한 기억이 하나 있다. 어릴 때 아주 고약한 어떤 아주머니에게 모욕당했던 일이다. 그 아주머니는 내가 심부름을 제대로 해내지 못해 못마땅한 상태였다. 내가 사과하려고 전화했더니 이런 대답이 돌아왔다. "피는 못 속이는 법이야, 그렇지?" 당연히 이 말에는 우리 아버지도 똑같이 못 믿을 사람이라는 뜻이 담겨 있었다. 그래서 내가 주의를 기울였다면, 아버지는 숭고한 전쟁 희생자가 아니라는 암시를 포착했을 수도 있다. 하지만 내 기억이 맞다면(늘 그렇듯 이런 명제는 불확실하다) 그 순간에는 전혀 눈치채지 못했다. 그 아주머니는 소귀에 경을 읽은 격이었다. 탐탁지 않다는 점에서 내가 아버지와 닮았다는 생각은 입력되지 않았다. 그래도 그 모욕적인 말이 그냥 한쪽 귀로 들어와 다른 쪽으로 나가버린 것은 아니다. 수십 년이 흘렀어도 여전히 그 말을 기억하는 것을 보면 말이다.

단서를 깨닫지 못한 예시는 이것뿐이 아니다. 아마도 자기

보호와 긍정적 발달에 대한 욕구 때문 아니었을까. 내가 그 아주머니가 준 모욕의 의미를 파악하려 전혀 노력하지 않았던 이유는 이미 그 당시에도 아버지와 아들 사이의 동일시가 강력한 영향을 준다는 사실을 알았기 때문일 것이다. 이런 영향력은 긍정적 정체성을 구축하려는 한 아이의 노력을 북돋울 수도, 좌절시킬 수도 있다.

에릭슨의 주장처럼, 어린 시절에 이루어지는 동일시는 자아정체성의 초석이 된다. 동일시는 일찍이 아이들이 존경하는 사람들과 맺는 관계, 가령 부모와의 관계에서 발달하며 아들에게는 아버지와의 관계가 특히 그렇다. 그런 다음 청소년이 되면 아동기에 이룬 다양한 동일시를 분류하고 더 추가하기도 해서 스스로 구축한 자아정체성에 통합한다. 이렇게 통합된 자아정체성은 그가 앞으로 나아갈 길을 안내한다. 이처럼 어린 시절의 동일시가 한 개인의 정체성을 궁극적으로 규정하는 것은 아니지만 정체성의 최종 성격을 결정하는 데 필요한 원재료의 일부임은 분명하다. 그러므로 어린 시절에 이루어진 동일시의 본질은 중요하게 남는다.

나의 경우, 바람직하지 않은 동일시로 이어질 수 있는 아버지의 정보를 본능적으로 차단할 필요성을 느꼈던 것 같다. 나는 칭찬받으며 자랐고, 누구나 자랑스러워할 운명을 추구하고, 성공가도를 벗어나지 않으려 무던히 노력했다. 이런 노력을 저해할 수 있는 것은 모두 피하고 싶었다. 훌륭하지 않은 아버지라면 아무것도 알고 싶지 않았다. 반면교사는 필요 없었다.

이런 사실을 깨달은 것은 인생 회고를 시작하면서부터다. 인생 회고를 하면서 우리는 어린 시절에 맺은 관계와 그 관계에 어떻게 반응했는지를 통해 우리의 정체성이 어떻게 형성되었는지 탐구해야 한다. 나의 인생 회고가 이루어낸 결과가 바로 이것이다. 아버지와 그의 실종을 둘러싼 정보에 대한 마음속 강한 혐오감의 뿌리와 의미를 이해한 것이다.

이런 혐오감은 내 인생에서 끈질기게 살아남았다. 아동기와 청소년기에 내 정신의 레이더망에 아버지 관련 정보가 포착되면 그것이 무엇이건 다 숨겨버렸다.

아버지가 전쟁에서 살아남았다는 소식을 처음 제대로 이해한 것은 대학생 때였다. 어머니는 나를 만나러 잠시 기숙사에 들른 자리에서 그동안 아버지에게서 소액의 양육비를 받아왔다는 말을 꺼냈다(월 100달러였던 것으로 기억하는데, 결코 믿을 만한 기억은 아니다). 당시 어머니는 내 대학 등록금을 지원해주고 있지 않아서 양육비를 나와 공유해야 한다고 느꼈던 듯하다.

어머니의 폭로에 내가 어떻게 반응했는지 똑똑히 기억한다. 인생 회고의 관점에서 지금 와 돌아보니, 이때 내가 보인 반응이 의미심장했음을 알 수 있다. 나는 아버지가 살아 있다는 사실을 듣고도 놀라지 않았다. 양육비 등의 문제로 어머니가 아버지와 연락한다는 사실에도 관심이 없었다. 가장 생생하게 기억에 남는 것은 따로 있다. 어머니가 그때까지 내게 진실을 숨겨왔음을 암묵적으로 인정한 것이 당혹스러웠다. 어머니는 성명을 발표하듯 사무적으로 말했다. 나는 어머니의 태도에 혼란스러웠지만, 변변찮은 수입으로 근근이 살아가던 어머니가 그런 제안을 해준 것이 고마웠다. 나는 중얼거리듯 고맙다고 하면서 그 제안을 거절했다. 아마 이 대화는 1분도 이어지지 않았을 것이다.

돌이켜보면 어머니의 폭로에도 놀라지 않았던 것으로 보아, 나는 아버지의 존재에 관해 내가 의식하던 것보다 이미 더 많이 알고 있었던 것 같다. 아동기와 청소년기에 이따금 등장한 단서들이 어설프게나마 나의 지각을 뚫고 들어왔던 모양이다. 지금은 기억에서 사라졌지만, 어쩌면 아버지에 관해 또 다른 정보를 들었을지도 모른다. 두려움이나 무관심 때문에 내가 외면해버린 그 기억들이 잠재된 인지에 흔적을 남긴 것이다. 과연 그 정보는 무엇이었을까? 누군가(어머니나 할머니가) 나만 괜찮다면 아버지가 나를 만나고 싶어 한다는 말을 한 적이 있는 걸까? 아니면 이 또한 나의 바람이자 망상일 뿐일까? 정확한 기억을 찾아내려고 머릿속을 쥐어짜 보았지만 아무것도 떠오르지 않았다.

내 기억에 주로 남아 있는 것은 어머니와 대화하는 동안 느꼈던 거북함이다. 어머니는 그 후로 42년을 더 사셨지만, 우리는 다시는 그 문제를 입에 올리지 않았다.

어머니가 물려주신 것

홀어머니와 외동자식은 강한 유대관계로 묶여 있으면서도 복잡한 감정으로 가득하다. 오랫동안 내 머릿속에는 뿌연 안개가 끼어 있어서 아버지에게 일어난 일을 이해하지 못하게 만들었다. 이런 정신적 안개가 생겨난 이유 가운데 하나는 어린 시절 얽혀버린 어머니와의 감정적 매듭 때문이다. 어머니는 타고나길 성격이 강한 분이었다. 이런 성격은 아버지가 돌아오지 않으면서 불행해진 양육 환경을 더 악화시켰다.

자식이 어머니를 객관적으로 설명하기란 애초에 불가능

한지도 모른다. 하지만 인생 이야기를 구성하려면 시도해봐야 했다. 어머니가 돌아가신 지도 15년이 지났다. 이제는 어머니를 아는 사람이라면 고개를 끄덕일 만한 어머니에 관한 이야기를 몇 자 적을 수 있다.

어머니는 세 살 때 병환으로 아버지를 잃었다. 외할아버지는 의사를 찾아갈 돈이 없어서 어떤 병인지도 모른 채 돌아가셨다. 외할머니는 엄청난 충격에 빠진 데다 능력도 없었던 터라 두 자녀를 루이스 삼촌과 에스터 숙모에게 맡기고 떠났다. 두 분 모두 유럽 출신 이민자였다. 어린 나이에 무일푼으로 미국 땅에 도착한 그들의 삶은 역경 그 자체였고, 자연히 그들의 가풍은 '절약'이라는 한 단어로 요약되었다. 귀에 못이 박이게 들은 이야기가 에스터 숙모의 코트 일화였다. 숙모는 고집스레 겨울 코트를 수선해가면서 무려 30년 동안 입었다고 한다.

의지가 강했던 어머니는 영특하고 스타일리시했지만, 가진 것도 없었고 교육도 많이 받지 못했다. 어머니는 성인이 되자 패션 디자인을 배우러 뉴욕시로 갔다. 그리고 그곳에서 유럽 전시 부임지를 떠나 잠시 휴가 나온 필립 데이먼 병장을 만났다. 어머니는 필립과 금세 결혼하고 임신했다. (혹은 반대 순서였는지도 모른다. 뉴욕시 기록에 따르면 두 분의 혼인

날짜는 1944년 2월 26일이고 나는 여덟 달 반 후에 태어났다.) 결혼식 직후 아버지는 전장으로 돌아갔고 다시는 어머니를 만나지 않았다. 어머니는 친정인 루이스 삼촌 댁으로 돌아가 출산 준비를 했다.

나는 아버지가 뉴욕에서 어머니를 만난 후 전장으로 돌아와 직접 작성한 작지만 인상적인 문서를 하나 입수할 수 있었다. 1944년 여름에 아버지가 어머니에게 보낸 통지문이었다. 거기에는 아버지가 소속된 사단이 135무전신호정보부대라고 적혀 있었다. 아버지는 어머니가 살고 있던 루이스 삼촌 댁 주소로 통지문을 보냈다. 이 통지문은 어머니가 62년간 간직한 아버지의 유일한 흔적이었다.

통지문은 "친애하는 이쁜이(Dear Pie-Face)"로 시작했다. 1940년대에는 이것이 흔한 애정 표현이었을까, 아니면 두 사람만 아는 농담이었을까? 통지문 맨 아래에는 아버지의 서명이 있었다. 이것이 내가 가지고 있는 아버지의 유일한 서명이다.

이 문서는 어머니가 돌아가신 뒤 유품을 정리하다 책상 서랍 바닥에서 발견했다. 어머니가 살았던 곳 어디에도 아버지의 다른 흔적은 없었다. 어머니가 보관했을 법한 아버지 사진이나 편지, 선물 가운데 오로지 이 통지문만이 두 사람이 함께한 짧은 시간 이래 수십 년 동안 남아 있었다. 내용이 드문드문 적혀 있는 이 관료적인 군대식 통지문을 보니 내 눈시울이 뜨거워졌다.

어머니를 생각하면 자동적으로 떠오르는 형용사들이 있다. 밝다, 조금 화가 나 있다, 비판적이다, 헌신적이다. 어머니는 미술과 패션을 좋아해서 이것을 업으로 삼았다. 젊은 중년 여성이었던 어머니는 뭇 남성들의 마음을 사로잡았다 (대관절 이유는 알 수 없지만 몇몇 남성들은 어머니가 매력적이라고 내게 굳이 말해주었다). 하지만 어머니는 끝내 재혼하지 않았다. 내가 추측한 이유는 단순하다. 어머니는 사이좋게 잘 지내기 어려운 사람이기 때문이다.

기분이 들쭉날쭉하기는 했지만, 어머니는 누구 못지않게 당신의 책임을 다했다. 어머니에게는 결혼 상대자 대신 헌신할 대상이 둘 있었다. 그중 하나가 나였고, 다른 하나는 가톨릭교회였다. 교회에서 어머니는 아버지에게 버림받았을 때 위안을 얻었고, 살면서 겪은 모든 역경의 의미를 깨달았다. 신앙은 어머니에게 사후에 더 나은 세상이 있다는 희망을 안겨주었다. 어머니는 84년 평생 신부님들과 활달하게 교류하며 배려하는 관계를 꾸준히 이어갔다. 그들은 어머니의 종교적 안내인이자 의리 있는 친구였으며 지적 논쟁 상대였다.

그리고 정신역학적으로 말하자면, 어머니가 세 살 때 잃은 아버지와 스물셋에 잃은 남편을 대신하는 역할을 했다.

전쟁이 끝난 후 몇 년간 어머니는 아버지를 기다렸지만, 모두 부질없었다. 나는 아버지의 가족이 살고 있던 매사추세츠주의 소도시 피츠필드 지역신문인 〈버크셔 이글〉의 기록물을 검색하다가 어머니의 인생 중 슬픔에 젖었던 이 시기를 보여주는 증거를 재구성할 수 있었다. 〈이글〉에는 1945년부터 1948년까지 "헬렌 데이먼 여사와 아들 윌리엄"이 "필립 A.와 루스 밴 뷰런 데이먼 가정"을 세 차례 방문했다는 알림이 실려 있었다(지금 생각하면 아무리 지역신문이라도 이런 가족 방문 소식을 싣는다는 것이 놀랍다. 이것으로 피츠필드에서 데이먼 가문의 위상이나 그 당시의 언론계 풍토, 혹은 어쩌면 두 가지 모두를 짐작할 수도 있겠다). 이 방문에 대한 뚜렷한 기억은 없다. 하지만 아마도 마지막으로 방문한 네 살 때였을 텐데, 아파서 침대에 누워 있던 할아버지의 이미지는 흐릿하게나마 머릿속에 남아 있다. 우리가 데이먼 가를 방문한 것은 1948년이 마지막이었다. 그제야 어머니도 아버지의 귀환을 기다리는 것이 가망 없는 일임을 분명히 깨달은 것이다.

1940년대 말, 어머니는 정신적으로 무너진 상태가 되었다. 이 또한 이번에 조사하면서 알게 된 사실이다. 나는 이 시기의 일을 알고 있을 법한 사람을 찾아 연락했다. 어머니의 사촌 게리 삼촌은 전쟁 중에 프랑스 전장에서 다리 한 쪽을 잃었다. 내가 연락할 무렵 게리 삼촌은 아직 생존해 있었고 정신도 맑았다. 하지만 사실은 치매로 진행되기 직전이었고 그얼마 후 세상을 떠났다. 나의 인생 이야기에서 역할을 해준다른 많은 이들과 마찬가지로, 게리 삼촌도 생애 마지막 몇달을 남겨두고 아슬아슬한 타이밍에 나를 위해 큰일을 해주었다. 삼촌이 말하기를, 어머니는 아버지가 돌아올 의향이없다는 것을 깨닫고는 신경쇠약에 걸렸던 모양이다. 그래서회복을 위해 집을 나와 매사추세츠주에 있는 어딘가로 '떠나갔다.' 그가 추측건대 일종의 정신요양원이었던 것 같지만확실치는 않다.

아버지의 귀환 거부에 대한 어머니의 좌절은 너무도 컸다. 그 후 어떤 행운도 믿지 못하게 될 정도였다. 상황이 아무리좋아 보여도 어머니는 결국 반전될 것이라는 의심을 평생 버리지 못했다. 그래서 낙관적인 표현을 삼가도록 조심했다.여기에는 미신적인 요소도 있었다. 일이 잘되리라고 순진하게 믿었다간 반드시 불운에 뒤통수를 맞는다는 믿음 말이다.물론 이런 모습은 거친 현실을 직면하겠다는 결연한 의지를보여주는 것이기도 했다.

어머니는 이런 조심성을 내게도 물려주었다. 아버지가 내게 물려준 또 하나의 간접적인 유산인 셈이다. 현재 상황이 아무리 좋아 보여도 마지막에는 무언가 잘못될 것이라는 두려움, 어머니나 나의 인생에 좋은 일이 생길 때마다 이런 두려움이 어린 나에게도 전해졌다. 우리에게 어떤 기쁨이 찾아오더라도 그 뒤에는 파국이 따를 것이 확실하다고 믿어 의심치 않았다.

아동발달 연구 결과 발견한 놀라운 사실이 하나 있다. 어린 나이에 부모 중 한 명에게 버림받았다고 느끼는 아이들은 비존재에 대한 지속적인 두려움을 발달시킨다. 에릭슨은 이렇게 되면 '기본적 신뢰' 형성에 문제가 된다고 지적했다. 이 시기에 기본적 신뢰가 형성되지 않으면, 자기 존재의 안정성과 연속성을 놓치지 않는 게 평생의 과제가 된다. 에릭슨에 따르면 기본적 신뢰의 토대는 안정적인 부모-자녀 관계 중에 만들어진다. 그의 냉철한 직관은 양육자와 아이 사이의 '안정적인 애착 관계'의 중요성을 다룬 연구 결과로 입증되었다.

인생 회고에는 이러한 아동발달 이론의 통찰이 도움이 된다. 물론 사람은 개인마다 고유한 인생 이야기가 있다. 하지만 인간 발달 과정에는 모두에게 공통으로 나타나는 몇몇 패턴이 있다. 유년기의 안정적인 애착 관계와 이후의 기본적 신뢰 사이의 연관성이 그중 하나다. 이것을 알면, 예컨대 과도하게 조심하고 경계하는 사람들은 유년기에 부모와의 관계가 깨지거나 결핍되었을 때 나타나는 패턴의 관점에서 자신의 성향을 바라볼 수 있다. 그럼으로써 스스로를 비난하지 않을 수 있게 된다. 아울러 신뢰를 낳는 안정적인 관계를 의도적으로 구축하는 등의 교정 전략도 알 수 있다. 마찬가지로 인생 회고를 하며 어린 시절의 경험에서 생겨난 문제적 기질을 알게 되었을 때도 인간 발달에 관한 지식을 활용해 분석할 수 있다.

나는 인생을 회고하면서 그동안 놓쳤던 탓에 만회하느라 고군분투해야 했던 것들을 많이 발견했다. 기본적 신뢰도 그중 하나였다. 유년기에 결핍되었던 것이 정확히 무엇인지 알아보고, 그것이 어떻게 그리고 왜 결핍되었는지 파악하고, 그것을 받아들인 결과 예순이 훌쩍 넘은 지금 기본적 신뢰에 다시 초점을 맞출 수 있었다. 인생 회고는 내게 오랜 투쟁을 감당해낼 새로운 도구를 제공했다.

살면서 역경을 환영했던 적은 별로 없다. 하지만 돌아보면 어떤 역경은 분명 내게 유익했다. 부족함을 만회하는 과정에서 새로운 능력을 발달시킬 수 있었기 때문이다. 6학년 때 일이다. 어떤 아이의 아버지가 코치와 잘 아는 사이였다는 이유로 나는 제대로 테스트도 받지 못하고 야구팀에서 탈락했다. 내게는 내 편에 서서 나의 정당함을 주장해줄 아버지가 없었다. 어쩔 수 없이 나 스스로 더 공정한 테스트를 요구할 방법을 알아내야 했고, 마침내 그 시즌 동안 동등한 출전 시간을 보장받았다. 물론 이 정도로는 완승이라 할 수도 없고 아주 공정하다고도 할 수 없었다(문제의 그 아이는 정말로 야구를 못했기 때문이다). 그래도 덕분에 나는 어떻게 자신을 보호할지 교훈을 얻었다. 이와 비슷한 일들을 여러 차례 겪으면서 내게도 자기 신뢰가 자리잡게 되었다. 이것은 아버지 없는 삶에서 얻은 발달상의 보상이었다.

2006년, 어머니는 84세를 일기로 세상을 떠났다. 급속히 전이된 뇌종양으로 쓰러지셨는데, 불행 중 다행으로 크게 고통받지는 않으셨다. 어머니는 끝까지 강철 같았다. 마지막 순간까지 화를 삭이지도 않았다. 어머니는 옮겨간 요양원 병실에 아끼던 드레스들을 걸어둘 공간이 없자 불같이 화를 냈다. 나는 어머니를 위해 손주들 셋이 번갈아 병문안을 가게 했는데, 어머니는 세상 전부나 마찬가지였을 그 소중한 시간을 손주들을 나무라는 데 다 썼다. 이것이 어머니가 선택한 소멸 방식, 우리 가족이 익히 알고 있던 방식이었다. 그리고 내게는 특별한 도전과 발달상의 보상이 함께 주어지는 또 하나의 복합적인 축복이었다.

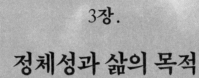

3장.

정체성과 삶의 목적

철학자 쇠렌 키르케고르는 일기장에 이렇게 적었다. "삶은 되돌아보아야만 이해할 수 있다. 그럼에도 앞을 향해 살아나가야 한다." 2005년 6월, 스티브 잡스는 스탠퍼드 대학교 졸업식 축사에서 바로 이 원리를 현대적으로 표현했다. 그가 연설하는 동안 나는 그의 뒤편에 앉아 있었다. 그래서 정면에서는 검은색 학위복에 가려진 그의 청바지 차림이 보였다. 40년간 교수로 일하면서 수십 번의 졸업식 축사를 들었지만, 잡스의 축사야말로 가장 울림 있었다고 단언할 수 있다. 그는 축사 중간쯤에 다음과 같은 통찰을 나누었다. "앞을 내다보며 점들을 연결할 수는 없습니다. 점들을 이으려면 뒤돌아보아야 합니다. 따라서 미래에는 어떤 식으로든 점들이 연결된다는 사실을 여러분은 믿어야 합니다."[1]

키르케고르와 잡스는 각자 나름의 방식으로 인생 회고의 핵심을 포착했다. 인생 회고를 한다는 것은 오늘날의 나를 있게 한 과거의 경험을 돌아본다는 것이다. 인생 회고는 개인의 정체성을 이루는 핵심 특징과 어떻게 이런 특징이 생겼는지를 최대한 온전하고 정확하게 파악하도록 해준다. 그럼으로써 자기 삶을 이해하고 싶은 사람들(그렇지 않은 이가 얼마나 되겠는가)이 흥미로운 사실을 발견할 수 있도록 이끈다.

가지 않은 길과
완주한 길

하지만 인생 회고의 참된 가치는 과거의 역사를 다시 생각해내는 것에 머물지 않는다. 인생 회고는 현재의 정체성을 재정립할 가능성을 열어, 현재를 긍정하고 목적이 있는 미래 방향을 발견하게 해준다. 물론 모든 회고가 이 목표를 이루는 데 도움이 되는 것은 아니다. 한 편의 드라마 같은 미식축구 경기를 경기장 중앙 좌석에 앉아 관람했던 짜릿한 기억, 미슐랭 3스타 레스토랑에서 식사를 즐겼던 파리 여행의 추억, 친구들과 호수에서 커다란 물고기를 잡았던 이야기, 어느 젊은 여름날의 꿈 같은 로맨스, 지난 세월에 대한 향수. 이러한 것들은 하나같이 무척 아름답고 따뜻하지만 그 이상의 중요한 의미는 없다.

후회로 점철된 회고도 마찬가지다. 내가 좀 더 용기 있었더라면 고등학교 때 여자친구와 결혼할 수 있었을 텐데. 친구가 너무 아파서 일을 못 했을 때 치료비를 도와주었어야 했는데. 오페라 무대에 설 기회가 이렇게 없는데 성악가가 되겠다고 인생을 낭비하지 말았어야 했는데. 아이들이 어렸을 때 시간을 더 많이 보냈어야 했는데. 고전이 된 영화 〈워터프론트〉에서 말론 브란도는 과거를 후회하는 사고방식의 전형을 보여주며 처량하게 덧붙인다. "나도 멋진 도전자가 될 수 있었는데."

인생 회고법을 도입한 정신의학자 로버트 버틀러는 마구잡이로 모아놓은 기억들 사이를 닥치는 대로 돌아다니는 것은 인생 회고가 아니라고 강조했다. 정체성 정립을 목표로 과거를 재구성하는 방법은 여러 가지인데, 관건은 어떤 사건을 소환해내느냐. 아울러 사건을 생각하는 방식도 중요하다. 부정적인 기억은 중요한 역할을 할 수 있다. 단, 그러려면 소환해낸 기억에서 삶을 긍정하는 교훈을 얻어야 한다. 이말이 부정적인 일을 덮어버리거나 미화하라는 뜻은 아니다. 살다 보면 후회와 실패를 피할 수 없고, 애도의 감정이 영원히 사라지지 않는 일도 있다.[2] 하지만 가능하다면 자신에게 주어진 과거와 현재 삶의 몫을 온전히 받아들이고, 자기가 저지른 실수 안에서 가치를 발견하며, 지금의 자기 모습과 자신이 바라는 미래의 모습을 긍정하는 것이 도움이 된다.

사실 후회와 실패는 격렬하고도 사려 깊게 인생을 살았다는 징표다. 한 번도 실패하지 않았다는 건 한 번도 도전하지 않았다는 뜻이기 때문이다. 한 번도 후회한 적 없다는 건, 누구나 저지르는 수많은 실수를 한 번도 인정하지 않았다는 뜻이다. 후회와 실패 자체가 문제가 아니라, 후회와 실패의 기억이 끝없이 마음을 어지럽히도록 손 놓고 있었다는 것이 문제다. 인생 회고는 후회와 실패를 비롯한 부정적인 기억을 삶에 긍정과 의미를 부여하는 맥락에서 바라보도록 해준다. 그럼으로써 부정적인 기억을 해소하게 해준다. 내 인생 회고가 그렇듯, 어떤 경우에는 이것이 후회와 실패 이면에 감추어진 상황을 밝혀내는 것을 의미한다. 또 어떤 경우에는 후회와 실패의 교훈을 확인하는 것을 의미한다.

나아가 인생 회고는 후회와 실패를 해소하는 데 그치지 않고 후회와 실패를 한 사람의 삶 전체, 즉 주어진 삶의 맥락 안에서 생각하게 만든다. 어쩔 수 없었던 과거의 좌절을 묘사할 때 우리는 지금의 모습과 그동안 누렸던 만족스러운 순간들, 우리가 맺었던 관계들, 세상에 대한 우리의 기여라는 맥락 안에서 그려낸다. 인생을 회고하는 동안 우리는 가지 않은 길과 완주한 길, 두 가지 모두를 점검한다. 그러면서 가지 않은 길을 포기한 것이 어떻게 완주한 길의 결실을 가져올 수 있었는지 새삼 깨닫게 된다. 이것은 우리의 선택을 최종적으로 받아들인다는 의미이기도 하다. 그 결과 정체성이 재정립되면서, 앞으로 만나게 될 길을 확신에 찬 시선으로 바라볼 수 있게 된다.

연속되는 정체성과
변화하는 정체성

인생 회고를 통해 우리는 오랜 세월 경험한 수많은 사건과 관찰을 재료 삼아 일관성 있는 서사를 완성한다. 우리의 과거는 물론 우리에게 영향을 미친 조상들의 과거까지 관통하는 의미 있는 맥락들을 찾아낸다. 그런 다음 이들 맥락을 씨줄과 날줄 삼아 일련의 패턴을 만든다. 이 패턴은 우리가 현재의 자아와 미래의 가능성에 부합하는 방식으로 자신의 정체성을 이해할 수 있도록 도와준다.

개인의 정체성을 정립하려면 우리의 과거 행동, 현재 특성, 조상으로부터 물려받은 뿌리 등 자신에 대해 이미 알고 있는 것과 미래에 대한 열망 사이에 균형을 유지해야 한다. 우리가 현재 도달해 있는 곳을 보는 눈길과 장차 가고자 하는 곳을 보는 눈길을 통합할 때 삶을 가장 잘 파악할 수 있다. "지나온 길을 모르면 어디로 갈지 알 수 없다"는 오랜 속담처럼 말이다.

정체성 형성은 한평생 진행되는 일생일대의 프로젝트다. 개인의 정체성은 청소년기에 첫 구조가 세워진다. 사춘기에는 신경발달이 급속히 이루어지면서 안정적인 정체성을 정립하는 데 필요한 두 가지 지적 능력이 생긴다. 하나는 이질적인 행동과 특징을 모아서 우리가 어떤 사람인지 보여주는 특성으로 일반화하는 능력이고, 다른 하나는 미래를 체계적으로 그려서 현재의 선택에 영향을 주는 능력이다. 이 능력들이 내가 누구이며 어디로 향하고 있는지 암시하면, 비로소 우리의 자아정체성이 알을 깨고 나오게 된다.

개인의 정체성을 이루는 특징 중에는 살아가는 내내 끈끈하게 붙어서 떨어지지 않는 것들도 많다. 예를 들어 성장기를 보냈던 장소가 그렇다. 그래서 이런 노랫말도 있나 보다. "그 소년을 뉴욕에서 데리고 나올 수는 있어도, 소년의 마음에서 뉴욕을 떼어낼 수는 없다네." 고향을 떠나온 사람이라면 이 마음을 알 것이다. 그래서 지금 어디에 살든 그리스 출신, 호주 출신, 남부 출신, 섬 출신, 도시 출신, 시골 출신 등으로 자신의 정체성을 규정한다. 그들의 마음속에는 고향에 대한 갈망과, 설령 다시 돌아가지 않더라도 태어난 곳에 대한 강한 소속감이 남아 있다.

이 밖에도 신앙, 사회계층, 신체적 특징, 타고난 성격 등이 떼어낼 수 없는 정체성에 포함된다. 모태신앙인 사람들은 어른이 되어 교회나 사찰에 한 번도 나가지 않더라도, 심지어 스스로 신자라고 생각하지 않더라도 그 종교만의 핵심 정서가 여전히 달라붙어 있다. 노동자 계층이 모여 사는 동네에서 자랐다면, 아무리 많이 배우고 전문직으로 일하더라도 마음속에 블루칼라와의 일체감이 남아 있다. 만약 어렸을 때 심각한 저체중이었다면, 어른이 되어 체중이 늘고 못하는 운동이 없게 되어도 마음 한편에 나약감이 남는다.

그럼에도 개인의 정체성은 시간에 따라 쉼 없이 변화한다. 정체성의 형성 및 재형성은 사는 내내 계속된다. 그래서 오래 살수록 다시 작업해야 하는 일거리도 많아진다. 지금까지 살면서 많은 결정을 내리고 많은 것을 시도하게 만든 자신의 정체성을 재정립하는 작업 말이다. 그렇다면 이 작업은 어떻게 시작해야 할까?

때로 인간은 타인의 평가에 따라 스스로를 재규정한다. 사람들이 여러분을 보고 우아하다고 할 수도 있고, 세련되지 못하다고 할 수도 있다. 너그럽다고 할 수도 있고 인색하다고 할 수도 있다. 성격이 좋다고 할 수도 있고 까칠하다고 할 수도 있다. 이 모든 평가는 자신에 대한 여러분의 사고방식에 영향을 준다.

때로는 자기 행동을 관찰하면서 스스로를 재규정한다. 객관적인 눈으로 자신이 성취한 것을 보면서 오래된 자괴감을 털어버리기로 마음먹을 수 있다. 가령 자신이 게으르다거나 무능하다는 생각을 떨쳐버릴 수도 있다. 또는 타운홀미팅에서 소신발언을 한 다음 스스로 용감하다고 생각할 수도 있다. 물론 인생 회고라는 체계적인 방식으로 자신의 정체성을 돌아볼 수도 있다. 그럼으로써 자신의 미래를 창조하는 작업에 적극적으로 참여하게 된다. 어떤 부류의 사람이 될지 스스로 결정하는 것이다.

나는 인생 회고를 통해 자기신뢰부터 경계심에 이르기까지 한 무더기의 긍정적인 기질과 부정적인 기질을 아버지 없이 자란 경험과 연결 지을 수 있었다. 나는 아버지의 소식을 어머니가 비밀에 부친 탓에 제한된 가정생활을 해야 했음을 알게 되었다. 그 때문에 확장된 친척관계의 친밀감을 느끼고 그들과 교류하는 능력을 발달시키지 못했다는 것도 알게 되었다. 이러한 깨달음은 뒤늦게나마 나의 사회적 시야를 확장시켰고, 자연스럽게 내가 개입하는 세계도 넓어졌다. 나는 친척들에게 적극적으로 연락했고, 멀리 떨어진 친척에게도 내가 그를 얼마나 아끼는지 알렸다.

결과적으로 나는 내가 누구이며 여기까지 어떻게 오게 되었는지 더욱 뚜렷하게 알게 되었다. 그리고 나의 과거 속 현실에 근거를 더 많이 두게 되었다. 그러자 현재의 정체성에 변화가 생기면서 여러 가지 도전에 대처하는 데 도움이 되었다. 회한과 후회를 해소하고, 지금까지의 삶을 긍정하고, 미래를 목적이 있는 방향으로 계획하는 것 등에서 말이다.

인생의 목적을
어떻게 발견할 것인가

엄밀히 말해 이 능력이 개인의 정체성에 반드시 필요한 것은 아니다. 하지만 있으면 탄탄한 정체성을 정립하는 데 큰 보탬이 된다. 이 능력은 지적 능력에 속하지는 않는다. 그보다는 동기를 부여하는 힘이라고 해야겠다. 이 힘은 인성면에서 강점이 된다. 이 능력이란 바로 **목적**이다. 개인의 정체성을 떠받치는 여러 기둥 가운데 목적은 단연코 가장 튼튼

한 기둥이다. 큰 줄기를 하나로 연결하듯 우리의 과거, 현재, 미래의 삶에 연속성과 안정성을 부여할 수 있는 것은 무엇일까? 우리가 수년, 아니 수십 년에 걸쳐 온 힘을 쏟아부은 삶의 목적이 바로 그것이다.

삶의 목적을 발견하면 에너지와 성취감을 주는 정체성을 정립할 수 있다. 그러면 그 정체성을 근간으로 삶의 목적을 꾸준히 추구하게 된다. 정체성과 삶의 목적은 인간 발달 과정 내내 서로를 북돋우며 밀접하게 연결된다. 삶의 목적과 개인의 정체성이 수년간 함께 변화하는 동안, 이들 사이에는 역동적인 상호작용이 일어난다. 인생 회고는 바로 이 상호작용을 포착하는 데 초점을 맞춘다.

발달심리학자로서 나는 생의 모든 단계에서 삶의 목적이 정체성 형성에 이바지하는 과정에 흥미를 느껴왔다. 내가 이 주제를 파고들기 시작한 것은 지금으로부터 20여 년 전의 일이다. 청소년기는 목적 있는 정체성 정립을 위한 여정에 뛰어드는 시기다. 그 여정에 막 발을 들여놓은 청소년들의 삶의 목적을 연구한 것이 시작이었다. 그때부터 나는 50~90세 연령대를 대상으로 연구를 확장해가면서, 사람들이 노년기에 이르기까지 살아가면서 삶의 목적을 찾는 과정을 추적했다.

내가 관찰한 바에 따르면, 어떤 연령대에서든 긍정적 정체성 형성의 열쇠를 쥐고 있는 것은 단연 삶의 목적이었다. 이미 오래전부터 철학이나 신학에서는 목적을 삶의 방향을 설정하는 데 필요한 핵심 요소로 보았다. 최근 들어 이를 뒷받침하는 여러 연구 결과가 심리학과 의학 분야에서 나왔다. 이 연구들은 목적이 가져다주는 중요한 이점을 자료를 통해 입증한다. 가령 삶의 목적이 있으면 에너지가 생기고 동기부여가 되며, 스트레스 상황에서 벗어나는 회복탄력성이 강화되고, 정서적으로 안정되며, 학업 및 직업적 성취를 이루고, 삶의 긍정적 가치에 대한 믿음이 생기며, 방향감각을 갖게 되어 일시적으로 불확실하고 혼란스러운 시기가 와도 잘 버텨낼 수 있다. 의학 분야, 특히 노인학에서 최근 발표된 논문들에 따르면 목적은 전 생애에 걸쳐 건강에 이바지한다.[3] 이에 따라 교육 부문에서도 사람들이 삶의 목적을 발견하고 이를 유지하도록 돕는 것이 세계적인 추세다. 목적은 동기부여와 성취에 박차를 가하므로 인간의 조건을 향상시킬 가능성도 있다. 목적이 뚜렷한 사람들은 유익한 온갖 대의에 이바지한다.

삶의 목적을 통찰하는 글들은 내가 연구를 시작하기 전에도 이미 많았다. 정신의학자 빅터 프랭클은 '로고테라피'라고 하는 심리치료법의 창시자다. 이 이론의 바탕에는 삶의 목적이야말로 잘 살아낸 인생의 첫 번째 목표가 되어야 한다는 생각이 깔려 있다. 이것은 생물적, 물질적 욕구 충족이 먼저이고 삶의 목적이 마지막이라고 주장하는 다른 심리학파들(가령 행동주의학파나 프로이트학파)의 주장과 상반된다. 삶의 목적에 관한 프랭클의 사상은 종교적인 것이 아니었다. 그는 세속적이고 인본주의적 차원에서 삶의 목적을 강조했다. 더 최근에는 릭 워렌 목사가 베스트셀러《목적이 이끄는 삶》에서 신앙에 바탕을 둔 기독교적 목적을 고찰하며 영향력을 발휘했다. 프랭클과 워렌의 초점은 서로 다르지만 두 사람의 글에는 모두 삶의 목적이 가져다주는 심리적 이점에 관한 통찰로 가득하다.

나의 초점은 평범한 것부터 영웅적인 것에 이르기까지 전 영역의 목적에 맞추어져 있다. 나이, 능력, 배경을 불문하고 모든 사람에게 방향과 의미, 성취감을 안겨주는 목적이라면 모두 내 연구 대상이다. 목적을 발견할 수 있는 곳 어디서든 목적을 탐험했다. 그리고 목적이 어떻게 발달하고 목적을 추구하는 사람들에게 어떤 영향을 미치는지 설명하고자 노력했다.

목적이란 정확히 무엇일까? 우리 연구팀은 삶의 목적이

어떻게 발달하는지 연구하기 전에 한 가지 작업을 선행했다. 우리는 철학, 신학, 사회과학 분야의 초창기 글에서 '목적'이라는 용어가 어떻게 사용되었는지 조사했다. 당연하게도 하나의 맥락으로만 통용되지는 않았지만, 그래도 얼마간 의견의 일치는 볼 수 있었다. 우리가 내린 정의는 현재 인간 발달을 다루는 학문 분야에서 널리 사용되고 있다. 그 정의는 다음과 같다.

목적이란, 자기 자신에게도 의미 있고 동시에 자신을 넘어 세상에도 의미 있는 중요한 목표를 달성하고야 말겠다는 적극적인 다짐이다.

목적은 '열정'이나 '의미'와 같은 동류의 개념들과도 관련된다(그리고 종종 혼용된다). 하지만 목적이라는 용어에는 그만의 정의가 따로 있다. 이것은 중요한 문제다. 왜냐면 과학에서는 같은 개념을 말할 때 한 가지 이상의 용어가 필요하지 않기 때문이다. 또한 한 가지 용어를 별개의 경우에 다르게 사용해서도 안 되기 때문이다. 의사가 처방전에 쓰는 용어의 의미는 약사가 사용하는 용어와 반드시 일치해야 한다. 그렇지 않으면 환자는 엉뚱한 약을 받게 된다. 마찬가지로 각 신체 부위를 가리키는 용어도 하나로 통일하고 각각을 서로 구별해서 사용하는 것이 필수다. 만약 '신장'과 '비장'이 혼용된다면, 복부외과 수술은 참사를 피할 수 없을 것이다.

가치 있는 일을 하려고 애쓰는 사람들이 있는 곳이라면 어디서든 목적을 발견할 수 있다. 자녀를 양육하는 부모에게서도 그렇고, 자긍심과 사회적 책임감을 느끼며 일하는 노동자에게서도 그렇다. 투표장을 찾은 유권자나 지지하는 후보의 선거운동을 하는 이들은 시민으로서의 목적의식을 보여주는 것이다. 동네잔치를 주최하는 이웃은 공동체적인 목적의식을 발휘하는 것이다. 종교를 믿는 신자들은 신앙이나 영성이라는 목적을 추구한다. 음계 연습을 하는 음악가나 해질 녘 풍경을 그리는 화가, 시를 짓는 시인은 아름다움이라는 목적에 헌신한다. 직원들의 커리어 성장을 지도하는 리더는 멘토링이라는 목적을 드러낸다.

목적은 비교적 늦게 발달하는 능력이다. 우리 실험실을 비롯한 여러 연구팀의 연구 결과, 12~22세 청소년 다섯 명 중 한 명 정도만이 완전히 성숙한 목적을 갖는 것으로 밝혀졌다. 12세 미만의 아동이 온전한 목적을 갖는 경우는 드물다.[4] 젊은이들 상당수가 20대가 끝날 때까지 평생의 목적을 발견하지 못한다. 중년이 될 때까지 목적을 갖지 못하는 사람들도 적지 않다. 대부분의 중요한 심리적 능력이 아동기와 청소년기에 급속히 발달하는 것을 감안하면 이처럼 뒤늦은 발달은 몹시 이례적이다.

여러 연구에 따르면, 어린 나이에 삶의 목적을 발견하는 청소년들에게는 공통된 패턴이 있다.[5] 그 첫 단계로 아이들은 강렬한 흥미와 재능을 발견한다. '긍정적 청소년 발달' 접근법의 창시자인 피터 벤슨Peter Benson은 이런 흥미와 재능을 '스파크'라 표현했다.[6] 모든 아이에게는 자신만의 특별한 스파크가 있다는 그의 주장은 설득력 있다. 자신의 스파크를 목적으로 변모시키는 사람들은 세상을 더 알게 되면서 두 가지 사실을 깨닫는다. 첫째, 세상에는 개선하고 바로잡고 개발돼야 할 일이 있다. 둘째, 자신에게 이런 일에 이바지할 능력이 있다.

세상에는 암을 정복하거나 빈곤을 해소하는 것과 같은 영웅적이고 벅찬 목적도 있다. 그런가 하면 누구나 추구할 수 있는 목적도 있다. 열심히 가정을 꾸리거나, 평범한 직업에 전념하거나, 사회를 돌아가게 만드는 일상적인 목적에 헌신하는 것이 그렇다. 심리적, 사회적 혜택을 성취하는 목적이라 해서 반드시 영웅적이거나 비범할 필요는 없다.

인생 회고를 하다 보면 깨닫게 된다. 당시에는 당연하게 여겼던 몇몇 활동과 선택이 사실은 투철한 목적이 있었기에 가능했음을. 그리고 목적으로부터 만족감을 얻을 수 있었음을 말이다.

나는 고등학교에 다닐 때 연구와 글쓰기에 흥미를 느끼면서 희망 직업으로 언론인이나 과학자를 꿈꾸었다. 이것이 내가 처음으로 직업에 관한 현실적인 목적을 갖게 된 순간이다. 그전에는 (고래를 뒤쫓는!) 심해 어부, 야구선수, 군사령관 등 어린 남자아이의 판타지를 채워줄 직업을 많이 꿈꾸었다. 하지만 연구와 글쓰기를 어느 정도 경험하고 나자, 상당히 흥미롭고 훨씬 더 실현 가능한 미래의 비전이 소년 시절의 판타지를 대신하게 되었다. 연구를 수행해서 새로운 것을 발견하고 세상에 알릴 수 있다면 가치 있고 중요하고 멋지겠다는 생각이 들었다. 사는 동안 이 목적은 다양한 형태를 띠게 되었지만, 지금 돌아보면 그 다양성을 이어주는 '점'들이 뚜렷이 보인다.

연구자가 되어야겠다는 생각을 학교 수업을 듣다가 한 것은 아니었다. 고등학교에 입학했을 때만 해도 나는 학교 수업과는 담을 쌓고 살았다. 나는 딱 봐도 반지성적 분위기가 팽배한 초라하고 가난한 공장 도시에서 자랐다. 그래서 학문에는 거의 매력을 느끼지 못했다. 그러다 공부에 대한 내 태도를 영영 바꾸어놓은 경험을 9학년 때 하게 되었다.

나는 학교 신문사에 들어가 스포츠 뉴스를 담당했다. 신입생 때는 너무 어려서 운동팀에 들어갈 수 없었지만, 경기를 관람하고 선배 선수들과 어울리는 것은 즐거웠다. 형편없는 글솜씨의 풋내기 기자였던 내게는 아무도 관심 없는 경기들만 맡겨졌다. 그중 하나가 우리 학교 2군 팀과 헝가리 이민자 출신의 10대들로 구성된 축구팀이 맞붙은 연습경기였다. 당시 미국에서 축구는 비인기 종목이었다. 그러니 학교 2군 축구팀에 관심 갖는 학생들도 별로 없었다. 하지만 헝가리팀 선수들이 유럽에서 습득한 놀라운 기량을 선보이면서 이 경기는 일약 흥미진진한 볼거리가 되었다.

그러나 정작 내 이목을 집중시킨 것은 이것이 아니었다. 경기가 끝난 뒤, 나는 현장에 남아서 이민자 선수들과 이야기를 나누었다. 물질적인 의미에서 그들이 가진 것은 보잘것 없었다. 그들은 어머니가 싸준 기름 덩어리 베이컨과 피망을 넣은 샌드위치를 가져왔다. 점심으로 이것밖에 먹을 게 없던 그 소년들이 안쓰러웠던 기억이 난다. 그래도 그들의 사기는 하늘을 찔렀고, 새로운 조국에서 좋은 시간을 보내고 있었다. 그들은 신이 나서 이야기보따리를 풀었다. 미국으로 오게 된 이야기, 예전에 힘들게 살았던 이야기, 그들의 가족에게 정치적 자유가 무슨 의미인지에 대해, 그리고 미래에 대한 희망을 이야기했다. 그동안 내가 알던 것을 뛰어넘는 문화적, 역사적 지식의 세계가 눈앞에 문을 연 순간이었다.

내가 쓴 이야기가 신문에 실리자 친구들이 읽고 멋지다고 한마디씩 해주었다. 그 후로 이런 식의 기사 작성 경험이 늘어나면서 글쓰기에 차츰 빠져들었다. 새로 발견한 목적을 추구하는 데 필요한 기술을 배우겠다는 굳은 다짐도 했다. 이렇게 거슬러 올라가 보면 내가 연구자를 직업으로 선택한 계기는 학교 신문 기자로 활동하면서 진정한 만족감을 느꼈던 그 경험 때문이다.

오늘날에는 누구나 자신의 성향, 재능, 신념을 바탕으로 삶의 목적을 설정하라는 요구를 받는다. 이것은 과거 세대가 좀처럼 누려보지 못한 특권이면서 도전이기도 하다. 과거에는 어릴 적부터 사회나 종교, 직업이 정해지면서 이에 따른 책무가 미리 마련되어 있었고, 이것이 삶의 방향을 규정하곤 했다. 헌신할 직업을 스스로 선택하는 일은 결코 녹록지 않다. 연구 중에 갈 길을 찾지 못하고 방황하는 청소년들을 발견하는 경우는 예외 없이 이 때문이었다. 나름대로 노력했음에도 의미 있는 목적을 찾는 데 실패하는 청소년도 있고, 아예 노력조차 하지 않거나 찾기를 포기한 청소년들도 있다. 삶의 목적을 발견하고 그에 따른 혜택을 누리기 힘든 경우가 바로 이들, 즉 목적을 찾아본 적 없거나 찾기를 완전히 포기해버린 사람들이다.

여기에 오늘날의 혼란스러움이 방황을 가중한다. 과거와 달리 오늘날에는 국가적 목적의식을 거의 공유하지 않는다. 우리가 하나 되어 헌신할 수 있는 집단적 이상이나 원칙이 있다는 생각은 이 냉소적인 시대에 한물간 발상처럼 여겨진다. 아버지의 인생 여정을 알게 된 후 이를 나의 여정과 비교해보면서 주목한 사실이 있다. 아버지는 한 세대의 남성들 전부가 전쟁의 소용돌이에 휩쓸렸던 시절에 성장했다. 학생이었던 아버지가 군인이 된 사연을 기록한 문서를 읽으면서 뚜렷이 알게 되었다. 그 시절의 많은 이들이 그랬듯, 아버지도 입영 통지를 받았을 때 비로소 삶의 목적을 발견했다. 이런 국가적 목적의식 말고도 옛날이었다면 쉽게 받아들여졌을 다른 진부한 목적들 역시 이제는 퇴색되고 말았다. 시민 사회, 학계, 종교계, 문화계를 막론하고 모든 종류의 신념체계 및 제도가 대중에게 외면되면서 타격을 입거나 평판이 떨어지거나 무대에서 사라졌다. 그 결과, 이제 목적은 많은 이들의 레이더망에 잡히지 않게 되었다.

이렇다 보니 당혹스러운 문제가 생긴다. 삶의 목적을 찾지 않는 사람에게 어떻게 목적의식이 생기겠는가?

나보다 지혜로운 이에게 한 가지 질문을 할 기회가 생겼을 때, 나는 이 질문을 던졌다. 밴쿠버의 달라이 라마 북미센터 개관식 때였다. 나는 달라이 라마 성하와의 공개 '대화'에 초대된 여섯 학자 중 한 명이었다. 연사들은 각자 발표를 마친 뒤 달라이 라마에게 한 가지 질문을 할 수 있었다. 내가 했던 질문은 "삶의 목적을 찾지 않는 사람이 목적을 발견하도록 도우려면 어떻게 해야 합니까?"였다. 당시에는 달라이 라마의 대답을 막연하게만 이해할 수 있었다. 그 사람에게 목적 없는 삶이 얼마나 척박한지 보여주고, 이와 동시에 목적 있는 삶이 주는 긍정적 보상도 보여주어야 한다는 것이 그의 답변이었다. 이 두 가지를 모두 해야 한다고 강조했다. 그리고 가능한 한 극적인 방식으로 보여주어야 한다고 했다. 스승의 깊은 지혜에 누가 되는 표현이겠지만, 감히 말하자면 당근과 채찍을 동시에 사용하는 접근법인 셈이다.

나는 자기 진단을 하면서 이 메시지를 더 구체적으로 이해할 수 있었다. 기억을 더듬어보니, 내가 연구와 글쓰기의 매력을 처음 발견한 것이 고등학교 때 학교 신문사 기자로 활동할 때였다. 나는 이것이 나를 앞으로 이끌어준 '당근'이었음을 깨달았다. 비슷한 시기에 나는 호된 '채찍'의 맛도 보았다. 고등학교에 입학하면서 나는 무기력하게 학업에 임하고 있었다. 그런 내 태도를 눈여겨보던 한 선생님의 혹독한 피드백 덕분에 나는 정신 차릴 수 있었다. 사건은 내가 주간 과제물을 제출하면서 "이 보고서 별로 중요한 건 아니겠죠?"라는 말을 덧붙이면서 벌어졌다. 엄격하면서도 배려심 많은 노신사였던 선생님은 나를 자리에 앉힌 다음 한참 동안 지그시 바라보았다. 영겁의 시간이 지난 듯 느껴질 때쯤, 마침내 불호령이 떨어졌다. "데이먼 군! 항상 명심하게. 자네가 이 세상에서 하는 모든 일이 다 중요하다네!" 이 말에는 목적을 가지라는 요구가 담겨 있었다. 나는 이 말을 잊지 않았다.

흥미롭게도 또 하나의 채찍은 달라이 라마가 직접 휘둘렀다. 앞서 언급했던 대화 자리에서는 달라이 라마도 모든 연사에게 각각 한 번씩 질문을 했는데, 나에게 질문할 차례가 되자 그는 꾸짖는 듯한 눈빛으로 물었다. 내가 이야기했던 훌륭한 생각들을 실행하기 위해 이제 무슨 **행동**을 취할 작정이냐는 것이었다. 인정하지 않을 수 없지만, 당시에는 머릿속에 아무 대답도 떠오르지 않았다. 그 후 수없이 생각을 곱씹다가 갑자기 정신이 번쩍 들면서 교육 분야에서 전보다 더 직접적인 노력을 기울이기 시작했다. 할 수 있을 때마다 학교 현장을 찾아서 연구 결과를 공유했다. 초등학교부터 대학교까지 더 많은 학생들이 수업에서 목적의식을 가질 수 있게 할 방법을 찾기 위해 교육자들과도 협업했다.

탐색은 평생 계속된다

청소년기 이후 청년기의 특징은 평생 지속될 삶의 목적을 처음으로 다짐한다는 것이다. 가정 꾸리기, 직업 선택하기, 신을 섬기기, 소중한 대의 추구하기, 참여의식 있는 시민 되기와 같은 목적 말이다. 청년기에 하는 다짐은 야망, 부푼 희망, 이상주의가 특징이다. 장년기가 되면 초기에 품었던 희망과 꿈 가운데 살아남은 것이 무엇인지 현실적으로 깨닫는다. 결과를 낸 목적들은 대체로 지속되어 우리의 정체성을 규정하는 목적이 된다. 이제 우리는 지난날을 돌아보며 무엇이 유효했는지 파악하기 시작한다. 그리고 이에 따라 현재와 미래의 기대치를 조정해 성공도 있고 실패도 있는 현실에 적응한다.

노년기에는 젊은 시절에 삶의 활력이 되었던 목적들을 바탕으로 삼거나 이를 대체하는 새로운 삶의 목적을 발견할 기회를 얻는다. 나이를 먹음에 따라 상황과 환경이 달라지면서 젊은 시절의 목적 가운데 일부는 용도 폐기된다. 대표적인 사례가 은퇴다. 환자를 치료한다는 삶의 목적에 헌신한 의사라 해도, 일단 은퇴하고 나면 더 이상 예전과 같은 방식으로 이 목적을 추구할 수 없다. 가정에서도 자녀들이 성장해서 독립하면 자녀 양육이라는 목적은 예전보다 제한된 새로운 의미를 지니게 된다. 여전히 부모는 자녀가 잘 지내는지 살펴야 하지만, 자녀가 안전하게 길을 건너는지 지켜봐야 했던 시절과 같은 강도로 일일이 모니터할 필요는 없다.

젊은 시절의 목적을 성취하거나 넘어선 사람들은 새로운 목적을 찾아 나설 것이다. 그들에게는 세상에서 중요한 일을 해내는 데 필요한 시간도 의욕도 있다. 노년의 삶 전문가인 마크 프리드먼Marc Freedman은 노년기를 가리켜 '앙코르 커리어기'라 부른다. 젊은 시절에 세운 삶의 목적은 점차 유효기간이 만료되고, 그 이상의 목적을 추구할 기회가 생기기 때문이다.[7]

우리 스탠퍼드 연구팀은 50~92세의 남녀 1200명을 표본으로 연구를 진행하면서 이 연령대에 목적이 뚜렷한 이들이 대단히 많다는 사실을 발견했다.[8] 고무적이게도 사람들의 목적은 청소년기보다 성년기에, 그중에서도 특히 노년기에 더 뚜렷한 것으로 나타났다. 전반적으로 보면 장년기 성인들보다 65세 이상 성인들의 목적 의식이 유의미하게 높았고, 청년이나 청소년들보다 장년기 성인들의 목적이 더 강했다. 이는 목적이라는 중요한 요소가 전 생애에 걸쳐 성장한다는 사실을 보여주는 강력한 증거다.

흔히 나이가 들면 핵심 역할에서 물러나거나 사회에 짐이 되거나 여가생활만 한다고들 여긴다. 하지만 우리 연구팀의 발견은 이런 고정관념이 틀렸음을 보여주었다. 많은 노년층이 목적을 원동력 삼아 세상에 이바지한다. 그들은 그저 집에서 뜨개질이나 하고 골프나 치러 다니지 않는다. 연구 과정에서 우리는 많은 노년층이 은퇴 후 가정교사나 재가 요양사 같은 '앵코르 커리어'를 쌓으면서 새로운 목적으로 삶을 채워나가는 모습을 관찰했다. 삶의 목적이 뚜렷한 노년층은 젊은 사람들과 마찬가지로 활력과 회복력, 새로운 기술 습득에 대한 흥미 등 적응이 가져다주는 이점을 누리는 것으로 나타났다.

노년층에 동기를 부여하는 삶의 목적은 인간이 처한 각양 각색의 환경만큼이나 다양하다. 어떤 사람들은 손주들을 돌보는 등 가정 안에서 새로운 목적을 발견한다. 어떤 이들은 지역 공동체에서 자원봉사 활동을 한다. 또 어떤 사람들은 빈곤퇴치 활동을 벌이는 비영리단체를 위한 모금 활동 같은 자선 활동을 목표로 삼는다. 그런가 하면 그림 그리기나 스토리텔링, 음악 공연 같은 심미적 목적을 추구하는 사람들도 있다. 어떤 이들은 동물구조 활동이나 본인이 키우는 반려동물에 애정을 쏟는다. 또 어떤 이들은 신앙을 비롯한 영성 활동에 매진한다. 우리 연구 결과로 드러난 또 하나의 사실이 있다. 노년기의 목적은 건강이나 경제적 조건에 영향받지 않는다는 것이다. 어떤 배경, 어떤 사회경제적 지위, 어떤 민족, 어떤 성별의 사람이건 누구나 삶의 목적을 찾고 추구할 수 있다. 심지어 건강이 좋지 않아도 삶의 목적을 추구하는 데 걸림돌이 되지 않는다.

삶의 목적을 찾는 탐색은 결코 중단되지 않는다. 나이를 먹어감에 따라 새로운 열망을 품고 새로운 책무를 맡게 된다. 그 과정에서 우리는 젊었을 때 개발한 흥미와 능력에 의존한다. 이런 식으로 젊은 시절의 성취를 발판으로 우리는 의미 있고, 성취감을 주며, 공동선에 기여하는 노년의 삶을 펼칠 수 있다. 인생 회고는 이 모든 것에 초점을 맞춘다. 덕분에 우리는 속도를 높여 또 다른 목적을 발견하고, 젊은 시절 인생의 원동력을 돌아보면서 새로운 만족감을 느낄 수 있다.

삶의 목적은 젊었을 때나 늙었을 때나 마찬가지로 중요하며 한평생 필요한 것이다. 앞만 바라보는 청년 시절에는 목적이 직선처럼 쭉 뻗어 있다고 상상할 수 있다. 하지만 나이가 들어 돌아보면 목적이 생각보다 훨씬 변화무쌍하고 구불구불하며 예측하기 어렵다는 사실을 알게 된다. 삶의 목적은 변화하는 주변 및 세계 환경에 우리가 적응해감에 따라 함께 변화한다. 인생 회고는 우리에게 지난날을 돌아보고, 청소년기에 처음으로 발견한 희미한 삶의 목적을 필두로 우리가 지나온 점들을 잇는 방법을 제시한다. 우리가 살면서 가졌던 목적들을 기억해내 현재 환경에 통합하고, 목적을 갖고 하는 일을 더 많이 추구할 수 있게 도와준다.

인생의 목적으로 이끈 어머니
그리고 아버지

앞서 언급했듯, 고등학교는 내가 삶의 목적을 발견한 배경이 된 곳이다. 달라이 라마의 통찰에 대한 내 해석을 빌리자면, 나는 9학년 때 당근과 채찍을 모두 경험했다. 엄격하면서도 배려심 많은 선생님에게 받은 혹독한 훈계가 채찍이었고, 학교 신문사 기자로 활동하면서 글쓰기에서 희열을 느꼈던 것이 당근이었다.

그런데 이 이야기에서 내가 언급하지 않은 부분이 하나 있다. 내가 다녔던 학교의 환경이 평범하지 않았다는 사실, 혹은 내가 어떻게 그 학교에 입학했는지 짚고 넘어가지 않았다. 내가 다닌 학교가 평범하지 않다는 것은 그때도 알고 있었다. 하지만 어떻게 입학하게 되었는지는 가족 찾기를 통해 최근에야 알게 되었다. 2장에서 언급했듯, 나는 베르나 고모를 처음 만난 자리에서 아버지와 내가 같은 학교에 다녔다는 놀라운 정보를 듣게 되었다. 그 학교는 미국 최고의 명문 기숙학교 중 하나로 알려진 필립스 아카데미 앤도버였다.

재미있는 사실은 내가 자란 가난한 동네에서는 그 학교를 아는 사람이 아무도 없었다는 것이다. 오죽하면 방학 때 집으로 돌아왔더니, 친구들은 내가 모종의 문제를 일으켜서 '하노버'라는 군사학교로 보내진 것으로 잘못 알고 있었다. 우리 집의 경제 상태는 하위 중산층 주변을 맴도는 수준이었다. 나 같은 사회적 배경을 지닌 브록턴 출신 소년이 앤도버 같은 엘리트 사립고등학교에 다니기는커녕 알고 있을 가능성도 제로에 가까웠다.[9]

그렇다면 나는 이곳에 어떻게 입성하게 된 걸까? 간단하게 답한다면 우리 어머니 때문이었다. 그런데 이 답변 이면에는 그림자에 가려진 복잡한 인물, 아버지가 있다. 어머니가 이 학교에 가라고 내게 강력히 권유하고 필요한 장학금을 조달했던 이유가 이제 뚜렷해졌다. 어머니는 아버지가 그곳 학생이었다는 사실을 알고 있었던 것이다. 최소한 이런 식으로라도 어머니는 내 안에 아버지를 재현해내려고 노력했던 것이 분명하다.

어머니의 결혼 생활은 짧게 끝났지만, 어머니의 눈에는 자신과 결혼했던 남자가 상당히 존경스러워 보였던 모양이다. 하나밖에 없는 아들이 같은 길을 가도록 이끈 것을 보면 말이다. 베르나 고모를 만나기 전까지 나는 이런 사실을 전혀 눈치채지 못했다. 아버지가 나보다 22년 먼저 앤도버에 다녔다는 사실을 알지 못한 채, 그 밖의 매우 많은 것도 미처 깨닫지 못한 채, 나는 아버지의 발자국을 뒤따르고 있었다.

앤도버에서 보낸 시간은 나의 미래를 바꾸어놓았다. 그 시간 동안 나는 삶의 목적을 온전히 추구할 기회를 얻었다. 다른 곳으로 진학했다면 발견하지 못했을 수도 있는 목적 말이다. 그때 발견한 삶의 목적은 궁극적으로 내가 평생에 걸쳐 발전시킨 정체성을 빚어냈다. 내가 추구한 삶의 목적은 내가 직접 선택하긴 했지만, 내가 인도되어 발을 들인 교육행로가 나를 이런 목적으로 이끌어주었다고 할 수 있다. 내가 앤도버에 진학한 것은 내 계산이나 통제를 넘어 발생한 일이다. 왜 일어났는지 이유도 모른 채 내게 '일어난' 일인 것이다.

지금의 자신과 관련된 모든 것이 스스로 결정한 결과는 아니다. 우리는 주어진 특정 프레임 안에서 우리의 정체성을 발전시킨다. 물론 그 안에서도 이런저런 방법으로 적극적인 역할을 할 수 있다. 아버지와 나 또한 같은 학교를 나왔지만 아버지의 앤도버 시절과 나의 앤도버 시절은 매우 달랐다. 아버지는 나보다 덜 열심이었고 목적도 모호했다. 나와 마찬가지로 아버지도 그만의 열망과 갈망, 성격이 그의 경험을 만들어냈다. 학교는 아버지의 미래에 영향을 미쳤지만, 나에게 영향을 주었던 것과는 다른 방식이었다. 아버지는 학교 이후의 삶에서 목적을 발견하게 된다. 우리가 정체성에 이르는 길 위 어디에 있건, 그 길은 결국 우리가 삶의 목적을 지나게 인도해준다. 그리고 목적이 있는 그 지점에서 우리는 스스로 다그치면서 앞으로 나아간다.

4장.

미성숙한 아버지와
성숙한 아들

어느 늦여름 금요일 오후 4시, 나는 텅 빈 학교 계단을 조심스럽게 올라갔다. 그 옛날 나무 책장과 퀴퀴한 가죽 냄새가 익숙했던 도서관이 한 계단 한 계단 발아래로 사라져갔다. 꼭대기 층에 다다르니 수십 년은 아무도 찾지 않았을 듯한 조용한 복도가 나왔다. 정적이 감도는 통로 끝에 불투명 유리문이 굳게 닫힌 사무실이 보였다. 별 기대 없이 문손잡이를 돌렸는데 뜻밖에 문은 잠겨 있지 않았다. 사무실에는 미소 띤 얼굴의 여성이 앉아 있었다. "우리 소중한 기록물을 찾는 분이 있다니 참 반갑네요!"라고 말하는 듯한 미소였다. 이 기록물 담당자는 내가 아버지의 학창 시절을 파헤칠 수 있게 열성적으로 도와주었다.

아버지와 나에 관한 것들을 찾아 나서면서 점점 분명해진 사실이 있다. 내가 찾던 이야기의 핵심 부분은 우리 두 사람을 하나로 묶어준 '학교'라는 배경 안에 묻혀 있다는 것이다. 나보다 22년 먼저 그곳에서 보낸 아버지의 학창 시절은 어땠을까? 아버지는 어떻게 지냈을까? 그곳에 남아 있는 아버지에 관한 기록에는 그의 인성이 어떻게 묘사돼 있을까?

그곳에서 나의 학창 시절은 또 어땠을까? 그 시절에 대한 기억은 구체적이지 않은 막연한 향수로 남아 있다. 기억의 전형적인 속성이다. 그곳에서 내가 받은 교육과 아버지가 받은 교육을 비교해보면 어떨까? 나아가 나는 우리 두 사람의 대학 생활에 대해서도 마찬가지 의문을 가졌다. 그렇다, 나와 아버지는 이번에도 같은 대학교, 하버드를 나왔다. 다만 이 사실은 나도 이미 알고 있던 터라 앤도버의 경우처럼 미스터리의 기운이 감돌지는 않았다.

나는 앤도버 기록물 보관소를 방문하기로 하고 학교 동창회 날짜에 맞춰 여행 계획을 짰다. 동창회는 그 자체로 일종의 시간 여행이다. 그런데 이번에는 두 세대를 가로지르는 시간 여행처럼 느껴졌다. 다시 찾은 뉴잉글랜드의 고색창연한 배경이 내 감흥을 한층 돋우었다. 원래도 이곳은 디킨스의 소설 속 한 장면이 그대로 튀어나온 것 같아서 '뉴' 잉글랜드보다는 '올드' 잉글랜드처럼 느껴졌다. 특히 세월의 흔적이 느껴지는 이곳, 올리버 웬델 홈스 도서관 꼭대기층이 그랬다.[1] 바로 졸업생 기록물을 보관하는 곳이었다.

나와 아버지의 고등학교 및 대학교 시절에 대한 조사는 탐색 작업의 하이라이트 가운데 하나였다. 나는 오래전 선생님들이 남긴 기록을 열람하고, 할머니와 할아버지가 보낸 아버지에 관한 편지와 어머니가 보낸 나에 관한 편지를 가만히 바라보았다. 우리 두 사람의 고등학생 모습을 빚어낸 학교 분위기를 비교하고 대조했으며, 기록으로 짐작할 수 있는 우리 각자의 인성도 돌아보았다. 무엇 하나 놀랍지 않은 것이 없었다. 그 주말, 나는 아버지와 나 자신을 훨씬 잘 알게 되었다고 느끼며 앤도버를 떠났다.

누군가가 어떤 사람인지 알 수 있게 해주는 것들은 많다. 어디에 사는지, 어떻게 생겼는지, 어떤 일을 하는지, 어떤 음식이나 음악을 좋아하는지, 돈이 얼마나 많은지 등을 보면 그를 알 수 있다. 하지만 그가 정말 어떤 사람인지 알려면 **인성**을 알아야 한다. 인성character이라는 단어는 (예리한 판화처럼) '독특한 표시나 도장'을 의미하는 고대 그리스어에서 파생되었다. 온라인에는 인성의 어원에 완벽히 부합하는 정의가 올라와 있다. 바로 **"개인의 독특한 정신적, 도덕적 자질"**이다.[2]

현대 심리학에서 인성과 거의 같은 의미로 사용되는 단어로 '성격personality'이 있다. 두 용어 모두 개인의 행동 특성을 설명한다는 목표를 공유한다. 하지만 초점을 두는 지점은 예리하게 차이 난다. '성격'은 어떤 종류건 특정 개인에게 기대되는 일관된 행동 패턴을 말한다. 반면 인성은 도덕적으로 고결한 행동을 지지하거나 저지하는 패턴을 가리킨다. 예를 들어 '예민한' 성격, '재미를 좇는' 성격, '이상한' 성격 등이라고는 흔히 말하지만, 인성을 표현할 때 이런 수식어를 사용하는 경우는 드물다. 이와 반대로 '정직한', '공정한', '인정많은', '책임감 있는', 혹은 반대 의미로 '정직하지 않은', '이기적인', '무책임한'과 같은 수식어는 성격을 기술하는 단어보다는 인성의 척도가 되는 단어로 사용될 가능성이 더 크다.

인성에는 발달 과정을 거치는 내내 습득된 행동 습관이라는 의미가 내포돼 있다. 이런 습관이 도덕적이면 당사자 개인에게는 사회적 영향력을, 공동체에는 사회적 이익을 가져다 준다. 이것이 바로 긍정심리학자들과 교육자들이 이 오래된 용어에 가치를 두는 이유다. 또한 이 책에서 학창 시절에 드러난 아버지와 나의 독특한 자질을 살펴보기 위해 이 용어를 사용하는 이유이기도 하다.

인성 형성은 어릴 때 시작된다. 아이들이 가정, 우정, 종교 전례를 비롯해 세상에 노출되면서 가슴과 머리로 습득하는 습관이 그 출발점이다. 아이들은 가르침 받고, 관찰하고, 자기가 한 행동의 결과를 돌아보면서 이러한 습관을 익힌다. 이 습관이 본디 긍정적일 경우 '미덕'이라 불린다.

아동기와 청소년기에 인성의 습관을 습득하고 시험하는 주요 환경은 학교다. 아이들은 깨어 있는 시간의 약 3분의 1을 학교에서 보낸다. 그곳에서 자신의 행동에 지속적인 영향을 미치는 교사 및 친구들과 관계를 이어간다. 학교 교육에서는 책임감, 미래 지향, 정직, 성실과 같은 인성적 미덕을 강조한다. 물론 모든 아이가 이를 습득하는 것은 아니지만, 적어도 살면서 이런 미덕이 요구된다는 사실은 알게 된다.

그러나 학교 교육만으로 미덕을 가르칠 수 있는 것은 아니다. 심리적 발달에는 원칙이 하나 있다. 어린아이들은 다양한 경로와 상황을 통해 일관되고 뚜렷한 메시지를 받을 때 가장 잘 배운다는 것이다. 청소년들은 주변 모든 사람에게서 한결같이 들은 메시지를 가슴에 새긴다. 그러니 학생들이 정직을 배우고 이것을 오랫동안 간직하게 하려면 어떻게 해야 할까? 부정행위가 학업의 기반을 무너뜨리는 이유를 교사가 설명해주고, 진실을 말해야 하는 이유에 대해 부모가 자녀와 대화하고, 운동 코치가 경기 중 부정행위는 공정한 경쟁을 훼손하므로 안 된다고 가르치고, 거짓말이 어떻게 신뢰를 무너뜨리는지 친구들이 알려주면 된다. 이 모든 일이 일어나면 학생들은 정직을 생생하게 이해하게 되고, 현재와 미래의 모든 인간관계에서 정직이 왜 중요한지도 깨닫게 된다.

학창 시절에 인성적 미덕을 갖추지 않았다 해서 기회가 영영 사라지는 것은 아니다. 인성이 어릴 때 결정된다고 주장하는 구시대 심리학 이론과 달리, 인성이 성장할 가능성은 우리가 살아 있는 한 결코 사라지지 않는다. 인생은 학창 시절이 한참 지난 후에도 인성적 미덕을 습득할 기회를 준다. 사람들은 경험을 통해, 특히 실수를 통해 배운다. 학교에서 잘못된 행동으로 꾸지람을 들은 학생은 대부분 이 질책 때문에 더 잘하는 법을 익히게 된다. 그러므로 어떤 사람의 학교생활만으로는 그 사람의 전체 인생이 어떻게 전개될지 알 수 없다.

그래도 어렸을 때의 습관은 흔적을 남긴다. 습관적으로 또래 무리에서 뒤로 물러나는 아이도 덜 수줍어하는 (심지어 남들과 어울리기 좋아하는) 사람이 되는 법을 배울 수 있다. 하지만 그 아이의 타고난 수줍음의 흔적은 때때로 다시 나타난다. 우리는 모두 복잡한 존재다. 시인 월트 휘트먼이 자기 자신을 가리켜 이야기했듯, 우리 모두에게는 '다면성이 있다.' 한 사람의 인성은 그의 특별한 인생 경험과 선택을 반영하는 여러 특성이 혼합된 것이다. 이들 특성 중에는 오래된 행동 패턴을 반영하는 것이 있는가 하면, 새롭거나 달라진 행동방식을 나타내는 것도 있다. 그러므로 나 자신을 포함해 누군가를 제대로 알려면 그 사람의 인생 이야기를 처음부터 끝까지 가능한 한 많이 알아야 한다. 한 사람의 행동을 폭넓게 이해하고자 한다면, 그 사람이 오랜 시간 발달시켜온 인성의 복잡성을 온전히 인식하는 것이 핵심이다.

학창 시절, 인성이 자라는 시기

기록물 담당자는 1950년대까지 사망한 동창 명부가 담긴 낡은 책 한 권을 책장에서 뽑았다. 그 안에서 그녀는 수천 명의 앤도버 출신 사망자들 사이에 파묻혀 있던 이름, '필립 데이먼 병장'을 찾아냈다. 그것을 보고 나도 모르게 마음속으로 안도의 한숨을 내쉬었다. 그렇다, 적어도 나만 우리 아버지가 전쟁에서 사망했다고 믿었던 것은 아니었다. 이쯤 되니 짜릿한 추적의 재미에 기록물 담당자도 눈을 반짝였다. 그녀는 이 책에서 찾은 식별 코드를 가지고 책상 뒤에 있는 문을 열고 방 안으로 나를 데리고 들어갔다. 방문이 열리자 1940년대 필름 누아르 속 탐정 사무실에 있을 법한 구식 철제 파일 보관함들이 줄지어 나타났다. 열성적으로 나를 안내하던 기록물 담당자의 전임자들 가운데 누군가가 부지런히 코드로 분류해둔 어느 파일함 안에 아버지 이름이 적힌 두꺼운 마분지 파일이 있었다.

나는 사무실로 돌아와 그 파일을 천천히 열었다. 그 순간 시간이 멈추었다. 아버지의 부모님(나의 할머니와 할아버지)이 학교로 보낸 편지들에는 부모의 걱정 어린 마음이 생생히 담겨 있었다. 그 밖에 성적표와 시험 점수가 들어 있었고, 아버지의 행동, 인성, 재능, 태도에 관해 상담교사와 교사가 작성한 장황한 논문 같은 보고서도 있었다. 알고 보니 아버지는 게으름뱅이였다. 그는 학교를 3년간 다니다가 노력 부족과 일관성 없는 학업 태도를 이유로 퇴학당했다. 3년이면 선생님들이 아버지의 소년 시절 인성을 기록하기에 충분한 시간이다. 폴더에는 아버지의 청소년 시절 행동에 관한 증언들이 시대적 편견으로 채색된 채 한가득 남아 있었다.

교육자이자 발달심리학자로서 나는 오늘날 교사들이 생활기록부에 남기는 평가 대상이 무엇인지 잘 안다. 가장 먼저 언급되는 것은 학생의 스트레스 수준, 자존감(부족), 관심사, 그리고 믿기 힘들 정도로 많은 학생에게서 나타나는 학습장애(주로 만성피로, 난독증, ADHD)다. 오늘날 교사가 작성하는 생활기록부는 대체로 공감적이고, 학생 중심적이며, 학습장애를 진단할 때는 거의 임상 보고서 수준이 된다. 그에 비해 아버지의 파일은 '게으름뱅이', '농땡이' 같은 경멸적인 어휘와 훈계로 가득했다. 아버지 역시 학습장애가 있었다. 하지만 아버지의 파일에서는 공감이나 학생을 염려하는 마음 대신 언짢은 감정이 느껴졌다. 아버지는 학교 기준에 미달했으며, 선생님들은 그 책임이 전적으로 학생에게 있다고 거의 확신했다. 그들은 아버지가 통제하기 어려운 임상적 증상이나 징후를 강조하기보다는 아버지의 나태한 공부 습관과 인성을 지적했다. 선생님들은 공부를 더 하라고 아버지를 압박했다. 그 누구도 그의 스트레스를 걱정하는 것 같지 않았다.

그래도 어쨌거나 선생님들은 상당히 신경써서 아버지의 부족한 점을 우려하는 장황한 보고서를 작성했다. 어떻게 개선해야 하는지 끈질기게 권고하는 내용도 있었다. 내용이 워낙 많아서 나에게는 마치 땅속에서 발굴해낸 보물상자 같았다. 덕분에 그 당시의 교육 문화에 대해 많은 것을 알게 되었다. 물론 아버지에 대해서도 훨씬 더 많은 것을 알게 되었다.

같은 해에 나는 다시 앤도버를 찾아 그곳에 있는 내 생활기록부를 열람하면서 기록물 탐색을 이어갔다. 그런 다음, 아버지의 하버드 기록물로 탐색을 확장했다. 아버지는 하버드 대학교에서 2학년까지 다닌 뒤 2차 대전이 발발할 즈음 입대했다. 아버지의 대학 시절 기록은 앤도버만큼 자세하지는 않았다. 그래도 추가적인 자료는 구할 수 있었고, 흥미진진한 보물도 있었다. 마지막으로 나의 하버드 대학교 기록물 열람도 신청했다. 이번에도 앤도버만큼 많은 정보를 얻지는 못했지만, 그래도 내 기억의 공백을 채우는 데에는 도움이 되었다. 이제 아버지와 나, 우리 두 사람이 고등학교와 대학교에서 인성을 발달시키는 임무에 어떻게 뛰어들었는지 본격적으로 살펴볼 차례였다.

가족을 버린 인성적 징후

어떤 학교건, 학교에는 학생들을 감싸는 도덕적 분위기라는 것이 있다. 어떤 분위기를 설정할지에 따라 학생들에게 오래 가는 흔적이 남을 수 있다. 1778년, 필립스 아카데미 앤도버가 설립되면서 내걸었던 건학이념은 학문적 탁월함과 인성 함양이다(오늘날의 언어로 표현하자면 '지식과 선량함' 정도 되겠다). 이 학교의 전통적인 교훈은 '논 시비Non Sibi'(자신을 위하지 말라)다.[3] 이것이 그 학교의 인성 교육 접근방식을 규정한 윤리적 가치였다. 아버지가 다니던 때나 내가 다니던 때나 다름없이 '논 시비'는 앤도버 학생들이 가져야 할 이타주의라는 인성적 습관의 원천이다.

하지만 연속성에도 불구하고 시간이 흐르면서 인성 교육 또한 어느 정도 변화한다. 인성 발달을 촉진하려는 학교의 노력에는 그 시대의 주요 가치가 반영되고, 학교는 이런 가치에 따라 학생들을 인도하고 평가한다. 그런 점에서 아버지가 다녔던 학교는 내가 다녔던 학교와 똑같았지만 차이도 있었다.

무엇보다 아버지 시절에는 교풍이 더 엄했고, 교칙도 더 엄격하게 적용되었다. 학생다운 행동에 대한 기대치는 크게 달라지지 않았지만, 기대를 강제하는 방식은 내가 재학하던 시절에는 현저히 느슨해졌다.

최근에 나온 부시 가문에 관한 책에는 아버지 시절부터 내가 다니던 시절까지 앤도버의 변화를 설명하는 흥미로운 대목이 나온다.[4] 알고 보니 아버지 부시 대통령(조지 허버트 워커)은 아버지의 1년 선배였고, 그의 아들 조지 W. 부시 대통령은 내 1년 후배였다. 그 책에서는 아버지(와 아버지 조지 부시) 시대, 즉 1930년대 중후반의 앤도버에 대해 이렇게 적고 있다.

"이 학교는 '전인적 인간'을 키우는 데 전념했다. 물론 학업도 중요했다. 하지만 훈육과 인성은 더 중요했다. 그래서 엄격한 복장 규정, 식사 예절, 교칙이 있었다. 높은 흰색 울타리를 목에 두른 것처럼 빳빳하게 풀 먹인 흰색 셔츠 깃의 클로드 퓨즈 교장 선생님은… 교정을 돌아다니며 학생들과 교직원들에게 호통을 치고 지시했다."

(조지 W. 부시와) 내가 앤도버에 재학한 1960년대 초중반에도 엄격한 복장 규정과 예절, 교칙이 있었다. 우리는 매일 아침 7시, 아침 식사 전에 넥타이와 재킷까지 교복을 제대로 갖추어 입고 예배에 참석해야 했다. 뉴잉글랜드의 혹독한 겨울 날씨에 몸을 가누지 못한 채 교정을 가로질러야 하더라도 예외는 없었다. 하지만 교내를 돌아다니며 호통을 치고 지시하는 교사나 사감은 없었다. 우리는 학교 어른들과 화기애애하고 허물없이 지냈다. 부시 가문에 관한 책에서는 내가 다녔던 1960년대의 교풍을 다음과 같이 정확히 묘사했다. "냉소적인 분위기가 교정에 만연했다."

당시 앤도버 학생들 사이에 더 심한 냉소주의를 유발한 사건이 있다. 〈라이프〉지 기자가 학교를 방문했을 때 관찰한 '거부증'에 관한 기사가 실린 것이다. 이 기사에 대응하면서 학교 행정실은 기사 내용은 선배들보다 당시 학생들이 더

'개인주의적'이라는 징후일 뿐이라고 해명했다. 어떤 학교 지도자는 학생들에게 '집단의식'이 부족한 것은 아닌지 우려하기도 했다. 앤도버에도 저항의 1960년대가 도래한 것이 분명했다.

학교만 변화한 것이 아니다. 아버지와 나는 매우 다른 사회경제적 환경에서 학교에 다녔다. 아버지는 자녀를 엘리트 사립학교에 보내는 것이 당연한 코스였던 유서 깊은 뉴잉글랜드의 앵글로색슨 백인 신교도 가정에서 자랐다. 반면 친가와 단절되었던 나의 양육 환경은 완전히 딴판이었다. 나는 이민 온 지 얼마 안 된 친척에게 약간의 도움을 받으며 홀어머니 손에 컸다. 9학년 이전까지는 공립학교에 다녔다. 그러고 나는 브록턴 고등학교에 입학해서 어느 대학교로 진학하건 장학금을 받을 만한 성적을 거둘 생각이었다. 최근에 이 사실을 떠올리고 비로소 알게 되었다. 내가 아버지의 교육과정을 그대로 따를 수 있도록 어머니가 나 몰래 준비했다는 사실을.

학교 생활기록부에 있듯이 아버지와 나, 우리 두 사람은 전혀 다른 학교생활을 했다. 아버지와 달리 내게 앤도버는 사회경제적으로나 학업 자체로나 버거운 곳이었다. 나는 적응하기 위해 고군분투했다. 열심히 공부했지만 성과가 좋지는 않았다. 적어도 처음에는 그랬다. 고통스러울 정도로 오랜 시간 동안 나는 수면 위로 간신히 고개만 내밀듯 가까스로 버텼다. 하지만 끈기를 잃지 않고 다 감당해냈고, 덕분에 나의 강점과 관심사도 발견할 수 있었다. 하버드에 거뜬히 입학할 만큼 우수한 성적도 거두었다. 반면 아버지는 처음부터 앤도버 생활을 즐겼다. 아버지는 노력이라곤 거의 또는 전혀 하지 않고 쉽게 쉽게 살더니 결국 운을 다 써버리고 말았다. 인정받을 것도 별반 없었던 아버지는 성적 불량으로 퇴학당했다.

아버지의 낙제를 예상한 사람은 없었을 것이다. 그전까지 아버지는 많은 잠재력을 드러냈다. 그의 기록물 가운데에는 앤도버 이전에 다녔던 학교에서 작성한 추천서가 있었다. 매사추세츠 서부에 있는 이 작은 사립학교는 7학년과 8학년 학생들을 위한 기숙학교였다. 아버지의 학급 인원은 고작 네 명뿐이었다. 그러니 틀림없이 모든 학생이 충분한 관심을 받았을 것이다. 추천서에는 아버지의 인성과 지성을 대체로 극찬하는 내용이 담겨 있었다. 그의 공부 습관('압박이 있어야 잘함')과 반항적 기질('피곤할 정도로 따지기 좋아함')에 대해 살짝 우려하는 뉘앙스가 있을 뿐.

필립 데이먼은 대단히 훌륭하고 정직한 학생임. 의심의 여지 없이 능력이 뛰어남… 빨리 배우고, 논리적으로 추론함. 일반적 지식 기반이 비범하지만 특별히 독창적이거나 상상력이 풍부하지는 않음. 근면성에 관해 이야기하자면, 많은 남학생이 그렇듯 그 역시 압박을 받아야 최고의 결과를 냄. 더 큰 학교에서 더 치열한 경쟁에 놓이면 이런 자극에 반응할 것이라 확신함… 현재 가장 큰 결점은 피곤할 정도로 따지기 좋아하는 성향이라는 점이지만, 근본적으로는 공정하고 균형이 잘 잡힌 소년이므로 이것은 일시적인 단계라고 확신함.

하지만 앤도버에 입학하고 오래지 않아 아버지는 이러한 기대를 저버리고 말았다. 아버지가 9학년일 때 진로 상담교사가 작성한 보고서에는 이렇게 적혀 있다. "그저 적당히만 공부한 탓에 성취할 것을 성취하지 못함. 수업 중에 압박을 받으면 이해도가 떨어짐." 상담교사는 그 이유가 할머니의 지나친 사랑 때문이라고 보았다. "어머니와 아들 모두 관계 측면에서 약간 '무른' 경향이 있다. 아들이 더 그렇다."

그래도 이 교사는 아버지의 개인적 자질을 인정했다. "인성이 좋고… 인기 있고, '덩치 큰 강아지'처럼 행동할 때 더 매력적이고… 매우 상냥한 소년이며, 유쾌한 태도로 사람이나 사물을 대함." 나는 그의 표현이 당황스러워서, 아니 아마도 재미있어서 머리를 긁적였다. 그의 보고서에 따르면 우리 아버지는 '진짜 난 놈quite a dick'이었다. 실제로 그다음 해의 보고서에는 앞의 단어와 같은 어원을 지닌 단어를 사용해서 아버지가 '걸출한 흥정꾼very capable dicker'이었다고 적혀 있다. 이 표현이 1930년대에 어떤 의미로 쓰였는지 열심히 검색해보았으나 도저히 찾아낼 수 없었다. 아마 매력 있는 악동 정도의 뜻 아니었을까 싶다. 이렇듯 언어도 변화한다.

아버지의 10학년 보고서를 펼치자 아는 이름이 나와 깜짝 놀랐다. 아버지와 나의 나이 차가 비교적 적어서, 아버지를 가르친 선생님 몇 분은 내가 다닐 때도 여전히 학교에 계셨다. 그중 한 분인 하트 데이 리빗 선생님, 내가 가장 좋아했던 그분이 아버지에 대해 작성한 평가였다. 내게는 친절하고 마음이 잘 통하는 선생님으로, 아버지의 수행 능력에 대해 날카롭게 비평했다.

학생의 가치관은 근본적으로 건전하나 큰 야망이 없음. 머리는 어느 정도 잘 돌아가지만 체계적인 것은 아님. 전혀 성실하지 않음. 성적 기복이 눈에 띄게 심함. 전반적으로 자기 능력을 발휘하지 못함. 성과를 낸 경우는 매우 드 묾. 어떤 것도 충분히 파고들지 않음.

리빗 선생님은 아버지에게 '성숙한 유머 감각'이 있다고 했다. 하지만 이 칭찬 뒤에 곧장 다음과 같은 경고가 이어졌다. "문제는 이 학생은 낙제를 받아도 미소만 짓고 아무것도 안 한다는 것임." 아버지의 긍정적인 면은 성격이 느긋하고, 사람들과 어울리기 좋아하며, 함께 있으면 재미있고, 믿음이 간다는 것이었다. 부정적인 면은 전력을 다하지 않는다는 점이었다. 이것을 한마디로 요약한 단어가 '놈팡이'였다. 리빗 선생님은 살짝 짜증을 섞어 지적했다. "이 학생의 방은 1년 내내 기숙사에서 가장 너저분했음."

읽다 보니 그리운 선생님의 목소리가 들리는 듯했다. 한때 셰익스피어와 초서를 설명하던 선생님의 목소리는 교실을 가로질러 메아리치며 울려 퍼졌다. 그때 선생님은 나를 보며 20여 년 전의 아버지를 떠올렸을까? 우리가 부자지간이란 것을 알았을까? 만약 알았다면 우리 둘의 닮은 점과 다른 점에 대해 어떻게 생각했을까? 애석하게도 리빗 선생님은 내가 탐색의 여정에 나서기 전에 세상을 떠나셨기에, 내가 알 수 있는 것은 낡은 파일에 적혀 있는 내용뿐이었다.

'놈팡이 기질' 때문에 아버지는 점점 문제아가 되었다. 아버지의 파일에는 낙제와 경고, 근신 기간에 대한 기록이 넘쳐났다. 기록부마다 아버지의 고질적인 '불량한 태도'와 '노력 부족'에 분기탱천하고 있었다. 선생님들이 이토록 분개한 이유는 아버지에게 '비범한 능력'이 있다고 느꼈기 때문이다. 어떤 선생님은 이렇게 적기도 했다. "마음만 먹으면 언제든 이 학교의 평범한 학생들보다 훨씬 잘했다." 11학년이 되자 아버지는 동급생들에게 '나쁜 영향'을 미치는 '문제아'로 여겨졌다.

아버지는 제멋대로 행동하기 시작했다. "데이먼 군은 시내를 빈번하게 돌아다니는 모습을 보이면서 학업에는 진지한 관심을 기울이지 않는 듯함." 아버지가 '여자를 좋아한다'는 언급도 여러 차례 등장했다. 동시에 여러 명과 사귀었다고 하는데, 기숙학교에서 지내면서 좀처럼 하기 어려운 일을 해낸 것이다! 그뿐 아니라 수업과 숙제를 면제받기 위해 꾀병을 부렸다는 의혹도 있었다.

이 학생이 아프다고 했으나 주치의는 아무런 이상을 발견하지 못하는 경우가 가끔 있다… 이 학생은 심하게 아프다는 사유로 수업을 면제받지만, 수업이 끝나면 갑자기 상태가 좋아진다… 데이먼 군이 일부러 병이 나게 한다는 보고를 받은 적이 있다(이런 내용은 확인할 수도 없지만, 부디 입증되지 않기를 바란다). 실제로 제임스 선생님은 그가 열이 난다면서 잠옷을 입고 침대에 누워 있었지만, 창문은 열어둔 것을 발견하기도 했다.

아버지의 불량한 학교생활은 재정적으로도 악영향을 미쳤다. 앤도버에 다니는 동안 아버지는 학교 기부금으로 지급하던 장학금 2330달러를 놓쳤다. 오늘날의 가치로 환산하면 무려 4만 1667달러에 달하는 거금이다. 아버지의 부모님 형편은 넉넉했지만, 그래도 부자와는 거리가 멀었다. 게다가 뉴잉글랜드식 검소한 생활방식을 지켰던 그분들에게는 틀림없이 쓰라린 손실이었을 것이다.

아버지가 낙제를 거듭하자 할아버지 할머니는 학생처장과 교장 선생님에게 도움과 선처, 또 한 번의 기회를 간청하는 편지를 보냈다. 말 안 듣는 아들을 위해 쓴 고뇌 어린 편지를 읽고 있자니 가슴이 아팠다. 편지 한 장 한 장마다 그분들의 걱정과 실망이 뚝뚝 묻어났다. 더 가슴 아픈 점은 당시에는 진단되기 전이었던 질병(다발성 경화증)의 초기 징후가 편지에 나타난다는 사실이다. 이 병은 훗날 50세에 할아버지의 목숨을 앗아갔다. 그분들은 병이 이미 시작되었음을 모르고 있었지만, 할머니의 불안한 편지 내용을 보면 짐작할 수 있었다.

수많은 세월이 지난 지금, 나는 두 분이 부모로서 느꼈을 고통에 마음으로 공감한다. 그래서 더욱더 두 분의 편지가 각별하게 느껴진다. 비록 수취인은 내가 아니었지만, 이 편지들은 내게 큰 의미가 있다. 내가 가지고 있는 친조부모의 유일한 흔적이기 때문이다. 편지들에는 조부모님이 아버지의 인성 발달에 미친 영향에 대한 힌트가 많이 발견된다. 할머니의 애정 어린 지나친 관대함과 할아버지의 애정 어린 엄격한 윤리관이 곳곳에 드러난다. 또한 그 후 10년도 되지 않아 나의 아버지가 될 아들에 대한 헌신도 표현되어 있다.

결국 아버지는 앤도버 생활 3년 만에 퇴학당하면서 부모님에게 낙담과 좌절을 안겼다. 고등학교 마지막 학년은 규모가 더 작고 부담도 덜한 기숙학교에서 마쳤는데, 이곳에서도 아버지의 생활기록부는 바람직하지 못했다. 그런데도 1941년 봄, 아버지가 하버드 대학교에 합격했으니 어찌된 일일까? 아버지 같은 지원자에게 입학 허가를 내준 기준이 과연 무엇이었는지는 내가 알 수 없다. 하버드 대학교 측은 수많은 경고를 받았다. 아버지의 대학교 파일에서 발견한, 지원 서류에 포함된 고등학교의 추천서가 하이라이트다. "게으름 때문이기도 하고 고집 때문이기도 한데, 이 학생은 할 수 있는 일을 한 번도 한 적이 없습니다… '하려고만 들면 할 수 있었을' 학생의 전형적인 표본입니다. 이 학생이 뛰어난 일을 해내지 못한 이유는 어머니가 너무 오냐오냐 하며 응석받이로 키운 바람에 철이 들지 못한 탓일 수 있습니다."

아버지가 하버드에 지원했을 때는 대공황의 여파가 여전했다. 그렇다면 아버지의 합격은 그 여파가 낳은 부산물이었던 걸까? 아니면 그 시절 입학사정관들은 더 관대한 시각으로 대기만성형 학생들의 잠재력을 믿었던 걸까? 아버지의 추천서에는 그의 나태함을 지적하는 평가도 많았지만, 다음과 같은 내용도 있었다. "이 학생은 제가 가르친 학생들 가운데 가장 영민한 편에 듭니다. 이 학생이 자신의 가치를 깨닫고 자신이 원하는 바를 알게 되어 공부에 전력을 다한다면 뛰어난 성적을 거둘 것입니다." 아마도 하버드 입학처는 아버지가 대학교에 입학할 때까지는 책임감 있는 학생이 되어 있으리라는 희망을 품었던 듯하다.

만약 그랬다면, 잘못된 희망이었다. 아버지는 달라지지 않았다. 그는 끝내 대학교에서도 '자신의 가치를 깨닫고 자신이 원하는 바를 깨우치지' 못했다. 한 번도 공부에 전력을 다하지 않아 2학년이 되자 학사 경고를 받았다. 이번에도 그는 '여자를 좋아하고', '파티광'이며, '제멋대로'라는 평가를 받았다. 그나마 아버지가 여자를 좋아한 덕에 내가 지금 여기 존재하게 되었으니, 내게는 유익한 면모가 없지 않았던 셈이다.

아버지는 점점 더 멋대로 행동하면서 10대 후반이 저지를 수 있는 비행과 소란을 일으키기 시작했다. 그 결과 전보다 더 심각한 문제 상황에 처하게 되었다. 어느 학과장이 작성한 날선 내용의 편지에는 한 가지 사건이 생생하게 묘사돼 있다. 케임브리지 시내 우범지대에 있는 술집에서 한밤중에 여자와 시간을 보내다가 취중에 경찰과 언쟁을 벌여 유치장에서 하룻밤을 보냈다는 것이다. 이 사건에서 주목할 부분은 아버지가 경찰관들의 꾸지람을 묵묵히 듣지 않았다는 사실이다. 그 대신 아버지는 그와 동료 학생들을 대하는 경찰의 태도에 거침없이 항의했다. 이날의 반응은 훗날 또 다른 권위에 항의하는 그의 모습과 오버랩된다. 그때의 행동은 아버지의 군대 경력을 특징지으면서 미군 사법제도 개혁에 이바지하는 역할을 했다.

흥미롭게도 그로부터 22년 후, 나 역시 친구들과 같은 장소에서 지나친 소음을 유발해 경찰관의 질책을 받은 일이 있다(다행히 우리 사건은 대학에 통보되지 않았다). 나는 이런 시시 콜콜한 공통점에까지 의미를 두지는 않으려 애썼다. 어쨌든 많은 대학생이 때때로 바보 같은 짓들을 하지 않던가. 그럼에도 이 사건 기록을 읽으며 어느새 나는 발견할 수 있는 모든 근거를 동원해 나와 아버지를 비교하고 있었다. 이런 식으로 해서, 아버지를 알아가기 위한 탐색은 자연스럽게 나 자신을 알아가는 탐색의 일부가 되었다.

아버지의 학교 기록으로 알게 된 바로는 내가 오랫동안 품어왔던 아버지에 대한 인상(무능한 악당)이 거의 바뀌지 않았다. 그래도 숱한 훈계 사이사이로 그에게 장점이 여럿 있다는 징후들이 숨어 있었다. 그는 결코 구제불능이 아니었다(구제불능인 사람은 아무도 없다). 학교 기록부에는 아버지에게 정직함, 친화력, 측은지심이 있었음이 뚜렷하게 드러났다. 아버지는 늘 '상냥한 소년', '인기남'이었다. 아버지의 도덕적 인성(예컨대 신뢰성)은 자주 칭찬받았다. 아버지에 대해 회의적이었던 리빗 선생님조차 "그의 가치관은 근본적으로 건전하다"라고 기록했다.

곧이어 알게 된 사실이지만, 아버지는 학창 시절에 없었던 삶의 목적을 입대하면서 발견했다. 인간은 인성적 측면에서 가만히 멈추어 있지 않다. 어릴 때는 특히 그렇다. 인성은 한

편의 영화이지 찰나를 포착한 스냅사진이 아니다. 인생 경험은 사람들을 좋게도 변화시키고 나쁘게도 변모시킨다. 더욱 중요한 사실은 스스로 변화를 꾀할 수 있다는 것이다. 많은 이들이 더 큰 목적에 헌신하며 자신을 변화시킨다. 그 과정에서 자신이 되고 싶은 모습에 대한 통찰을 얻고 그런 사람이 되고자 분발한다.

1942년, 20세기 최악의 전쟁 중에서도 가장 암울했던 이 시기에 아버지는 미군에 자원입대했다. 아버지 세대의 많은 미국 젊은이들이 그랬듯, 이렇게 아버지의 학창 시절은 갑자기 끝나버렸다. 아버지는 유럽 전장에 배치된 무전정보부대에서 복무했다. 군복을 입은 아버지의 사진을 보면 근엄한 표정에 단단하게 다져진 군인의 모습을 확인할 수 있다. 그는 더 이상 제멋대로 굴던 응석받이 무른 소년이 아니었다. 나이는 열아홉 살밖에 되지 않았지만, 임무를 부여받은 사나이의 결연한 모습을 하고 있었다.

아버지가 군에 자원한 동기는 누구도 알 수 없다. 애국심, 모험심, 괴로운 학교생활로부터의 탈출, 인생을 의미 있게 만들고 싶은 욕구 등이 어떻게 합쳐졌기에 안락한 뉴잉글랜드를 떠나 전쟁으로 갈기갈기 찢어진 유럽 한복판으로 떠난 것일까? 5장에서 논하겠지만, 아버지의 군대 기록을 보면 예상과 달리 감탄과 존경을 자아내는 인성적 자질이 드러난다. 바로 옳은 일을 하려는 힘, 즉 도덕적 용기다.

아버지의 복무 시절 기록물 가운데 또 하나 남아 있는 것은 뉴욕시 시립 기록물로 보존된 것이다. 이 기록에 관심 있는 사람은 이제 나 한 사람뿐이다. 이에 따르면, 아버지는 어머니와 1944년 2월 26일에 혼인했다. 아버지는 전쟁의 틈바구니에서 용케도 미국으로 돌아와 어머니와 결혼할 수 있었다. 그리고 같은 해 11월에 내가 태어났다. 그러나 그때는 아버지가 이미 유럽으로 영영 돌아가 버린 뒤였다. 적어도 내 인생에서는 그랬다.

아버지의 부재가
내게 준 것

아버지에 대한 탐구는 돌고 돌아 나에게로 귀결되었다. 심리학을 연구해온 많은 시간 동안 나는 과학적 관점에서 인성 발달을 연구해왔다. 발달심리학자로서 나는 사람들의 가슴과 머리에 각인된 습관이 어떻게 생겨났는지를 탐구한다. 이런 습관들은 시간이 지나면서 장점이 되어 인성을 이루게 된다. 유전적 기질, 가족의 영향, 학교, 종교, 성장기의 사회·역사적 맥락은 어떤 역할을 할까? 인성에 영향을 주는 경험은 어떤 것이며, 어떻게 영향을 주는 걸까? 어떤 사람, 사상, 사건이 우리의 습관에 영향을 미칠까? 사람들은 어떤 능력으로 습관들을 선택하고 자신의 고유한 인성으로 만드는 걸까?

이 질문들을 종합해보면 인성이 어떻게 발달하는가에 대한 첫 번째 답이 나온다. 앞선 질문들에 나오는 영향력들 모두가 나름의 역할을 한다. 그중 무엇이 지배적이고 이 영향력들이 어떻게 모여서 인성의 성장에 박차를 가하는지는 개인마다 다르다. 하지만 누구든 인성의 뿌리를 살펴보려면 부모의 영향력과 인생 경험, 또래를 비롯한 여러 사회적 관계, 유전된 형질, 종교적 신앙, 자신의 운명을 통제하기 위한 그 사람의 적극적인 선택을 두루 고려해야 한다.

내 삶을 함께하면서 나의 성장을 이끌어준 부모는 어머니 한 분뿐이었다. 그런데 알고 보니 아버지는 내 인생에 완벽하게 부재했음에도 내 인생에 결정적인 영향을 미치고 있었다. 비록 의도하지는 않았지만, 굉장히 훌륭한 교육 환경을 어머니에게 알려주어 나를 그곳으로 보내게 함으로써 말이다. 정작 아버지 자신은 이 뛰어난 환경을 형편없이 활용했으니 참으로 아이러니다. 그곳은 아버지보다 특권을 누리지 못했으나 훨씬 더 근성 있었던 나를 기다리고 있었다.

부모의 영향력에 더해 인성을 이루는 것에는 유전적 요소도 있다. 유전적 요소는 (전적으로는 아니지만) 한 사람의 행동에 영향을 미칠 수 있다. 다른 영향이 미치기 전, 적어도 어릴 때 그렇다. 과연 내게도 명백히 아버지에게 물려받은 흔적이 있을까? 나의 앤도버와 하버드 파일을 샅샅이 찾아보면서 마음속에 품었던 질문 가운데 하나다.

나의 앤도버 첫 학년의 기록은 아버지의 것과 유사했다. 나는 잘해야 보통 수준이었다. 상담교사의 표현에 따르면 내 수행 능력은 "그다지 인상 깊지 않았다." 내가 기억하기로도 그 시절 나는 어리둥절한 채 방황했던 느낌이다. 나는 제대로 준비되지 않은 상태였다. 놀라웠던 것은 첫해 기숙사 사감을 맡았던 선생님이 나를 "매우 명랑하고 낙천적인 기질을 지닌 쾌활하고 패기 있는 친구"라고 기술한 부분이다. 내 기억과는 사뭇 달랐지만, 그맘때 아버지의 기질도 그러했다는 기록을 확인한 뒤라 특히 눈길이 갔다. 기질은 유전될 가능성이 가장 큰 부분이다.

3년 후, 졸업반이 된 나는 학교에 잘 적응해 있었다. 내 생활기록부 파일에는 학생처장이 대학교 입시 자료 목적으로 작성한 요약문이 들어 있다. 지금 와서 요약문에 관심이 가는 이유는 여러 가지다. 먼저 그 글에는 내가 진지하고 열심히 공부하는 학생이 되었다고 씌어 있었다. "키가 크고, 호리호리하며, 안경을 쓰고, 표정이 진지한 이 소년은 평균보다 확연히 뛰어난 지적 능력과 수행 능력을 지니고 있음." 아울러 내가 기억하지 못하는 자질도 적혀 있었다. 내가 사람들과 어울리기 좋아한다는 것이었다. 이 요약문은 나를 "전반적으로 사려 깊고 철이 들었다"라고 설명했다. 그러면서 아버지의 행방불명에 관한 잘못된 정보도 전달했다. 나를 가리켜 "2차 세계대전에서 아버지가 사망하여 홀로 된 어머니를 둔 외동아들"이라고 했다.

기숙사 사감 선생님이 기술한 내용에는 위와 유사한 호의적인 묘사와 함께 매우 흥미로운 경고가 포함되어 있었다.

빌은… 좋은 대화를 나누는 것을 가장 좋아한다. 공부하다가 좋은 대화 주제를 발견하면 기꺼이 참여한다. 문제는 밤늦게 그런다는 것이다… 나는 빌이 시간 관리를 잘하고 체계적이면 더 좋으리라 생각한다.
빌은 스스로 마음이 넓고 생각이 자유롭다고 자부하지만, 고집이 센 편이고 '엉뚱한' 경우가 많아 자신의 관점을 넘어서서 더 나아가지 못하는 경향이 있다. 한 가지 비판할 점은 그가 자기 방 관리를 아주 못한다는 것이다. 자기 소지품을 정리 정돈된 상태로 유지할 줄 모르는 것처럼 보인다.

확실히 아버지의 그림자다. 아버지의 사람 좋아하고 외향적인 성격, 정리 못하는 습관, 고집스러운 독립심이 내게도 있었다. 정리 못하는 유전자가 있는지는 모르겠다(만약 있다고 해도 나는 자라면서 극복했다. 내가 듣기로 아버지도 그랬다). 하지만 우리의 완고한 면모는 사라지지 않았다. 아버지는 학교 표준을 거스를 수 없던 시절에 표준에 맞추기를 거부하는 모습으로 독립심을 보여주었다. 반면 나는 학교 표준에 대한 회의가 일기 시작하던 시절에 그 표준을 진지하게 지키는 모습으로 나의 독립심을 표현했다. 우리가 공유한 독립심을 정반대 방식으로 발휘한 것이다. 다음으로 심리학 연구에 따르면 우리가 가지고 있던 사람 좋아하고 외향적인 사교성에는 유전된 기질이 역할을 한다고 한다.[5] 내가 학창 시절부터 외향적이었다는 사실을 새로 알게 되면서, 사람들을 대하는 내 태도가 나의 정체성으로 지속되어온 부분이라는 것을 이제 깨닫게 된다.

앤도버 시절은 나와 아버지에게 매우 다른 의미를 지녔던 것이 분명해 보인다. 나는 준비되지 않았고 어떻게 해야할지 몰랐지만, 이런 환경에서 공부할 수 있게 된 것을 소중히 여겼다. 나는 철들고 제대로 성장하려면 갈 길이 한참 멀다는 사실을 잘 알고 있었다. 그래서 그런 사람이 될 수 있게 도와줄 선생님들의 지도와 훈육을 전적으로 믿고 따랐다. 반면 아버지는 그럴 필요성을 전혀 느끼지 않았다. 아버지는 나와 다른 세상에서, 내가 느껴본 적 없는 든든함과 많은 기회 속에 성장했다. 환경이 선뜻 아버지에게 제공했던 것을 나는 스스로 찾아야만 했다. 앤도버 교육이 내게는 일생에 단 한 번 주어진 기적 같은 기회처럼 보였다. 이런 깨달음은 아버지가 학창 시절에 가지지 못했던 목적을 내 안에서 일깨웠다. 박탈의 긍정적인 측면은 야망을 낳을 수 있다는 점이다.

내 하버드 파일 안에서 나는 놀라운 것을 하나 발견했다. 입학 당시의 내 사진이었다. 그 사진을 보고 처음으로 내 얼굴에서 9년 전 베르나 고모가 보내준 사진(내가 처음으로 본 아버지 사진)에서 발견한 아버지의 특징을 알아볼 수 있었다. 나와 아버지가 닮았다는 깨달음은 내게 충격으로 다가왔다. 나의 현재 얼굴과 사진으로 본 말년의 아버지 얼굴은 거의 닮은 점이 없다. 예전에 아버지를 알았던 사람들도 내가 아버지를 별로 닮지 않았다고 했다. 하지만 대학교 신입생 때의 내 사진을 보고 베르나 고모가 보내준 아버지 사진을 보니, 내가 이 남자의 아들이 맞다고 고개를 끄덕이게 되었다. 사진 한 장이 천 마디 말보다 많은 것을 이야기해줄 수도 있다.

내 하버드 파일의 나머지 내용은 앤도버 파일과 비슷했다. 성적은 앤도버 시절의 수준을 뛰어넘었다. 대학교에서 사회심리학과 발달심리학을 공부하기 시작하면서 나의 학문적 관심에 불이 붙었다. 졸업반 때 지도교수였던 위대한 사회심리학자 로저 브라운Roger Brown 교수님이 남긴 칭찬을 보니 특히 기뻤다. "데이먼 군은 독창적이고 창의적이며 독립적인 학생이다… 우리 학교 대학원에 진학하도록 설득해보았지만 그는 버클리를 선택했다. 우리에게는 큰 손실이 아닐 수 없다. 그는 장차 중요한 업적을 이룰 사람이기 때문이다." 나는 대학교를 우등으로 졸업하면서 파이 베타 카파회(미국 대학교 우등 졸업생 모임 – 옮긴이) 회원이 되었다.

나의 기숙사 사감이었던 (그리고 훗날 애리조나 주지사와 내무부 장관을 역임한) 브루스 배빗 선생님은 내가 "관심사가 다양하고", "열정이 넘치고", "성격이 좋아서 많은 학생 동아리와 조교수 모임에 참여했다"라고 허물없이 칭찬해주었다. 내가 쓴 인생 계획에는 다음과 같은 문장이 있었다. "인간man의 목적은 도덕성과 형제애 측면에서 점점 더 높은 기준에 도달하는 것이어야 한다." 나는 이런 생각을 지금도 여전히 마음속에 품고 있다. 달라진 것이 있다면, 세월이 흐르면서 이런 감상을 표현할 때 모든 성별을 포함할 줄 알게 되었다는 것이다.

너무 뻔한 결론이지만, 아버지와 나의 고등학교와 대학교 파일에는 현저하게 대조적인 점과 놀랍도록 유사한 점이 모두 있었다. 덕분에 내 인성 발달을 이루어낸 핵심 요인들을 알게 되었다. 또한 나의 고유한 강점과 한계점의 패턴이 어떻게 변화했으며, 이 패턴이 현재의 내 모습과 내가 지향하는 목적지와 어떻게 관련되어 있는지도 한층 뚜렷하게 파악할 수 있었다.

가장 명백하게 대조되는 부분은, 아버지는 학생으로서 실패를 되풀이했던 반면 나는 점점 더 성공했다는 점이다. 이런 차이점은 멀리서 전체적으로 바라보아야 한다. 학교 성적이 누군가의 인생 전부를 말해주지는 않기 때문이다. 세상에는 학교 공부는 못했지만 자기 일에서 뛰어난 능력을 발휘하는 사람들이 수두룩하다. 학생 때는 스타였지만 별 볼 일 없이 사는 사람들도 많다. 아버지는 전자였다. 학교 교육은 인생의 한 단계에 불과하다.

하지만 그렇더라도 학교 교육은 중요하다. 학교 교육을 통해 우리는 장차 훌륭한 일을 할 수 있는 기술과 지식을 습득한다. 또한 학교 교육은 성실, 목적의식, 주의력, 책임감과 같은 인성적 측면의 강점을 키우는 훈련장이 된다. 나아가 학교 교육은 인생에 차지하는 비중 자체로도 중요하다. 사람들은 대부분 10년 이상의 시간을 학교에서 보낸다. 인생의 다른 부분이 똑같다고 가정한다면, 이렇게 오랜 시간을 보내는 학교에 잘 적응하는 사람은 분명 운이 좋은 사람이다.

아버지와 내가 같은 고등학교와 대학교에서 이처럼 대조적인 성취를 거둔 가장 큰 이유는 무엇일까? 아버지는 특권을 누리며 지나치게 응석받이로 자랐던 반면, 나는 그럴 기회가 거의 없는 가정에서 자란 것이다. 그 결과, 나는 순전히 필요에 의해 아버지보다 야망이 큰 사람이 되었다. 나는 앤도버에 들어가기 훨씬 전부터 이미 내 상황을 개선하고 싶은 강한 욕구를 느꼈다. 또한 아버지나 집안 형편이 좋았던 그곳 친구들과 달리, 앤도버에 다니는 것을 행운으로 여겼다. 내가 학교에 다닐 때는 학교를 싫어하는 게 멋있어 보이던

165 미성숙한 아버지와 성숙한 아들
4장. 미성숙한 아버지와 성숙한 아들

시절이어서 반항아들이 인기 있었다. 하지만 나는 도저히 학교 흉을 볼 수 없었다. 그곳은 나에게 하늘이 내려준 것 같은 안식처였으며, 내가 열망하는 미래로 인도하는 문이었기 때문이다. 아버지와 달리 나는 학창 시절에 삶의 목적을 발견했다.

하지만 이 시절 우리 둘 사이의 가장 극명한 대조를 이루는 인성적 특징은 따로 있다. 아버지가 끊임없이 무책임한 행동을 일삼았다는 점이다. 아버지는 공부와 숙제를 외면했고, 수업에 빠지려고 꾀병을 부렸으며, 그에게 막대한 투자를 한 부모님과 선생님들을 실망시켰다. 특히 그의 아버지는 치명적인 질병으로 괴로워하면서도 힘닿는 한 그를 지원했는데 말이다.

나중에 어머니도 알게 되지만, 학창 시절에 종지부를 찍은 후에도 아버지의 무책임한 성향은 완전히 사라지지 않았다. 나의 아버지가 되어서도 그의 미래 인생 가운데 적어도 한 시기에는 무책임한 성향이 그대로 이어졌다. (몹시도 아버지를 사랑했던) 베르나 고모가 꾸밈없는 뉴잉글랜드식 화법으로 했던 말에 나는 동의하지 않을 수 없다. "그래선 안 됐어."

하지만 인생은 모두에게 새로운 기회를 준다. 2차 세계대전 초기, 미국 청년들에게 나라의 부름이 전달되자 아버지는 도전에 뛰어들었다. 그의 삶은 금세 고달파졌다.

　군 복무를 시작으로 일련의 임무를 맡으면서 아버지는 책임감을 발달시켰다. 이런 책임감은 그 자신은 물론이요, 세상을 바꾸게 된다. 전시에 복무하면서 아버지는 완전히 낯선 영역에 발을 들였다. 아버지는 역경과 고난, 생사를 오가는 일들이 쉴 새 없이 벌어지는 그곳에 대한 준비가 전혀 안 된 상태였다. 그럼에도 결국 자신이 맡은 영역의 일을 책임지게 되었다. 그러면서 그는 앤절라 더크워스가 말한 불굴의 열정적 끈기, '그릿'을 갖게 되었다.[6] 아버지는 열아홉 살에 갑자기 들이닥친 현실 세계의 온갖 도전이 부글부글 끓고 있는 용광로 안에서 쇠를 벼리듯 단단하고 향상된 인성의 요소들을 빚어냈다.

5장.

전쟁과 도덕적 성숙

"왜 이런 오점들을 파헤치려는 셈인지 도무지 모르겠구나."

내 의욕을 꺾는 말이 어머니의 동생, 리처드 삼촌의 입에서 나왔다. 내가 탐색을 시작할 당시 외삼촌과 필리스 외숙모는 모두 90대였지만 건강도 좋고 정신적 능력도 온전했다. 아버지에 대한 나의 지식에는 틈이 많았다. 나는 그분들이 그 틈을 어느 정도 채워주기를 기대했다. 어머니는 이미 5년 전에 돌아가셔서 외삼촌이 내게는 과거와 연결된 유일한 끈이었다. 그 절박함으로 외삼촌에게 매달렸다.

"저는 아버지의 이야기를, 그것이 무엇이건 꼭 오점이라고는 보지 않아요. 전쟁이 끝난 후 아버지가 돌아오지 않기로 했을 때 대체 무슨 일이 있었던 건지 알고 싶어요."

"다 그 군사재판 때문이지." 리처드 삼촌이 중얼거렸다. "네 아버지가 증언해야 했거든."

"뉘른베르크 재판 말씀인가요?" 마치 예상이라도 했다는 듯 무심결에 이 말이 튀어나왔다. 뉘른베르크는 학교에서 역사 시간에 배웠던 상징적인 군사재판이다.

하지만 외삼촌은 소리 없이 입 모양만으로 "아니"라고 대답한 뒤 입을 다물었다. 기억이 나지 않는 것인지 이 대화가 하기 싫은 것인지 나로서는 알 길이 없었다. 그런데 옆에 있던 외숙모가 구조에 나섰다. "리치필드였어요. 맞죠?" 그러자 외삼촌이 마지못해 고개를 끄덕였다.

그날의 방문으로 얻은 소득은 이것이 전부였지만, 그것으로 충분했다.

리치필드, 처음 들어본 도시였다. 이 생소한 단어가 내가 전혀 몰랐던 아버지의 군 시절과 미국의 역사 속 한 장면으로 들어가는 문을 열어준 열쇠가 되었다. 그 문이 열리면서 나는 아버지의 전혀 새로운 면을 발견했다. 좀 더 구체적으로 표현하자면, 흥미도 열정도 없었던 학창 시절을 뒤로한 채 전쟁터에 뛰어든 뒤 아버지가 어떤 사람으로 변모했는지 알게 되었다.

내 삶에 미친 아버지의 흔적을 찾는 인생 회고에서 아버지의 군 복무 이야기는 가치를 헤아릴 수 없을 만큼 귀중한 정보였다. 덕분에 어머니가 나를 가진 후 아버지의 삶이 어떻게 달라졌는지 알 수 있었다. 아버지가 어머니와 내가 기다리는 집으로 돌아오지 않은 이유도 더 잘 이해할 수 있었다. 또한 학창 시절과는 확연히 달랐던 아버지의 인성이 머릿속에 그려졌다.

물론 아버지는 결코 성인聖人이 아니었다. 아버지의 인성에는 조국을 위해 군에 복무하면서 보여주었던 소신만큼이나 아내와 아들을 버린 배신도 남아 있었다. 사람들 대부분이 그렇듯, 그도 인성적 측면에서 감탄과 존경을 자아내는 특징과 결함투성이 특징이 조화롭지 않게 뒤섞인 복합적인 존재였다. 나는 아버지의 인생에서 존경할 만한 것들, 용서할 것들, 그리고 여전히 내 얼굴을 찌푸리게 하는 것들을 두루 발견했다. 과연 내가 이런 복합적인 감정을 해소하고 고요한 상태에 이를 수 있을지 모르겠다. 하지만 이제는 적어도 그런 감정들을 있는 그대로 알아볼 수 있다. 혼란스럽고, 불확실하고, 기저에 원망이 가라앉아 있었던 초기의 마음 상태에 비하면 한결 나아진 것이다.

무엇보다도 아버지의 삶에 무슨 일이 일어났는지 알게 되자, 예전에는 알지 못했던 단단한 현실을 바탕으로 그 위에 내 삶을 세울 수 있게 되었다. 나는 이제 나의 가족사와 연결되었을 뿐 아니라, 가족 차원을 넘어 세계사와도 연결되었다. 그럼으로써 그 어느 때보다 확신 있게 세상의 이치 속 나의 위치를 알 수 있게 되었다.

외삼촌과 외숙모를 만나러 가기 전, 나는 검색을 통해 아버지의 군 시절에 관한 기본적인 사실들을 찾아냈다. 아버지는 1942년 10월, 대학교 2학년 때 미군 정보부대에 입대했다. 1942년은 2차 세계대전 중에서도 가장 암울했던 해였다. 추축국(독일, 이탈리아, 일본)의 잘 조직된 군사력에 맞서 승산이 불확실하던 때였다. 남녀 할 것 없이 미군에 자원한 젊은이들은 유럽과 중동, 남태평양 일대를 장악한 무시무시한 적진에 맞서 싸워야 했다. 영국과 러시아 등 포위된 나라들이 맹렬하게 버텨냈지만, 추축국의 가공할 기세를 멈출 수 있을지는 누구도 장담하기 어려웠다.

아버지의 참전 결정이 애국심의 발로인지 나로서는 알 길이 없다. 하지만 당시의 모든 신병이 그랬듯이 아버지도 목숨을 희생하게 될 수도 있다는 사실을 분명히 알았을 것이다. 아버지가 징집에 응한 이유가 무엇이었건, 이 결정으로 말미암아 그는 인생에서 완전히 새로운 장章을 시작했다. 자유와 평등이라는 기준, 그리고 진리와 정의 같은 도덕적 이상으로 특징지어지는 장 말이다. 아버지는 전시에 군 복무를 하고 뒤이어 국무부에 근무하면서 비로소 도덕적 성숙을 이루었다.

아버지는 입대 후 기초 군사훈련을 받은 다음, 독일어를 배우기 위한 군 훈련 프로그램에 배정되었다. 그다음 2년간 유럽 전선에 배치된 무전정보부대에서 복무했다. 이 기간의 구체적인 활약상은 역사의 뒤안길로 사라졌다. 하지만 같은 사단(135무전신호부대)에 소속된 다른 병사들처럼 아버지도 전선에서 멀지 않은 이동기지에서 독일군의 무전 내용을 해독했을 것으로 보인다. 온갖 수준 낮은 간첩 업무가 그렇듯, 이런 종류의 일도 지루하고 위험했다. 금방이라도 주저앉을 듯한 낡은 첩보용 차량 안에서 수다스러운 무전 내용을 찬찬히 들으며 잡초를 뽑듯 정보를 솎아내는 동안 언제 발각되거나 공격받을지 알 수 없었다.

전쟁이 막바지로 치닫기 시작했을 때, 아버지는 영국에 있는 비행 미군용 군 구치소에 임시 교도관으로 발령받았다. 어째서 그에게 이 짧은 임무가 주어졌는지는 알려지지 않았다. 하지만 1944년에 단 몇 주 만에 끝난 이 임무로 아버지는 역사서에 등장하게 되었다. 그리하여 수십 년 후, 그가 남기고 온 아들이 미국 군 사법제도에 지속적인 영향을 미치고 세간의 이목을 집중시켰던 군사재판 기록에서 아버지가 남긴 증언 내용을 읽을 수 있게 되었다.

전시 군사재판

'필립 데이먼 리치필드.' 인터넷 검색창에 이 세 단어를 입력하자마자《블루베리 파이 : 2차 세계대전이 미국 참전용사에게 지니는 의미》라는 책 제목이 떴다. 유명한 역사학자 오티스 피즈가 말년에 집필한 회고록이었다.

이 저자의 이력을 찾아보다가 나는 일순간 심장이 멎는 줄 알았다. 그 또한 스탠퍼드에서 학생들을 가르쳤던 것이다. 캠퍼스만 가로지르면 그를 만날 수 있었다니. 하지만 그는 2010년에 세상을 떠난 뒤였다. 내가 탐색을 시작하기 불과 2년 전이었다.

피즈를 만날 수 있었다면 그는 굉장히 많은 것을 내게 알려주었을 것이다. 그와 아버지는 피츠필드에서 자라 어릴 적부터 아는 사이였다. 전쟁이 끝나갈 무렵 런던에 배치된 피즈는 어느 군인 식당에서 우리 아버지와 마주쳤다. 이 만남이 상당히 인상 깊었던지 피즈는 일기에도 남겨두었다. 오랜 세월이 지난 후, 이 일기는 내가 인터넷에서 발견한 그 책으로 만들어진다. 이 만남에 관한 피즈의 기록 중 첫 대목은 다음과 같다.

나는 리치필드 재판에 증언하기 위해 통신대에서 파견 나온 (피츠필드 출신) 필 데이먼을 만났다. 그의 하버드 시절 한량 기질은 군대에서 순화되어 있었다… 여기 언급된 '재판'은 군 감사의 일환으로 열렸다. 군 형법 위반으로 (스태퍼드셔) 리치필드 제10보충대 구치소에 수감되었던 미군 병사들에게 악명 높은 가혹 행위가 가해진 것으로 드러났기 때문이다.

이 내용이 피즈의 일기에 기록된 날짜는 1945년 11월 21일이었다. 내가 겨우 돌이 지났을 무렵이다. 어머니는 브록턴의 친정에서 삼촌과 숙모의 도움을 받아가며 나를 키우고 있었다. 그해 여름에는 피츠필드에 있는 아버지의 부모님 댁에서 한 달간 지내기도 했다. 그 시점만 해도 모든 사람이 아버지가 재판 증인으로 파견 근무를 마치면 가족에게 돌아오리라 기대했던 것이 분명하다. 그렇다면 유럽에서 대기하던 시간이 길어진 동안 아버지에게 무슨 일이 일어났던 걸까? 무슨 일이 있었기에 고향으로 돌아가지 않기로 마음먹은 걸까? 아버지는 그 재판에서 무엇을 한 걸까? 그때 아버지의 마음 상태는 어땠을까? 리치필드 군사재판 관련 정보를 파고들기 시작하면서 내 머릿속에는 이런 의문들이 떠돌았다.

잉글랜드 리치필드는 산업 허브 버밍햄 근처에 있는 소도시다. 2차 세계대전 후반기에 이곳은 유럽 전선에 도착한 미군 부대의 주요 기착지가 되었다. '리치필드 제10보충대'로 알려진 빅토리아시대풍의 빨간 벽돌로 지어진 병영 복합건물에서 미군은 전투 준비를 했다.

이곳에는 (하룻밤 병영을 무단 이탈해서 시내에서 술 먹고 취하는 등) 가벼운 잘못을 저지른 미군 병사들을 수감하는 구치소도 있었다. 리치필드에 수감된 병사들은 대부분 변변치 않은 배경을 지닌 낮은 계급 군인들이었다. 농촌 출신도 있었고, 도시 빈민가 출신도 있었다. 백인도 있었고 아프리카계 미국인도 있었다. 처음에 이 구치소는 거대한 미군 기착지에서 무시해도 좋을 별책부록 같은 존재였다. 하지만 전쟁 막바지에는 악명을 떨치며 본말이 전도돼 오히려 기착지의 주요 활동을 가려버렸다.

군 당국은 전쟁이 끝나던 해인 1945년에야 리치필드에서 무언가 잘못되고 있다는 것을 알아차렸다. 이 문제를 처음 세상에 알린 사람은 구치소 임시 경비를 맡았던 오하이오주 톨레도 출신 상병 로버트 헤니였다. 1945년 1월, 고향으로 돌아온 헤니는 지역신문 〈톨레도 블레이드〉에 리치필드 수감자들이 당하는 가혹 행위를 고발했다. 그는 리치필드 교도관들이 병사가 고통에 신음하는데도 고무호스로 무자비하게 때리는 모습을 두 눈으로 보았다고 말했다. 헤니 상병이 개입하려 하자 교도관들은 가혹행위를 멈추는 대신 오히려 그를 위협했다고 했다.

전시 검열로 인해 〈톨레도 블레이드〉는 이 이야기를 게재할 수 없었다. 하지만 편집장이 이 사건을 어느 하원의원에게 알렸고, 그는 다시 고위 군 관계자에게 전달했다. 군 감사 결과, 병사들을 학대하도록 명령한 혐의로 한 병장을 기소하기로 결론 내렸다. 피고 병장에게는 그의 통제 아래 병사들에게 다음과 같은 7가지 '잔인하고 비인간적인 징계 행위'를 저지른 혐의가 적용되었다. (1) 최대 두 시간까지 두 배 속도로 달리게 함. (2) 강제로 과도한 양의 음식을 먹인 다음, 아주까리기름을 먹여 억지로 전부 배설하게 함. (3) 적절한 조명이 없는 방에 장기간 머물게 함. (4) 혹독한 날씨에 적절한 의복을 주지 않은 채 야외 바닥 청소를 명령함. (5) 억지로 양팔을 벌리게 한 뒤, 꼼짝 못 하는 자세로 한참을 그대로 있게 함. (6) 억지로 담배를 먹임. (7) 이외에도 수감자들에게 불필요하고 극단적인 불편함을 야기함.

오랜 재판 끝에 이 병장은 유죄 선고를 받았다. 하지만 이것은 이야기의 시작에 불과했다. 재판이 진행되면서 이 병장의 학대는 빙산의 일각일 뿐이라는 사실이 명백해졌다. 일개 병장의 일탈에 관한 재판으로 시작된 사안은 이내 상급 지휘관들의 묵인하에 교도관들이 집행한 고의적이고 체계적인 학대 정책에 대한 감사로 확대되었다.

가장 충격적인 점은 수감된 병사들을 엄하게 다루어 다시는 군령을 어기거나 임무를 회피하지 못하게끔 하는 것이 리치필드의 공식 정책이었다는 사실이다. 이 정책을 명한 장교들은 전시에는 처벌에 대한 두려움이 전투에 대한 공포를 압도해야 한다고 믿었다. 그들은 병사들이 전선에 투입되지 않으려고 무단 이탈하거나 군령을 어기는 사례가 있다고 항변했다. 이런 정서를 반영하듯, 리치필드를 방문한 어떤 소령은 구치소가 수감자들을 너무 부드럽게 대한다고 불평하기도 했다. 그는 이렇게 말했다고 한다. "병장, 자네 이자들을 너무 살살 다루는군. 지금 호텔 운영하나?"

이러한 전투 중심의 사고가 어떤 가치를 지니든, 리치필드에서는 처벌이 엄격한 정도를 넘어 잔인하고 악독했다. 그 때문에 많은 수감자가 중상을 입었고 사망자도 한 명 이상 발생했다.

리치필드 재판이 점점 복잡해져 1년 내내 이어지면서 아버지도 1945년 말까지 가족에게 모습을 드러내지 않았다. 단서는 아버지가 재판에 증인으로 섰던 장면을 기록한 문서들 속에 있다. 여기에서 아버지의 인성에 대해서도 일부 추론해 낼 수 있다.

재판이 처음 열린 장소는 런던 한복판에 있는 열악한 어느 법정이었다. 소송이 진행되는 동안 사방에서 분노가 터져 나왔다. 검찰은 리치필드에 수감된 병사들에게 가해진 난폭한 매질과 가혹한 요구, 위협에 대한 증언에 격분했다. 병사들은 대부분 불우한 배경 출신이었다. 세상 경험도 거의 없어서 이런 공격으로부터 어떻게 자신을 지키고 저항해야 하는지 몰랐다.

피고 측 변호인단도 검찰만큼이나 분노를 터뜨렸다. 일개 병사 교도관들은 장교들의 명령을 따랐을 뿐인데 왜 군법회의에 회부되는 치욕을 당해야 하는가? 가혹 행위를 명했던 장교 중 한 명은 일부러 과장된 태도를 보이며 법정을 모욕했다. 그 모습을 지켜본 사람에 따르면 "그는 장장 다섯 시간 동안 증인석에 있었다. 그 동안 재판장은 그에게 주의를 주느라 열네 차례나 법봉을 두드려야 했다. 심지어 그는 아이처럼 재판장에게 혀를 내밀기도 했다."

검찰 측 증인들은 피고 측 지지자들로부터 위협을 받았다고도 증언했다. 그중에는 기소 책임이 있는 교도관들도 포함돼 있었다. 이들은 증인들이 대기하던 구역에 접근해서 불리한 증언을 하면 가만두지 않겠다고 서슴없이 말했다. 이 협박에 겁을 먹은 증인 다섯 명이 증언을 거부했다. 뒤늦게 사태를 파악한 군은 영국에서 벗어나 독일의 소도시 바트나우하임의 호텔로 재판 장소를 옮겼다. 협박하던 교도관들이 주둔하는 영국에서 멀리 떨어진 곳으로 옮긴 것이다.

그렇다면 스트레스 높은 런던의 재판 일정 동안 아버지의 입장은 무엇이었을까? 바로 그즈음 런던에서 저녁 외식을 하러 나온 오티스 피즈는 이렇게 기록하고 있다.

그런 다음 필립 데이먼을 만나서 함께 버스를 타고 웨스트민스터 뒤 웅장한 건물 안에 있는 처칠 클럽에 갔다. 이 클럽은 아름다운 가구들로 꾸며진 영국식 공간을 갖춘 미국 엘리트 단체다. 필은 군대 내 고학력 상류층 집단에 속했다… 그는 하버드를 3년간 다녔고, 결혼해서 아이가 하나 있다. 우리는 영국군 장교들과 박사 학위가 있는 미군 T/5(기술직 병장)들과 함께 셰리주를 곁들인 그럴듯한 만찬을 했다. 그런 다음 위층으로 올라가 샹들리에가 달린 호화로운 방에서 독일의 열악한 상황을 논했다. 장교들이 서툴고 무능하며 편하게만 지낸다는 이야기를 했다. 그런 일이나 하라고 훈련받은 미군이 어디 있는가? 필은 파리와 런던에서의 군 생활을 좋아했으며, 영국인들에 대해 열변을 토했다. 우리는 고국과 대학교가 몇몇 측면에서 하찮다는 데 의견을 모았다. 그런 다음 슬론 광장에 있는 술집으로 자리를 옮겼다. 그곳은 사람 많고 지저분했으며, 그가 열렬히 좋아하는 영국에서 만난 온갖 기질의 사람들로 가득했다. 맥주 두 잔은 사람을 모든 것에 관대하게 만들었다. 우리는 걸어서 워싱턴 클럽으로 돌아와서 영국 여자들 이야기를 했다.

잘 다듬어진 시가 그렇듯, 이 기록에는 다면적인 내용이 포함되어 있다. 피즈는 아버지에 대해 사전 준비 없이 즉흥적으로 기술했다. 그래서 세심하게 공들인 분석은 아니다. 그래도 나는 이 글을 근거로 아버지의 인생에 축이 되는 이 시기에 아버지의 태도와 목표가 무엇이었는지에 대해 다음과 같은 통찰을 얻을 수 있었다.

첫 번째이자 가장 내 마음을 끄는 지점은 아버지가 사람들에게 자신이 '아이 하나 있는 유부남'이라고 말하고 다녔다는 사실이다. 최소한 이때만 해도 아버지는 이런 사실로부터 달아나는 중이 아니었다. 이로써 아버지가 '실수'로 어머니를 임신시키고는 그 상황에서 벗어나려고 처음부터 작정했다는 사람들의 추측은 틀린 것으로 판명된다. 베르나 고모의 짐작대로 아버지가 '속아서' 결혼했다고 생각했는지, 그래서 결혼에 대해 심각한 회의가 들었는지는 알 수 없다. 하지만 군 복무가 끝나갈 무렵에도 아버지 스스로 아내와 아이가 있다고 밝혔다는 것은 그가 새로운 가족을 받아들이고 있었으며 아마도 가족이 있는 집으로 돌아갈 생각이었다는 것을 의미한다.

하지만 피즈의 글에는 아버지가 가족과 멀어질 수 있다는 징후도 명백하게 보인다. 아버지는 "고국과 대학교가 몇몇 측면에서 하찮다"는 피즈의 불평에 열심히 공감했다. 여담이지만 나는 아버지가 자신의 하버드 재학 햇수를 피즈에게 잘못 가르쳐준 것은 아닌가 생각한다. 실제로 아버지는 3년이 아니라 딱 1년을 다녔고, 그 1년조차 전혀 성공적이지 않았다.

피즈의 글에서 가장 인상적인 부분은 아버지가 파리와 잉글랜드에서의 군 생활을 좋아했고, 런던을 무척 아낀다고 언급한 것이다. 아버지는 시골풍의 매사추세츠(그때는 지금보다 훨씬 더 시골스러웠다)와 세련되고 세계적인 유럽을 마음속으로 비교했던 것 같다. 마지막에 피즈가 두 사람 다 영국 여성들에게 관심이 있었다고 쓴 내용을 보자, 학교 생활기록부에서 아버지를 일러 '여자를 좋아한다'고 언급했던 것이 생각났다. 런던에 머무는 동안 호시탐탐 연애 상대를 찾던 아버지의 모습은 스물한 살이라는 아주 어린 나이에 혼인하고도 여전히 연애의 지평을 넓히고 싶어 한 그의 욕구를 보여주는 초기 징후였을까?

피즈의 기록을 읽고 나니, 아버지는 짜릿한 유럽 생활에 매료된 젊고 혈기왕성한 미국 병사였다는 느낌이 들었다. 이것은 전투가 끝난 후 파리나 로마, 런던의 거리를 돌아다니던 소도시 출신 미국 남성들이 으레 보이는 익숙한 패턴이었다. 그 빛나는 짧은 시간 동안 미국 군인들은 정의의 편에 선 영웅 대접을 받았다. 그리고 유럽인들에게는 바다 건너에서 온 병사들과 찬란하고 세속적인 즐거움을 나눌 풍요로운 문화적 자산이 있었다. 이런 조건에서 즐거운 시간을 보내지 않을 젊은 남성이 과연 얼마나 있었을까.

그런데 다른 병사들과 달리 아버지의 임무는 종전과 함께 끝나지 않았다. 아버지는 전쟁과는 또 다른 격심한 갈등의 한복판에 던져졌다. 이곳에는 응징과 폭력이라는 위협도 도사리고 있었다. 그런데도 피즈는 아버지가 여전히 '런던을 열렬히 좋아한다'고 썼다. 나는 이 부분에서 아버지라는 남자의 인성 구조에 대해 핵심적인 의문이 생겼다. 어떻게 아버지는 재판의 부담과 두려움에서 벗어날 수 있었을까? 헤밍웨이가 '압박 아래서의 우아함grace under pressure'이라 불렀던 용기였을까? 아니면 그의 본성, 그의 양육, 궁극적으로는 그의 인성 안에 있던 무언가가 작용한 것일까? 아버지는 학창 시절부터 세상만사를 가벼이 여기는 사람이었다. 리치필드 재판 동안의 침착한 태도는 특유의 느긋한 성격이 반영된 것이었을까? 아니면 증언 요청을 받은 비인간적 행위에 대한 그의 도덕적 확신이 작동한 결과였을까? 심리학자라는 직업상, 나는 어려운 상황에 놓였을 때 사람들의 동기가 복합적으로 작용한다는 사실을 알고 있다. 아마도 이 두 가지 요인이 모두 작용했을 것이다.

겁먹고 증언을 철회한 다른 증인들과 달리 아버지는 증인석에 섰다. 리치필드 근무 기간이 짧았던 것을 감안하면 그의 증언은 뉴스 보도 중에서 확연히 눈에 띄었다. 아버지는 〈전투가 끝난 후〉라는 군사 잡지에서 리치필드 사건을 다룬 최종 기사에 인용된 세 명의 증인 중 한 명이었다. 12장이 넘는 암울한 관련 사진들과 함께 이 법정 드라마를 다룬 기사 중간 부분에 다음과 같은 단락이 등장한다.

유죄를 입증할 만한 추가적인 증언이 옛 하버드 학생이었던 매사추세츠 피츠필드 출신 필립 A. 데이먼 일병의 입에서 나왔다. 그는 "수감자 대부분은 전투에서 부상당한 아주 착한 소년들이었는데, 다시 전선으로 보내지기 전에 시내 구경하려던 것을 군이 불허하자 이에 반항한 것"이라고 했다. 데이먼은 폭행 장면을 직접 목격한 적은 없다고 인정했으나, 작업반에 있던 몇몇 수감자들의 등에 맞아서 생긴 부은 자국을 본 적이 있다고 말했다.

이 기사 외에도 리치필드 군사재판에 관한 믿을 수 있는 정보원이 하나 더 있다. 잭 긱 중위는 장교로 런던에 주둔하던 때 이 재판의 첫 공판을 방청했다. 머릿속에서 이때의 기억을 지워버릴 수 없었던 그는 40년 후 《리치필드 : 법정에 선 미군》이라는 책을 쓰기로 결심했다. 이 책에서 아버지의 증언을 인용한 부분은 딱 한 군데밖에 없지만, 의미가 있다. "필립 데이먼 일병은 교도관들이 외치던 슬로건을 인용했다. '너희 영혼은 신의 것일지 몰라도 너희 몸은 나의 것.'"

마침내 미군 사령부는 결정을 내렸다. 비인간적인 처우를 하면서 병사들을 위협하는 행위는 복종을 얻어내는 적절한 방법이 아니며, 전장에서 충성과 용맹을 불러일으킬 효과적인 방법도 아니라고 선언했다. 이 메시지는 상부에서 내려온 것이었다. 당시 유럽 주둔 미군 사령관이었던 드와이트 아이젠하워는 바른말 잘하고 사병들과 격의없이 지내기로 유명했다. 그는 리치필드 고발 내용을 철저히 조사해야 한다는 입장을 고수했다. 미군이 자체 감사를 진행한 것은 그때가 처음이었다.

1946년 8월 말, 리치필드 재판은 제임스 킬리안 대령 외 장교들에게 미국인 재소자들을 야만적으로 다루게 한 죄로 유죄를 선고하며 끝났다. 장교에 대한 유죄 선고는 검찰 측이 목표하던 결과이기도 했다. 지휘부의 명령을 따랐던 하급 군인들에게 모든 죄를 떠넘긴다면 정의를 희화화하는 일이 되었을 것이다. 이 재판 결과, 미군의 훌륭한 방향성이 설정되었다. 기사는 이렇게 결론지으며 끝맺음했다.

리치필드 사건은 미군의 군사재판법을 바꾸는 데 중요한 역할을 했다. 의회에서는 군법회의 제도 전체를 감사했고, 그 결과 전쟁 중에 지나치게 가혹하고 임의적이었다고 결론지었다… 1951년, 의회는 군법을 처음부터 끝까지 살펴보고 개정했다.

해리 트루먼 대통령의 적극적인 독려와 아이젠하워의 감독하에 개혁이 이루어졌다. 얼마 후 아이젠하워는 미국 대통령이 되었고, 살얼음판 같은 국제정세 속에서도 미국을 평화와 번영의 시대로 인도했다. 냉전 시대에는 확고하고 흔들림 없는 지도력과 방위 태세, 미국의 건국이념인 자유라는 원칙에 대한 헌신이 요구되었다. 아이젠하워는 조용하면서도 강력한 자신감을 가지고 이 도전에 응했다. 그리고 아이젠하워가 전쟁 기간과 종전 후에 내린 도덕적 선택에 따라 아버지의 운명도 정해졌다. 미미하게나마 나의 운명도 이 선택에 따라 간접적으로 결정되었다.

지금은 기억하는 이가 거의 없지만, 리치필드 군사재판은 그 당시 신문과 대중지에 널리 보도되었다. 조국을 위해 싸운 병사들이 크게 잘못한 것 없이 학대당한 사실을 규탄하는 격정적인 사설도 여럿 실렸다. 〈타임〉, 〈라이프〉, 〈새터데이 이브닝 포스트〉를 비롯한 모든 주요 신문에 기사가 실렸다. 당시 아프리카계 미국인 신문에도 많이 보도되었는데, 학대당한 병사들 상당수가 흑인 신병이었기 때문이다. 아버지의 고향 지역신문인 〈버크셔 이글〉도 1면에 군복 입은 아버지 사진과 함께 증언 기사를 게재했다. 사진 속 아버지는 근엄하고 불굴의 투지로 가득한, 전쟁으로 단련된 얼굴을 하

고 있다. 학창 시절 증명사진 속 귀엽고 사랑스러운 얼굴과
는 닮은 구석이 거의 없었다.

〈버크셔 이글〉의 보도 내용 덕분에 사건과 관련된 내용
이 하나 더 밝혀졌다. 알고 보니 아버지는 구치소의 야만적
인 행태를 고향에 있는 할아버지에게 편지로 알렸다고 한
다. "본국에 있는 사람들이 그런 상황과 관련해 무엇이라도
할 수 있기를" 바랐기 때문이다. 하지만 그의 편지는 군 검열
로 중간에 빼돌려졌다. 아버지의 부대장은 "그 편지들이 미
군에 불명예를 안겨주었기 때문에 보안 위반"이라며 아버지
에게 경고했다. 〈버크셔 이글〉의 기사에는 아버지가 편지를
보낸 날짜나 부대장이 질책한 날이 언제인지는 나와 있지 않
다. 그 기사가 게재된 날짜는 1946년 1월 8일인데, 재판이 시
작된 지 겨우 한 달이 지난 시점이다. 재판 초기에 아버지는
검열에 대해 증언했다. 재판정에서 그는 "리치필드에서 벌어
지는 일은 밖으로 새어 나가서는 안 된다"라던 부대장의 말
을 그대로 인용했다.

〈버크셔 이글〉의 기사에는 "데이먼은 1944년 가을에 영국
으로 갔다"라고 되어 있다. 이것으로 보아 아버지는 1945년
1월, 헤니 상병이 〈톨레도 블레이드〉에 제보하면서 사건이
공론화되기 전에 이미 리치필드의 상황에 대해 편지를 써서

집으로 보내고 있었던 모양이다. 만약 이것이 사실이라면, 아버지는 사람들이 "그런 상황과 관련해 무엇이라도 할" 수 있도록 본국에 사실을 알리는 방법으로 도덕심을 보여주었다. 또한 검열과 부대장의 경고에 직면했을 때도, 자신이 알게 된 진실을 이야기하겠다는 목적을 잃지 않음으로써 참된 용기를 (그리고 연민을) 드러냈다.

아버지는 진실을 말한 대가를 치러야 했다. 리치필드에 배치되기 전인 1944년, 아버지는 상병에서 병장으로 진급했다. 하지만 1946년에 제대할 때는 일병 신분이었다. 이 사안에 관한 기록은 존재하지 않지만, 계급이 강등된 이유는 아버지가 검열 규정을 위반했기 때문이었다고 합리적으로 짐작해 볼 수 있다.[1] 다행히 이 징계는 아버지의 경력에 그다지 영향을 미치지 않았다. 전쟁이 끝난 후 곧바로 미 육군성과 국무부에서 훌륭한 직책을 맡았기 때문이다. 추측건대 아버지가 용기 있게 진실을 밝힌 것이 정부 관리들에게 깊은 인상을 주었고, 그에 대한 보상으로 아버지가 원하던 업무에 고용된 것으로 보인다.

아버지의 증언을 다룬 〈버크셔 이글〉 기사의 마지막 문장은 이렇다. "그는 브록턴 출신의 헬렌 마이어 양과 결혼해서 슬하에 아들 윌리엄 밴 뷰런 데이먼을 두고 있다." 바로 이거다! 그 시절에 아버지의 마음이 어디에 있었건, 나는 엄연히 존재하고 있었다.

성인기의 인성 발달

리치필드 군사재판과 아버지의 활약상을 조사하면서, 아버지의 인성에 대한 나의 시각이 달라졌다. 예상과 달리 아버지는 압박이 가해지는 역사적 순간에 도덕적 신념을 보여주었다. 그는 용기 있게 진실을 말했다. 아무도 귀 기울이지 않던, 고통받던 병사들에 대한 연민을 보여주었다. 그리고 침묵을 종용하는 상급자들의 경고 앞에서도 이 연민을 바탕으로 행동했다. 아버지의 행동은 조국의 군사재판법에 긍정적인 영향을 미쳤다. 아버지는 이 시기에 나라를 위해 일하겠다는 삶의 목적을 발견한 것이다.

또한 아버지는 요즘 사람들이 '그릿'이라 부르는 강인한 인성도 발달시켰다.[2] 이것은 신문 기사에 실렸던 아버지의 단단한 표정으로 알 수 있다. 당시 아버지는 자신이 목격한 수감자 학대 사실을 고발한 편지를 집으로 보냈다. 장교들의 위협이 쏟아지는 중에도 비인간적 행위에 반대하는 아버지의 태도는 확고했다. 몇몇 동료 증인들과 달리 아버지는 결코 증언을 철회하지 않았다. 겁먹은 기색도 보이지 않았다. 그 시절 높이 평가되었던 특성에 빗대어 표현하자면, 아버지는 **강인해졌다.**

앤도버와 하버드에서 강인함은 소년의 중요한 자질로 여겨졌다. (앤도버에서 대학 진학을 위해 작성해준 추천서에 내가 '상당히 강인하다'라고 강조되어 있었다. 아버지 시절에는 훨씬 더 중요한 자질이었을 것이다.) 학생 시절의 아버지는 강인하지 않았다. 상담교사들이 아버지의 인성에서 가장 문제삼았던 부분 중 하나가 이것이다. 아버지에게서 강인함을 끌어내는 데에는 전쟁이라는 크나큰 변곡점이 필요했다.

어린 시절 나는 드물게나마 아버지 생각을 할 때면 그를 쓸모없는 낙오자라 추정했다. 하지만 인생의 노년기에 알게 된 아버지는 그런 사람이 아니었던 것이 분명하다. 그 사실을 알게 되어 기뻤다. 단언하건대 기뻤던 이유는 그가 내 아버지였기 때문이다. 내 인생에서 아버지의 자리는 영구적으로 비어 있었지만, 그래도 여전히 내게는 아버지와 동일시하려는 경향이 있었던 듯하다. 또한 자기중심적인 응석받이 청소년에서 목적과 원칙을 지닌 어른으로 성장하는 사례를 하나 더 관찰할 수 있어서 발달심리학자로서도 흐뭇했다.

하지만 동시에 그는 첫 번째 아내(어머니)와 첫 번째 자녀(나)를 버렸다. 내가 아는 한 사과나 후회, 설명 한마디 없었다. 아버지는 죽을 때까지 나를 외면했다. 수말리와 라완에게 들은 바로는, 그들이 나에 관해 묻자 아버지가 내 이야기는 아무것도 하고 싶지 않다고 말했다고 한다. 흥미롭게도 이 이야기를 처음 들었을 때 내 기억에 남은 내용은 이렇다. 그때 아버지는 세 딸과 저녁 식사를 하고 있었는데, 피치트라가 "베르나 고모가 말했던 '윌리엄'은 어떻게 되었어요?"라고 물었다. 그러자 아버지가 식탁을 내리치며 "이 집에서 그이야기는 금지다!"라고 했다는 것이다. 하지만 이 책을 집필하기 위해 사실 확인을 하느라 수말리와 라완에게 다시 물어보니, 손으로 식탁을 내리친 일은 전혀 없었다는 대답이 돌아왔다. 이런 왜곡이 일어난 원인은 2장에서 말한 기억의 불완전성과 편향 탓이다. 무엇보다 이런 왜곡이 일어났다는 것만으로도 이 이야기가 내게 얼마나 큰 심정적 타격을 주었는지 알 수 있다.

아버지가 나와 맺은(또는 맺지 않은) 관계를 들여다보면, 학창 시절의 무책임함이 그의 인성에 능동적 특징으로 남아 있었음을 알게 된다. 이런 무책임함에 타격을 받은 사람은 나만이 아니었다. 누구보다 어머니가 회복할 수 없는 깊은 상처를 입었다. 리치필드 재판에서 아버지가 보여준 모습이 아무리 기뻤더라도, 아버지가 돌아오지 않기로 하면서 어머니가 느꼈을 괴로움을 생각하면 그 기쁨도 이내 가라앉는다.

할아버지와 할머니도 마찬가지였다. 그들은 이미 학창 시절에 보인 아들의 무책임함에 마음 아파한 바 있다. 아버지가 집으로 돌아오지 않자 그분들은 부모 자식 관계를 끊을 정도로 분노했다. 아무리 귀한 아들이라 해도, 처자식을 버리는 일은 그들이 속한 뉴잉글랜드 문화에서는 도저히 용납할 수 없는 행위였다.

이렇게 가정이 깨져버린 것이 더 마음 아픈 이유는 할아버지가 50세에 일찍 세상을 떠났기 때문이다. 아버지와 할아버지는 각별히 돈독한 사이였다. 분명 할아버지의 지지와 지도는 아버지에게 큰 힘이었을 것이다. 하지만 아버지가 유럽에 남기로 한 후 두 사람은 다시는 말을 섞지 않았다. 만약 시간이 충분했다면 언젠가 두 분이 화해했을지도 모른다. 아버지와 할머니가 그랬듯이 말이다. 하지만 할아버지는 그러기에는 너무 일찍 돌아가셨다. 두 분 모두 남은 삶 동안 얼마나 큰 고통을 감내해야 했을까!

아버지는 만년에 이르러 또 다른 비극을 할아버지와 공유하게 된다. 두 분 모두 다발성 경화증을 앓았고, 이 질환으로 세상을 떠났다. 다발성 경화증은 인생의 전성기에 발병해 걷고 말하고 보는 능력에 손상을 준다. 어떤 이들은 증상이 심하지 않아 수십 년간 상대적으로 큰 지장 없이 지낸다. 하지만 애석하게도 아버지와 할아버지는 그렇지 않았다. 베르나 고모는 내게 두 사람의 기구한 운명을 들려주면서 한탄스럽게 말했다. "두 사람은 상태가 나빠지기만 했단다." 할아버지는 10년 넘게 투병하다 50세에 돌아가셨다. 아버지는 69세까지 살기는 했지만, 마지막 20년은 침대에 누워 보내야 했다. 아버지와 할아버지가 고통에 시달렸다고 생각하면 견디기 힘든 슬픔을 느낀다. 한편으로는 슬퍼하는 나 스스로가 놀라웠다. 한 번도 아버지를 직접 본 적이 없고, 할아버지도 네 살 때 만났던 희미한 기억만 있을 뿐인데 말이다. 물론 그 전에 인정해야 할 사실이 하나 있다. 두 사람이 같은 병을 앓았다는 사실을 알았을 때 나의 첫 반응은 이 병이 유전병인지 아닌지 찾아본 것이었다(유전병이 아니다). 나와 아이들도 같은 병을 앓을 수 있다는 두려움이 진정되고 나자, 곧이어 깊은 슬픔이 몰려오기 시작했다. 마치 아버지와 할아버지를 오래전부터 가족의 일원으로 알고 지냈던 것처럼.

사람은 더 나은 사람으로 변할 수 있다. 성숙해지면 더 책임감 있는 사람이 될 수 있다. 상당한 대가를 무릅쓰고 도덕적 대의에 헌신하게 될 수도 있다. 이런 일은 십중팔구 오랜 시간에 걸쳐 한 걸음 한 걸음씩 점진적으로 일어난다. 인성과 도덕적 헌신은 하룻밤 사이에 발달하는 경우가 거의 없다. 물론 인류사에 의로움의 길로 갑작스레 전향한 유명한 사례가 몇몇 있기는 하다. 성 바오로는 다마스쿠스로 가는 도중에 억압받는 그리스도교인의 악랄한 박해자에서 헌신적인 수호자로 일순간 변화했다. 발달학계에도 이와 유사한 극적 전향 사례에 대한 기록이 있다. 하지만 이것들은 어디까지 굉장히 이례적인 경우다. 인성과 헌신에 있어서 주요한 변화는 대부분 몇 년에 걸쳐 서서히 이루어진다.

처음에는 변화가 눈에 잘 띄지도 않는다. 망설임과 저항이 있기 때문이다. 더러는 퇴행하기도 한다. 오로지 되풀이해서 행동하고 시도한 뒤에야 지속적인 변화가 일어난다. 나는 도덕적 발달에 관해 쓴 글에서 이런 고르지 않은 과정을 '목표의 점진적 변화'라 표현했다.[3] 시간이 지나면서 이런 과정은 한 사람의 인생에서 가장 의욕적인 목표에 영향을 준다.

2장에서 언급했듯, 지난 20년간 내 연구의 원동력이 된 핵심 개념은 '목적'이다. 졸저 《무엇을 위해 살 것인가》를 보면 목적을 찾는 것이 성공적인 성인기 이행에 얼마나 중요한지 알 수 있다. 목적을 찾으면 에너지와 동기, 회복탄력성, 대의에 대한 헌신이 생긴다. 삶의 목적을 찾음으로써 목표 없이 방황하던 청소년에서 집중하고 높은 성취를 이루는 성인으로 변모할 수 있다. 이는 내가 관찰한 아버지의 인성 발달 모습이기도 했다. 흥미도 열정도 없던 열일곱 살 소년이 불과 10년도 안 돼 영광스러운 방식으로 나라에 헌신하는 어른이 된 것이다.

아버지의 경우, 무전정보부대 근무에 더해 리치필드 재판의 영향이 가중되어 작용한 것이 분명하다. 안전한 뉴잉글랜드 소도시 출신 대학생이던 스물두 살 청년에게 군대 내 가혹 행위에 대한 청문회에 참석하는 것이 어떤 의미였을지 가히 상상이 간다. 그 자리에서는 혹한에 병사들을 나체로 몇 시간 동안이나 부동자세로 서 있게 하고, 쓰러질 때까지 2배 속으로 계단을 오르내리게 하고, 곤봉과 호스로 피가 나도록 때렸다는 증언들이 이어졌다. 갑작스럽게 아버지는 이 상황에 대해 무언가 할 수 있는 위치가 되었다. 그러자 그는 자신이 옳다고 알고 있던 편에 섰다.

인간의 발달 과정에서는 예상 밖의 극적인 사건이 도화선이 되어 성찰과 선택을 하고, 그 결과 삶의 목적을 발견하여 정체성의 변화가 일어날 수 있다. 6장에서 다루겠지만, 아버지는 외무 공무원으로 일하면서 국제분쟁의 긴장 속에서 이성의 대변자가 되었다. 그리고 시민권이라는 대의가 국민 의식의 수준으로까지 올라가던 그때 이를 강하게 촉구했다. 2차 세계대전의 갈등과 야만 속에서 단련된 아버지의 인성적 강점은 훗날 그가 정부를 위해 일하면서 삶의 목적을 추구할 새로운 방법을 발견할 때까지 지속되었다.

아버지는 군 복무를 마치고 1946년 7월 10일 제대했다. 재판 증언은 여전히 진행되었지만, 그는 제대하자마자 미국 육군성에 민간인 직원으로 고용되었다. 당시 육군성은 전후 독일에 점령군 주둔을 시작하고 있었다. 1946년 7월 27일자 〈갤버스턴 데일리 뉴스〉 기사에 따르면, 아버지는 제대하고 2주도 지나지 않아 육군성 근무를 시작한 것으로 보인다. 그때부터 아버지는 육군성 독일지국에서 4년간 일하게 된다. 그는 고향으로 돌아오지 않았다. 어머니는 그를 기다렸지만 끝내 허사가 되고 말았다. 할아버지 할머니도 마찬가지였다. 게리 외삼촌이 돌아가시기 얼마 전에 내게 알려준 바에 따르면, 어머니는 그 당시 신경쇠약으로 고통받았다고 한다. 그러나 어머니는 내가 알아채지 못하도록 잘 견뎌냈다. 흐릿한 안갯속과 같던 어린 시절, 나는 어머니의 행동에서 이상한 점 하나 눈치채지 못했다.

아버지가 끝내 돌아오지 않을 것이 확실해지자, 변호사였던 게리 삼촌이 어머니를 위해 이혼 서류를 제출했다. 그와 별개로 독실한 가톨릭 신자였던 어머니는 1953년 7월 3일, 교회법상 혼인 무효를 신청했다. 교구 공문에는 어머니가 "이 사안과 관련해 로마 교황청으로부터 호의적인 결정을" 받았다고 공표되어 있다.

아버지가 귀환을 거부한 배경과 관련한 사실들을 알게 되자, 인생 회고 과정에서 가장 중요했던 질문이 떠올랐다. 만약 아버지가 책임감 때문에 자신의 열망을 거스르고 어머니와 내게 돌아왔다면, 내 인생은 과연 어떻게 바뀌었을까? 그 시절 아버지의 심장은 분명 유럽에 있었다. 도덕적 판단은 차치하고, 만약 아버지가 그 마음 그대로 집으로 돌아왔다면 상황이 어떻게 되었을까? 어머니는 장점이 많았지만, 그럼에도 같이 살기가 쉽지 않은 분이었다. 만약 아버지가 돌아왔다면 과연 우리 가족은 그대로 함께 지낼 수 있었을까? 불가피한 부부 갈등이 발생했다면, 그 와중에 나의 어린 시절은 어떻게 흘러갔을까? 그는 내게 어떤 아버지가 되었을까? 그는 자신에게 주어진 가족의 의무를 원망했을까? 그런 아버지 밑에서 나는 신경이 곤두선 채 살았을까?

이 질문들에 정답이 있을 수 없음을 잘 안다. 그렇더라도 내가 찾아낸 자료 덕분에 이런 반추를 할 수 있게 되었다. 이 자료들은 내가 자의식을 지니고 진짜 정체성을 탐색하며, 내게 주어진 삶을 긍정하는 데 부인할 수 없는 도움을 주었다.

6장.

목적에 이르는
세 갈래 길

1963년 여름, 대학생이 되어 히치하이크로 유럽을 여행하던 나는 어느 덥고 흐린 오후에 뮌헨에 있었다. 지치고 외로웠던 나는 낯선 도시를 무작정 거닐었다. 그러다 어느 건물 간판에 시선이 멈추었다. '아메리카하우스'라는 이름의 건물이었다. 궁금해서 들어가 보니 개방형 도서관을 갖춘 미국 문화원이었다. 나는 반가운 마음으로 자리에 앉아 쌓여 있는 미국 잡지들을 읽었다. 친숙하고 쾌적한 환경에서 오후를 보낸 다음, 나는 활기를 되찾고 현실로 돌아와 여행을 이어갔다. 그때만 해도 그곳이 나와 아버지의 인생 여정이 10년의 간극을 두고 교차한 지점이라는 사실을 알지 못했다. 알고 보니 아버지가 그 장소를 만드는 데 일조한 모양이었다.

1946년 8월, 리치필드 군사재판이 종료되자 증인으로서 필립 데이먼의 임무도 완료되었다. 그는 이미 한 달 전에 영예롭게 제대한 상태였다. 따라서 고향으로 돌아가지 못하게 그를 가로막는 것은 아무것도 없었다. 그의 아내, 그의 부모님, 그의 누이 베르나 모두 그가 돌아오기만을 기다렸다. 하지만 그는 유럽에 눌러앉았다. 아버지가 귀환을 거부하면서,

그의 인생과 나의 인생은 서로 갈라져서 각자의 길을 가게
되었다.

인생 회고를 하면서 돌아오지 않기로 한 아버지의 선택을
곰곰이 생각할수록 두 가지 의문이 나를 괴롭혔다. 답을 알
수 없는 의문들이었지만 도저히 외면할 수 없었다. 도대체
무엇이 아버지를 유럽에 눌러앉게 했을까? 그리고 만약 아
버지가 돌아왔다면 내 인생은 어떻게 달라졌을까?

나는 이 두 질문에 완전한 사실로 답할 방법이 없었다. 해
법은 단 하나였다. 확보된 사실들을 바탕으로 아버지의 선택
으로 가장 크게 영향받은 사람들의 인생을 설명하는 이야기
를 만들어보는 것이었다. 그 대상은 바로 아버지의 인생과
어머니의 인생 그리고 나 자신의 인생이었다. 1946년 8월, 아
버지가 유럽에 눌러앉기로 결심한 후 우리 각자의 인생은 어
느 방향으로 전개됐을까? 이 세 인생이 지나간 방향을 따라
가 본다 해도 질문에 대한 직접적인 답을 얻을 수는 없을 것
이다. 그래도 내가 정보에 입각한 추측을 할 만한 자료는 얻
을 수 있을 것이다.

그리하여 아버지의 전후戰後 이야기를 중심으로 어머니와
나의 인생이 어떤 방향으로 진행되었는지 기록하기로 했다.

아버지의 이야기가 중심인 이유는 우리가 각자의 길을 가게 만든 선택을 한 당사자가 그였기 때문이다. 또한 아버지의 다채로운 인생에 매료된 것도 사실이다. 아버지의 인생 이야기에 비하면 내 이야기는 훨씬 평범하다. 물론 나에게는 흥미로운 이야기이며, 나름대로 소소한 사건과 도전, 축복으로 가득하지만 말이다.

우리의 인생 방향을 추적한 결과 나는 예상하지 못했던 결론을 얻을 수 있었다. 우리 세 사람은 각자 자신만의 길을 따라 인생의 목적을 추구했고, 이 목적은 개인의 정체성을 이루는 중심부가 되었다. 세 사람이 추구한 삶의 목적은 서로 달랐다. 더욱이 한 가족이라고 하기엔 너무 달랐다. 모든 삶의 목적은 개별적 성향을 띠지만, 우리 셋은 개별성이 극단적이었다.

극명하게 다른 세 갈래 길은 인간 정신의 적응력을 확인해주는 예시이기도 했다. 모든 인간은 각자 자신만의 고유한 길을 찾을 수 있다. 어떤 경우에는 직접 카드를 돌리면서 게임을 시작하고, 또 어떤 경우에는 남이 돌린 패를 쥐고 게임을 하기도 한다. 어느 쪽이든, 우리가 하는 선택이 우리의 운명을 규정한다.

돌아오지 않은 아버지가 추구한
삶의 목적

1946년 말, 미 육군성은 군의 뒤를 이어 미국의 독일 점령 업무를 담당하게 되었다. 바로 이 무렵 아버지는 군에서 육군성으로 이직했고, 얼마 지나지 않아 다시 육군성에서 국무부로 자리를 옮겼다.

육군성의 임무는 독일 문민 지도자들이 점령국(미국, 프랑스, 영국, 소련)의 군 당국을 대신해 패전국이 된 조국을 책임지게 만드는 것이었다. 그런 다음 점령국들은 한두 해 더 머물면서 새로 수립된 정부를 감독했다. 그에 따라 육군성과 국무부의 역할도 군대의 지원을 받는 치안 업무에서 사회적, 정치적, 문화적 의도를 띤 업무로 바뀌었다.

아버지는 국무부에서 일하며 문화적, 외교적 역할을 다했다. 1948년, 국무부 해외 근무자 명부에는 아버지가 (리치필드 재판의 증언을 위해 머문 적 있던) 바트나우하임 옆에 있는 소도시 그로스게라우에 파견된 '문화관'으로 기록되어 있다. 그로스게라우 근무 후 얼마 지나지 않아 아버지는 베를린 소재 국무부 사무실의 '프로그램 담당관'으로 명부에 이름을 올렸다. 그 후의 해외 근무자 명부를 보면 아버지가 1949년

10월 6일 현재 발데크-볼프하겐에서 연봉 4380달러를 받으며 '문화관'으로 근무한 것으로 나온다. 그다음 달 아버지의 연봉은 5370달러로 인상되었다.

나는 아버지의 국무부 직장동료였던 로버트 워너의 부인인 이자 워너 여사 덕분에 전쟁으로 폐허가 된 독일에서 젊은 외교관으로 일했던 아버지에 대해 자세히 알 수 있었다. 92세의 나이에도 이자 여사는 아버지가 벌인 외교적 활약상을 원없이 들려주었다.

패전 직후 독일은 온통 파괴된 건물 잔해로 엉망이었다. 도시와 공장은 폭격으로 산산조각났고, 음식과 난방용 연료를 구하기도 어려웠다. 인접국에서 유입된 난민들은 노숙자가 되어 독일 전역을 떠돌았다. 자동차가 귀해서 서민들은 자전거 한 대만 있어도 말 그대로 목숨을 구할 수 있을 정도였다. 패배감과 두려움에 젖은 독일인들은 동료 시민들을 의심과 책망의 눈초리로 바라보았다. 군사 전문기자 줄리언 바흐에 따르면 "무관심이 팽배"했다. "12년간 사상 최악의 독재를 경험한 그들은 도덕적으로 망가진 상태다. 6년간 사상 최악의 파괴적인 전쟁을 경험한 그들은 물리적으로 망가진 상태다. 도시는 폐허가 되었고, 찬장은 텅 비었으며, 사람들은 야위고 지쳐 있다."¹ 사람들은 담배 같은 물건들을 단백질과 열량을 보충하는 귀한 배급 식량과 물물교환하면서 살아남기 위해 분투했다. 독일 여성들이 미국인들의 현금과 선물에 눈이 멀어 매춘의 유혹에 빠지지 않도록 군에서는 민간인과의 교제를 금지할 필요성을 느꼈다. "운송 수단은 파괴되고, 운하와 강은 질식 상태에 놓이고, 창고와 가공시설은 무너졌으며, 먹여 살려야 하는 입이 400만 명이나 유입되어 역삼각 인구구조가 만들어지면서… 독일의 식량난은 전쟁과 패전의 여파에 맞서는 끝 모를 투쟁이 되었다."² 점령기 초기에 바흐가 작성한 글이다.

미국 점령군의 임무는 세 가지였다. 첫 번째는 남은 독일 저항세력을 진압하여 더는 독일이 세계 평화를 위협하는 존재가 되지 못하게 하는 것이었다. 이를 가리켜 점령 초기의 어느 지휘관은 "승전 상태가 지속되도록 확실히 하기 위한 것"이라고 천명했다. 이 목표는 미군의 압도적인 군사력에 더해 이제는 완전히 제압당한 독일 국민의 수동성이 함께 작용함으로써 어렵지 않게 달성되었다.

점령군의 두 번째 임무는 독일이 스스로 의식주를 해결할 능력을 회복시키고, 경제를 제대로 작동하게 만드는 것이었다. 이 역시 마셜 플랜의 지원으로 오래지 않아 달성되었다.

마셜 플랜을 통해 미국은 독일의 농장과 공장 재건을 지원했다. 이런 도움을 받아 다시 일어선 독일 국민들은 경제를 재건해 눈부시게 번창시켰다.

점령군의 세 번째 임무는 앞선 두 가지에 비해 간단하지 않았다. 군사적, 경제적 변화가 아니라 문화적, 심리적 변화를 목표로 했기 때문이다. 바흐가 기술했듯이 그 의도는 "독일인의 가슴과 머리를 '회복'시켜 종국에는 나치가 아닌 민주주의자가 되고, 독일이 세계의 무법자가 아니라 세계 공동체의 일원으로서 준법자가 되게 만드는 것"[3]이었다. 이는 곧 미국의 이상과 문화를 전파하여 사회적, 문화적, 정치적 변화를 도모하는 일이었다. 이것이 아버지의 평생의 업이었다. 아버지는 독일을 시작으로 훗날에는 아시아에서 이 과업에 헌신했다.

전후 독일에서는 법, 언론, 예술, 교육 분야에서 나치주의를 근절하는 것으로 이 임무가 시작되었다. 나치 집권기에는 유대인, 집시, 폴란드인에게 일반 국민과는 다른 법이 적용되었다. 그래서 수많은 법을 바꾸고 판사들을 교체해야 했다. 변호사, 판사, 법무사, 경찰을 다시 교육하기 위한 교재도 필요했다. 아동 교육 과정도 처음부터 끝까지 개정해야 했다. 나치 체제에서 사용된 교과서는 독일 병사를 이상화하고 무력 정복을 찬양하는 내용으로 가득했다. 혐오하는 민족 집단과 정적, 위해국을 매도하는 내용도 포함되어 있었다. 교과서의 영향력은 대단했다. 미군정이 정권을 장악할 당시 독일 국민 가운데 나치즘을 가장 열렬히 추종했던 연령대가 바로 청소년층이었다. "아이들은 혼란에 빠진 상태다."⁴ 바흐는 이렇게 표현했다. "그들은 나치에게 주입받은 사상을 여전히 고수하고 있다. 그들은 조금이라도 이질적인 것은 혐오하고 오로지 '우수 인종'이 성취한 것만을 동경하도록 배웠다."

육군성은 전투에 임할 때와 같은 결연한 의지로 이 임무에 임했다. 그들은 불과 석 달 만에 신규 교과서 20종을 만들어 500만 부 이상 출판했다. 학교가 다시 열렸고 독일 어린이 200만 명이 다시 학교에 다니기 시작했다. 교과서 프로젝트는 1940년대 내내 이어지면서 독일 학생들에게 새로운 읽을거리를 제공했다. 이와 함께 교사 양성 프로그램도 병행했다. 교사들은 평등권과 민주주의, 국제 협력과 같은 원칙들을 새로이 습득했다.

성인들 대상으로는 미국 영화와 대중음악, 예술작품을 대대적으로 홍보했다. 1947년, 육군성은 독일 내 미국 점령지역에 200개가 넘는 영화관을 열었다. 그러고는 찰리 채플린 감독, 주연의 〈황금광시대〉와 스펜서 트레이시 주연의 〈인

간 에디슨〉 등 미국 영화 50편을 상영했다.[5] 영화 선정 기준
은 "독일 국민에게 미국이 어떻게 사는지 보여주고, 미국 민
간인의 생활양식을 알릴 수 있어야 한다"는 것이었다. 영화
관이 늘 만석이었던 것으로 보아 독일 관객들도 이들 영화를
즐겼던 것이 틀림없다.

교육과 선동 사이에는 경계가 모호한 영역이 있다. 아버지
는 바로 이 영역에서 활동했다. 아버지가 일했던 육군성에서
는 독일 국민에게 미국의 문화적, 역사적 전통을 알렸다. 이
것은 교육의 영역이다. 그런데 이 사업은 사람들을 자유민주
주의 사회의 가치와 원칙으로 전향시키도록 기획되었다. 만
약 메시지 안에 숨겨진 신념과 편향된 주장이 있으면 이 부
분은 선동의 영역으로 넘어간다.

아버지와 육군성 동료들은 이 두 영역 사이의 균형을 잘
지켰던 것 같다. 훗날 서독이 과거의 독재국가에서 시민의
자유를 보장하고 경제발전을 거듭하는 민주공화국으로 변신
한 모범 사례가 된 것을 보면 말이다. 서독은 또한 미국의 혈
맹이 되어, 냉전 기간 동안 대부분의 사안에 미국에 우호적
인 태도를 고수했다. 아버지가 일했던 육군성은 이러한 성과
를 이루는 데 일정 부분 역할을 했다.

시간이 지나면서 아버지는 뮌헨, 프랑크푸르트 같은 대도

시뿐 아니라 인구 1000명 미만의 소도시들로 거의 매년 옮겨 다니면서 이 업무를 계속 이어갔다. 그러다 1951년, 콜마로 발령받았을 때 이자의 남편인 동료 외교관 로버트 워너를 만 났다. 그 후 워너 부부는 아버지가 독일과 워싱턴에서 지내 는 내내 가장 가까운 친구가 되었다.

아버지가 담당했던 문화 전파 업무는 독일 내 미국 점령 지역에 설립한 '정보센터'를 거점 삼아 전개되었다. 미국은 비스바덴을 시작으로 프랑크푸르트, 베를린, 하이델베르크, 뮌헨, 쾰른 등에 정보센터를 설립하고, 방문객들에게 공모해 서 '아메리카하우스'라는 이름도 붙였다. 아메리카하우스 프 로그램은 20세기 중반 미국이 후원한 최고의 국제 문화진흥 활동 가운데 하나가 되었다.

내가 뮌헨에서 들렀던 문화원과 마찬가지로 아메리카하 우스에는 미국 문화와 정치 관련 정보를 제공하는 도서, 잡 지, 신문, 간행물이 가득한 도서관이 있었다. 읽을거리 외에 재즈나 브로드웨이 뮤지컬과 같은 미국 대중음악 장르 음반 도 있었다. 방문객들은 턴테이블에서 흘러나오는 카운트 베 이시와 버디 리치의 연주곡을 듣고, 로저스 앤 해머스타인 의 최신 뮤지컬 곡을 감상했다. 그런 다음 청취한 음악에 관 한 토론도 했다. 1949년 2월, 기센 아메리카하우스에서는 '재즈는 진정한 예술 음악이 되어야 하는가?'라는 주제로 토론회가 열렸다. 이외에도 미국의 농업과 지리 같은 주제를 다룬 단편영화도 상영했고, 인근 지역을 여행하던 학자들을 초빙해 강연도 열었다. 카드 게임과 시 낭송, 노래 동아리 등의 회합장소도 제공했다. 1950년 보고서에 따르면 매년 100만 명 이상의 독일인들이 문화원을 찾았던 것으로 추산되었다. 특히 독일 젊은이들에게 인기가 많았다.

아버지는 아메리카하우스의 중간급 관리에 지나지 않았다. 그래서 현재 남아 있는 관련 사진에는 아버지의 모습이 어디에도 없다. 하지만 베르나 고모와 이자의 말에 따르면, 아버지는 문화원 사업을 시작할 때부터 그곳에 있었다. 그는 지휘 권한은 없었지만 문화원에서 문화 행사를 준비할 때 핵심적인 역할을 했다. 아버지는 끝내 대학을 졸업하지는 못했지만 지식인다운 관심사와 태도, 인지도를 잃지 않았다. 육군성과 국무부 관리들은 문화 관련 사안에 관한 한 아버지의 의견을 존중했다. 아버지의 커리어 전반을 아울러서 표현한다면, 미미한 권한과 눈에 띄는 영향력의 조합이라 할 수 있다. 이 영향력은 설득과 레퍼런스를 통해 발휘되곤 했다.

미국을 비롯한 연합국 입장에서 독일의 재건은 어마어마한 과제였지만 일사불란하게 진행되지는 않았다. 당시 독일에서 근무한 많은 공무원이 그랬듯, 아버지도 점령군의 역할이 달라짐에 따라 임무와 발령지가 바뀌었다. 이자의 기억에 따르면 아버지와 로버트는 새 지방정부를 수립 중이던 독일 소도시들을 담당했다. 아버지와 로버트는 독일 관리들을 검증하기 위해 그들의 기록을 조사했고, 이자가 마련한 저녁 식사에 초대해 편안한 분위기에서 그들이 어떤 사람인지 파악했다. 이자가 말했다. "우리는 독일 관리들을 체로 거르듯 꼼꼼히 조사해서 진성 나치를 솎아내고 공산주의자가 아닌 친미주의자가 될 것 같은 사람들을 골라냈지." 나치 침략기 내내 고통받았던 파리 시민으로서 이자는 과거에 나치였을 수도 있는 독일인들을 대접하는 게 영 마뜩지 않았지만, 그래도 특유의 품위를 잃지 않고 그 일을 해냈다.

이자는 아버지가 독일을 사랑했다고 했다. 그녀는 아버지가 독일인 대부분은 나치가 아니며 오히려 누구보다 나치를 증오한다고 말했던 것으로 기억한다. 아버지의 독일 사랑은 새내기 외교관 시절에 아메리카하우스 프로그램을 성공적으로 수행한 밑바탕이었다. 이자는 아버지가 미소를 지으며 독일인들에게 따뜻하게 대하던 모습은 타고난 그의 인성 그대로라고 했다. "그는 재미있는 것을 좋아하고 유머 감각이 대단했던 데다, 사람들과 어울리는 걸 좋아했단다." 아버지가 파사우시를 감독하는 미국 관리로 발령받았을 때 그곳 사람들은 자발적으로 그를 '명예시장'이라 불렀다고 했다. 아버지의 외교적 성공을 보여주는 단적인 사례다.

아버지가 초창기에 독일에서 성공적인 경력을 쌓았고 그곳 생활을 즐긴 것은 분명해 보였다. 그에 따라 내가 인생 회고에서 품었던 가장 절박했던 의문, 왜 그는 끝내 돌아오지 않았는지에 대한 답도 명확해졌다. 그곳에서 아버지는 자신의 천직을 발견한 것이다. 국무부 소속으로 아버지가 했던 일은 그의 능력과 관심사, 공감하는 성향과 잘 맞아떨어졌다. 그 직업은 그가 조국의 이익에 헌신하면서 동시에 전쟁으로 폐허가 된 독일 국민의 회복에 이바지할 수 있는 길을 열어주었다. 게다가 아버지는 뉴잉글랜드의 시골 문화와 극명하게 대조되는 세련된 구세계의 삶을 한껏 즐겼다. 일도 잘하고 생활도 재미있었으니 뿌리치기 힘든 조합이었을 것이다. 내 머릿속에 매력적인 삶을 사는 20대의 아버지가 그려졌다. 그러자 그가 가족과 연을 끊으면서까지 그곳에 눌러앉은 이유를 궁금해하던 마음이 사라졌다. 그와 함께 오래 사라지지 않을 안도감이 느껴졌다.

재미를 추구하는 아버지의 면모에는 학창 시절의 흔적인

무책임함이 섞여 있었다. 이것 역시 남편과 아버지의 의무를 저버리고 독일에 남기로 한 결정을 설명하는 데 도움을 준다. 이자는 그를 가리켜 '제멋대로인데 매력적'이라고 했다. 학창 시절에 그랬듯, 아버지는 여전히 일상적인 것들을 등한시했다. 약속도 잊어버리기 일쑤였다. 간혹 편지를 보낼 때면 봉투에 수취인 이름과 도시 이름만 적어서 보냈다. 우체국에서 알아서 보내달라는 식이었다. 한 번은 이자의 숙모에게 편지를 보내면서 그저 '마리 숙모 귀하, 비스바덴'이라고만 적었다고 한다. 그런데 믿어지지 않게도 마리 숙모는 그 편지를 무사히 받았다고 한다.

이자는 아버지를 처음 만났을 때를 기억했다. 남편 로버트가 그를 저녁 식사에 초대했다고 한다. 이자는 늘 하던 대로 정성껏 요리를 준비했는데, 아버지가 그만 약속을 잊어버리고 말았다. 그녀가 아버지를 용서하기까지는 오랜 시간이 걸렸다. "그날 밤 로버트에게 말했지. '저 사람을 다시는 식사에 초대하지 말아요. 저 사람한테 줄 요리는 다신 하지 않을 테니!'" 하지만 결국 이자는 아버지를 다시 손님 목록에 올렸다. 그러나 92세가 된 지금도 이자는 유쾌한 말투에 분노와 짜증을 감추지 않고 아버지의 실수를 낱낱이 증언했다.

이자는 아버지가 늘 "여과 없이 말하고 행동"했다고 했다.

그는 즉흥적이고 거리낌이 없었다. 그래서 농담을 던지면 재미있고 매력적인 사람으로 느껴졌지만, 이런 면 때문에 자칫 문제를 일으킬 뻔한 적도 많았다. 이자의 표현을 빌리자면, 늘 밖으로 돌면서 즐기기만 하는 "나쁜 남자"였다. 그가 살던 아파트는 완전히 엉망이었고(이자가 기억하기로 의자는 다리 네 개 중 하나가 없고, 오렌지 궤짝을 테이블로 쓰고 있었다고 한다), 그나마 집에 머무는 적도 거의 없었다. 대부분 외출해서 사람들을 만나고, 구경 다니고, 연애하러 다니곤 했다. 그녀의 남편은 아버지를 말리는 역할을 했다. 항상 효과가 있었던 것은 아니지만 그래도 그럴 필요가 있었다고 한다.

이자의 이야기를 들으며 나는 아버지의 학교 기록을 조사하면서 알게 된 사실들이 문득 떠올랐다. 친근하게 사람들과 어울리기 좋아하는 사교성, 재미를 추구하는 기질, 느긋하게 사는 습관, 약간의 무모함. 똑같은 패턴이 어린 시절을 넘어 어른이 되어서도 그대로 유지된 것이 분명했다. 책임과 사회적 관습을 가벼이 여기는 태도도 한결같았다.

그러자 나도 모르게 감정이 울컥하면서 베르나 고모를 처음 방문했을 때 고모가 보여준 가족사진들이 떠올랐다. 그중에는 어린 얼굴에 행복하게 꿈꾸는 듯한 표정을 한 아버지가 할아버지 무릎에 찰싹 달라붙어 있는 사진도 여럿 있었다.

아버지에게 쏠린 부모님(특히 어머니)의 애정이 대단했다는 베르나 고모의 말도 생각났다. 그 순간 깨달았다. 아버지의 남다른 특징 가운데 하나는 그의 흔들림 없는 자신감이었고, 그 자신감은 극단적으로 안정되고 애정 넘치는 양육 환경이 만들어낸 것이었다. 이것은 아동 발달의 기본 원리 중 하나다. 어린 시절의 안정적인 애착관계는 자신감의 발판이 되어 세상을 탐험하고, 위험을 감수하며, 용감하게 도전하고, 열성적으로 새로운 관계를 찾을 수 있도록 해준다. 하지만 애정이 지나쳐 아이를 응석받이로 키우면 적응력이 떨어지는 행동 패턴이 나타날 수 있다. 아버지가 어린 시절 보여준 무책임함, 나태함, 자제력 부족은 정 많은 부모 밑에서 과도하게 응석받이로 자란 아이들이 전형적으로 보이는 특징이다. 이런 경우에는 자신감으로 얻을 수 있는 장점을 성실성 및 자제력 부족이 깎아먹을 수 있다.

나는 생각했다. 내 인생 경험과는 달라도 너무 다르구나. 어렸을 때 나는 어린 아버지의 표정에서 읽을 수 있는 꿈같은 안정감을 맛본 적이 없다. 그럼에도 인생 회고를 하기 전까지는 내가 그것을 얼마나 갈망했는지 전혀 깨닫지 못했다. 인생 회고를 통해 알게 된 사실은 또 있다. 아버지가 손쉽게 얻었던 혜택들을 얻기 위해 나는 고군분투해야 했고, 그 덕분에 내게 인성적 강점이 생겼다는 것이다. 이것을 감사하게 여기자, 아버지가 누렸던 양육 환경에 대한 질투심에 쓰라렸던 마음이 편안해졌다. 이만큼의 감사함이 나의 인생 회고가 가져온 직접적인 결과였다.

이자는 아버지를 알게 된 지 얼마 되지 않았을 때 친한 친구와 아버지와 함께 점심을 같이했던 이야기를 꺼냈다. 그 자리에서 오고 간 대화는 거의 잡담이었고, 특별히 속내를 털어놓거나 뜻밖의 매력적인 모습이 드러난 순간도 전혀 없었다고 한다. 그런데 식사를 마치고 헤어지자마자 아버지에게서 전화가 왔다. 그녀의 친구가 자신과 결혼할 의향이 있는지 물어봐달라는 부탁이었다! 깜짝 놀란 이자는 아버지에게 그런 바보 같은 부탁은 들어줄 수 없다고 했다. 저녁 약속을 잊어버린 실례에다 이런 별난 행동까지 했으니, 이자에게 아버지의 인상이 좋을 리 없었다. 그저 무모하고, 철없고, 교양 없는 멍청이라고 생각했다. 하지만 시간이 지나면서 그녀는 아버지의 어리석은 행동을 용서했고 그가 지닌 매력적인 자질을 높이 평가하게 되었다.

이자가 아버지를 용서한 것은 그에게는 천만다행이었다. 그녀가 아버지의 재혼에 기여한 바를 생각하면 말이다. 이자는 친구로부터 주느비에브 레스파뇰이라는 젊은 발레리나를 소개받았다. 그녀는 장 콕토의 발레 신작 〈귀부인과 유니콘〉에 출연하고 있었다. 주느비에브는 공연 티켓 세 장을 이자에게 보냈다. 극 중 그녀는 흰색 유니콘을 가진 귀족 처녀로 나온다. 이 유니콘은 그녀가 주는 먹이만 먹는다. 그런데 그녀가 잘생긴 기사와 사랑에 빠지자 유니콘은 식음을 전폐한 끝에 죽고 만다. 유니콘을 잃은 처녀는 기사에 대한 관심도 시들해지고, 막이 내릴 때는 기사도 유니콘도 없이 무대 위에 홀로 남아 '몽 쇨 데지르(나의 유일한 갈망)'라고 적힌 표지판을 손가락으로 가리킨다. 장 콕토는 이 대본을 1953년에 썼고, 뮌헨에서 초연했다. 그 당시 로버트와 이자 그리고 아버지도 마침 뮌헨에 살고 있었다. 이자는 나머지 티켓 한 장을 아버지에게 줬고, 공연이 끝난 후 주느비에브를 그들 세 사람이 함께하는 저녁 식사에 초대했다.

그 뒤는 말하지 않아도 다 아는 이야기다. 1년도 안 돼 아버지가 주느비에브에게 청혼했고, 청혼을 받아들인 그녀는 주느비에브 데이먼이 되었다. 아버지는 새 사랑에게 꼼꼼한 것과는 거리가 먼 자신의 본모습을 숨기지 않았다. 결혼식을 며칠 앞두고 고물 자동차를 도난당하자 그는 예비신부에게 이렇게 말했다. "내가 가진 재산이라곤 자동차와 칫솔이 전

부였소. 그런데 이제는 칫솔밖에 없다오." 적어도 주느비에
브가 돈 때문에 아버지와 결혼한 것은 아님이 분명했다.

베르나 고모가 세상을 떠나자 독일에 살던 시절 아버지의
마지막 유품이 내게 전달되었다. 고모의 아들 크리스가 고모
의 집 다락방을 정리하다가 작은 상자를 하나 발견했다. 상
자에는 아버지가 새 부임지 태국으로 떠나기 전에 고모에게
보낸 책들이 들어 있었다. 그중 한 권이 내 시선을 사로잡았
다. 열정적인 환경운동가로 유명한 캘리포니아 출신 시인 로
빈슨 제퍼스의 시집《양날 도끼》였다. 나는《양날 도끼》를 읽
기 전까지는 제퍼스가 급진적인 고립주의자였다는 사실을
몰랐다. 그는 시집 서문에 이렇게 적었다. "나는 우리가 2차
대전에 참전한 것이 1차 대전보다 사실상(심지어 끔찍하게) 더
나쁜 일이었다는 사실 또한 명백해지리라 생각한다."[6] 이 책
은 40만 이상의 미군 병사를 죽음으로 몰아넣은 전쟁이 막
끝난 1947년에 출판되었다. 출판사 랜덤하우스는 전쟁에 관
한 제퍼스의 입장이 상당히 불편했던지 책 앞부분에 "이 책
에 담긴 시인의 정치적 견해 중 일부에 동의하지 않음"이라
고 밝히고 있었다.

아버지는 이 책으로 무엇을 했던 걸까? 그때도 그 후에도

아버지는 국제주의자임이 분명했다. 한편으로 그는 리치필드 군사재판에서 군대 내 폭력과 야만성에 맞서는 증언을 했다. 나중에는 마틴 루터 킹 주니어에 대한 존경심도 표했다. 그렇다면 아버지는 평화주의적 성향 때문에 국제주의자임에도 이 시집을 좋아했던 걸까? 제퍼스의 시적 항변이 그에게 영향을 주었을까? 아니면 단순히 지적, 문학적 관심이었을 뿐일까? 나로서는 알 길이 없다. 하지만 한 가지는 알 수 있다. 그 책은 그의 것이 아니었다. 여러 페이지에 찍혀 있는 도장을 보면 그 책은 '미군, 뉘른베르크 주둔지' 소유였다. 아버지가 군 도서관에서 대출한 다음, 아주 스스럼없이 반납하지 않은 것이 틀림없다. 그러면 그렇지, 이번에도 영락없이 아버지다웠다.

나의 인생 회고 가운데 아버지의 독일 근무 시절에 초점을 맞춘 이 부분에서 나는 놀라운 깨달음을 얻었다. 자신의 관심사와 역량에 딱 들어맞는 과거의 삶을 그리워하며 억울해했을 아버지와 함께 바람 잘 날 없는 가정에서 살기보다는, 나 스스로 어린 시절을 헤쳐간 것이 내게 더 나은 삶을 가져다주었다는 사실이다. 더군다나 그때의 아버지는 대부분의 아버지들이 보여주는 책임감 있는 모습과는 거리가 멀었다.

그렇다고 아버지에게 나를 위해 최선의 선택을 했다고 칭찬할 생각은 없다. 다만 그가 독일에 눌러앉은 것이 결국 우리 둘에게 최선의 결과로 이어졌다는 말은 할 수 있겠다. 이런 깨달음 자체가 나의 탐색을 가치 있게 만들어주었다. 인생 회고로 기대할 수 있는 결과 가운데 하나가 바로 이것, 주어진 삶에 감사하는 마음이므로.

아버지의 시절

1954년 아버지가 태국으로 발령받았을 때, 미국 정부는 이 나라를 '작고 취약한 저개발국가'로 여겼다.[7] 당시 태국의 주요 생산품은 쌀과 고무, 주석, 티크 제품으로, 인구의 거의 90%가 농사를 짓거나 광부로 일하면서 가난하게 살았다. 태국의 중심 도시는 방콕이었다. 좁은 골목과 허름한 집들이 복잡하게 뒤얽힌 숨 막히게 습한 도시 위로 웅장한 왕궁이 솟아 있었다.

2차 세계대전 전까지만 해도 이 나라에는 한 번도 외세의 지배를 받지 않은 자랑스러운 독립의 역사가 있었다. 그러나 1940년 일본의 침략에는 굴복할 수밖에 없었다. 그러다 일본

이 패전한 뒤 독립을 획득했지만 1949년 마오쩌둥이 중국을 장악하면서 이번에는 공산주의의 위협이 목전에 다가왔다. 이 정세가 미국을 신경쓰이게 했다. 1952년, 새로 출범한 아이젠하워 정부는 태국에서의 활동 범위를 대폭 확대했다.

미국이 공들인 핵심 분야는 '정보'였다. 위협 가능성에 관한 정보를 수집하여 태국 정부에 전달하고, 동시에 태국 국민들에게 미국식 생활양식의 장점을 알리는 것이 주요 업무였다. 후자는 아버지의 전문 영역이기도 했다. 아버지는 미국 해외공보처(태국에서는 미국공보원 또는 USIS라고 불렀다) 중간급 직원이 되었다. 그는 독일에서 담당했던 일을 태국에서 수행하기 위해 주느비에브와 함께 바다를 건너 왔다.

그들이 도착했을 때는 마침 우기였다. 주느비에브에게 이 나라는 야생의 모습 그대로인 문화적으로 척박한 땅으로 보였다. 예술과 함께한 그녀의 인생 경험과는 딴판인 곳이었다. 아버지는 그녀가 힘들다면 이곳에 오래 머물지 않겠노라 약속했다. 하지만 두 사람 모두 그들의 새로운 고향을 사랑하게 되었다.

태국에 정착한 뒤 그들은 연이어 세 명의 딸 수말리, 라완, 피치트라를 낳았다. 라완과 피치트라라는 전통 태국식 이름은 젊은 왕이 직접 지어주었다. 태국에서 이것은 대단한 영광이었다. 아버지는 골프 친구인 왕비의 삼촌을 통해 국왕과 인연을 맺었다(왕비의 삼촌은 라완과 피치트라가 태어날 때 받아준 의사이기도 했다). 주느비에브는 특별한 경로로 왕비를 만나게 되었다. 바로 왕비의 딸을 통해서다. 유럽 발레단에서 멀리 떨어지게 된 주느비에브는 자신의 무용 경력을 살려 발레 학교를 시작했고, 그녀의 역량과 엄격한 교수법 덕분에 학교는 금세 유명해졌다. 그리고 발레 팬이었던 왕비가 그 명성을 듣고 딸을 등록시키면서 주느비에브와 아버지와도 이내 친한 사이가 되었다. 국왕은 주느비에브에게 작위(쿤 잉)를 하사했는데, 외국인에게는 극히 드문 일이었다.

국왕과의 친분은 아버지의 외교 업무에 크나큰 도움이 되었다. 태국에서 아버지는 도서관을 열고, 라디오 프로그램을 제작 방송하고, 사진전과 미술전을 개최하고, 친미 메시지를 담은 영화를 상영했다. 이곳에서도 그는 책임자 직급까지 오르지는 않았다. 아버지는 똑똑하고 자기 일에 능숙했지만, 야망이 없고 매사에 느긋했다. 그는 중간급 공무원으로 남아서 골프 칠 여유를 누리는 것에 만족했다.

처음에 아버지의 상관들은 그가 근무 시간에 골프를 치러 나가는 것을 못마땅하게 여겼다. 그때 구원자가 되어준 이도 국왕이었다. 그는 아버지에게 총리 이하 모든 각료를 소개해주었다. 그들은 너도나도 이 젊은 미국인과 골프를 치고 싶어 했는데, 아버지의 눈부신 샷을 구경하는 즐거움과 함께 현장에서 레슨도 받을 수 있었기 때문이다. 라완의 표현을 빌리자면, 덕분에 아버지는 '함부로 건드리지 못하는' 사람이 되었다. 결국 사무실에서도 그가 태국 지도층 인사들과 친분을 쌓고 다니도록 내버려 두었다. 그 덕에 태국 주재 미국 사절단은 태국 공무원들로부터 특별 대우를 받았다. 그들은 태국의 다양한 문화 행사와 공식석상에 초대되어 태국인들의 정서를 더 잘 파악할 수 있었다. 이렇게 아버지는 골프 코스 위에서 대사관과 왕실을 잇는 비공식 연락관이 되었다. 골퍼라면 누구나 알겠지만, 18홀을 돌다 보면 이런저런 대화를 할 여유 시간이 많다. 라완은 아버지가 골프 코스야말로 '수많은 외교가 이루어지는 곳'이라고 했다고 기억한다. 이런 식으로 아버지는 회의적이었던 상관들에게 자신의 가치를 입증해 보였다. 원칙상 태국 주재 미국공보원 공무원들은 4년간 근무한 다음 연장되는 일 없이 본국의 워싱턴 DC로 소환되는 것이 일반적이었다. 하지만 아버지는 4년 후 근무 기간이 4년 연장된 뒤 다시 한 번 2년 연장되었다. 라완에 따르면 이것은 지금까지 최장 기록이다.

라완, 수말리, 이자가 내게 이구동성으로 들려준 말이 있

다. 국왕이 아버지의 유머 감각을 무척 좋아했다는 사실이
다. 얼마 전 세상을 떠난 푸미폰 아둔야뎃 국왕의 전기들을
보면, 큰 존경을 받은 지도자였던 그의 표정이 항상 어두웠
다는 사실을 알 수 있다. 가장 권위 있는 전기 가운데 하나는
심지어 제목이 《국왕은 결코 미소 짓지 않는다》이다.[8] 나는
관련 사실을 좀 더 찾아보기 위해 아버지와 국왕의 이름을
같이 입력해서 인터넷 검색을 했다. 그 결과 SNS 사이트인
미디엄Medium에서 주옥같은 글을 발견했다. "미국공보원 직
원인 필 데이먼은 국왕과 개인적으로 친한 사이였으며 자주
만나 체스를 두었다. 그는 처음으로 국왕을 미소 짓게 한 사
람이다. 아마도 그래서 국왕은 데이먼이 다발성 경화증으로
세상을 떠날 때까지 모든 의료적 지원을 아끼지 않았던 듯하
다. 데이먼의 아내 또한 왕비와 친분이 있었다."[9]

아버지가 처음으로 국왕을 미소 짓게 했다니, 이 이야기가
어디까지 사실이고 어디까지가 과장인지 나로서는 단정할
수 없다. 그저 아마추어로서 알아낼 수 있었던 모든 자료를
샅샅이 살펴보았을 뿐이다. 한편으로는, 역사도 구성의 산물
이다. 제아무리 전문적 지식과 무한정한 자료가 동원되었더
라도 말이다(개인의 역사인 기억이 언제나 어느 정도는 구성의 대
상이 되는 것과 같은 이치다). 아버지를 아는 모든 사람이 그를

가리켜 재미를 추구하고 짓궂지만 기분 나쁘지 않은 유머 감각을 지녔다고 증언했다. 무뚝뚝한 국왕의 일상을 밝게 만들어줄 정도였다.

1964년, 아버지는 태국 근무를 마치고 마침내 워싱턴 DC 근처에 있는 국무부 본부 지역국으로 이임했다. 이 시기에 있었던 일에 대해 내가 아는 것은 두 가지밖에 없다(근무 기간은 2~3년밖에 되지 않는다. 다발성 경화증이 발병했기 때문이다). 그런데 이 두 가지 덕분에 나는 아버지가 도덕적 목적을 지닌 사람이라는 사실을 알게 되었다. 이는 내가 인생 회고에서 얻은 결과물 중에서도 특별한 것이다. 뒤에 말하겠지만, 이 깨달음은 나의 직업적 목적과 직접적으로 연결되어 있기 때문이다.

내가 아는 첫 번째는 라완이 들었다는 국무부 동료 직원들에 대한 아버지의 불만이다. "그 친구들은 해외로 나가서 자기가 담당하는 나라들이 어떤지 직접 눈으로 봐야 해." 아버지는 많은 공무원들이 탁상공론만 하고 현장에 나가려 하지 않는다고 불평했다. 그러다 보면 그 나라의 정서를 잘 이해하지도 못하면서 중요한 의사결정을 하고 공표해버리게 된다고 했다. 아버지는 이 때문에 국무부의 결정에 흠결이 생기는 경우가 많다고 생각했다. 이 불만은 내가 파악한 아버지의 성향과도 일맥상통한다. 여기에는 아버지의 반항적인 기질은 물론이요, 새롭게 알게 된 사람과 장소에 대한 그의 외향적이고 열렬한 친밀감이 뚜렷이 드러난다.

이 시기에 관해 내가 아는 두 번째 사실은 그의 1968년 4월 애틀랜타 방문과 관련된 것이다. 주느비에브와 큰딸 수말리도 동행했기 때문에 이 짧은 여행은 수말리의 기억에 남아 있다. 특히 여행의 이유가 된 비극적 사건 때문에 수말리의 기억에 더 생생하다. 바로 마틴 루터 킹 목사의 사망이다. 킹 목사가 사망한 지 2주 후, 아버지는 코레타 스콧 킹 여사에게 애도를 표하기 위해 애틀랜타를 방문했다. 아버지는 먼저 킹 여사에게 편지를 보내 방문해도 될지 물은 다음, 조지아 주 웜스프링스에서 다발성 경화증 치료를 받는 일정과 맞물리게 일정을 잡았다. 킹 여사는 초면인 그들을 따뜻하게 맞아주었다. 어른들이 한 시간 넘게 환담을 나누는 동안 아이들은 위층에서 놀았다고 한다. 때문에 수말리는 아버지와 킹 여사가 무슨 대화를 했는지는 전혀 알지 못했다. 하지만 "아버지가 마틴 루터 킹 목사를 존경"했으며, 킹 여사의 상실감에 마음 깊이 공감했다는 것은 뚜렷이 기억했다.

나는 이 이야기에 감동했다. 킹 여사에게 먼저 손을 내민 것은 지극히 아버지다운 행동이었다. 이것은 리치필드 재판 당시 학대당한 미군 병사들에게 연민을 보였던 모습과도 부합했다. 그 당시 피해를 입은 병사들 중 상당수가 아프리카계 미국인이었다.

1960년대 말이 되자 아버지의 다발성 경화증이 악화됐다. 수말리에 따르면 아버지는 처음에는 대상포진인 줄 알았다고 한다. 그러다 당신 아버지의 목숨을 앗아간 바로 그 병이라는 사실을 알게 되자 몹시 두려워하며 낙담했다고 한다. 1970년, 아버지는 2년 시한부 선고를 받았다.

바로 그때, 외교 채널을 통해 아버지의 병세를 전해 들은 태국 왕비의 비서실에서 전화가 걸려 왔다. "이제 고향으로 돌아오셔야죠." 왕실 비서가 주느비에브에게 전한 왕비의 전갈이다.

그것은 사실상 아버지가 마지막으로 시도할 수 있는 최상의 선택이기도 했다. 워싱턴 DC에서 아버지의 상태는 꾸준히 나빠졌고, 치료와 간병에 드는 비용은 감당하기 어려울 정도였다. 결국 아버지와 가족은 군용 병원기를 타고 다시 태국으로 향했다. 그때는 베트남전이 절정이던 시기여서, 동남아시아에 가는 정부 관리들은 부상병을 본국으로 이송하고 돌아가는 병원기를 이용하곤 했다.

가족들이 방콕에 도착하자 국왕 부처는 아버지를 왕립 쭐

라롱껀 병원에 입원시키고 주야로 간호사의 돌봄을 받게 했다. 그 상태로 아버지는 미국 의사들의 예측을 비웃기라도 하듯 20년을 더 살았다. 하지만 태국으로 돌아가기만 하면 나아질 거라던 그의 희망과 달리 아버지의 상태는 호전되지 않았다. 그의 미국 해외공보처 동료였던 케네스 맥코맥은 1980년대에 방콕을 찾았을 때 아버지를 만났다고 기술했다. "그는 하루 종일 침대 생활을 하고 있지요. 시력도 거의 잃은 것 같아요. 그의 유일한 낙은 의회도서관에서 제공하는 오디오북을 듣는 것이죠." 맥코맥은 해체 과정에 있던 미국 해외공보처의 1989년 구술 역사 자료로 이 이야기를 전했다. 미국 해외공보처는 그해 말 해체되었고 산하의 기록물은 대부분 버려졌다. 1991년, 아버지는 세상을 떠났다.

어머니가 인생의 업業에 다다른 길

그렇다면 어머니는 어땠을까? 전쟁 후 어린 아들과 함께 남겨진 어머니는 남편이 돌아오지 않으리란 것을 서서히 깨닫게 되었다. 그런 어머니의 삶은 과연 어떤 길로 접어들었을까?

버림받았다는 현실 앞에서 어머니가 보인 가장 중요한 변화는 독실한 로마 가톨릭 신자가 된 것이다. 내가 다섯 살 때의 일이다. 이렇게 똑똑히 기억하는 이유는 어머니가 내게도 세례를 받게 하셨기 때문이다. 신앙은 한 개인과 그가 추앙하는 신 사이의 초월적 문제다. 신앙을 심리적으로 분석하는 것은 내 능력을 넘어서므로 여기서는 어머니가 개종한 원인이나 가톨릭 신앙이 어머니와 나, 우리 두 사람에게 어떤 결과를 가져왔는지 짐작해보지 않겠다. 하지만 한 가지 분명한 사실만은 짚고 넘어가야겠다. 어머니가 영성 탐구의 길을 걷게 된 것은 아버지가 돌아오지 않은 것에 정서적 자극을 받았기 때문임이 분명하다는 점이다.

가톨릭교회는 이후 어머니 삶의 기쁨과 위안, 공동체 의식의 원천이 되었다. 그리하여 버림받은 아내이자 고단한 어머니의 고통을 덜어주고 보상해주었다. 이는 불행에 긍정적으로 적응할 방법을 적극적으로 모색함으로써 어떻게 좌절에서도 강인함을 담금질할 수 있는지를 보여주는 또 하나의 사례다.

그러나 영적 성장이 충만감을 안겨줄지언정 밥을 먹여주지는 않는다. 어머니는 먹고살 길을 찾아야 했다. 1950년대는 직장에서 어떤 역할로든 여성을 환영하는 시대가 아니었다. 하지만 어머니는 오늘날의 여성들이 그렇듯 반드시 직장을 잡겠다고 다짐했다. 단순히 먹고사는 데 필요한 돈만 주는 것이 아니라 본인의 재능과 관심사를 인정해주는 일을 찾기로 마음먹은 것이다.

어머니는 대학 졸업장이나 집안 연줄 같은 자산은 없었지만, 대신 지혜와 투지 그리고 미술과 패션에 대한 애정으로 똘똘 뭉쳐 있었다. 이런 장점들이 모여 어머니를 광고업계로 인도했다. 바야흐로 TV와 대중매체의 새 시대가 열리면서 광고산업이 발전가도를 달리기 시작할 때였다. 어머니는 가톨릭 지역병원 홍보부에서 자원봉사를 하면서 광고의 기본을 익힌 다음 보스턴 최고의 광고대행사였던 마빈앤레너드에 정식으로 지원했다.

드라마 〈광고계 사람들Mad Men〉의 배경이 된 바로 그 시절이었다. 광고업계는 남성들의 전유물이었다. 자신감 과잉에 폭음을 일삼는 광고계 남성들은 여성을 동등하게 대우하려는 의식이 전혀 없었다. 어머니도 일에 비해 형편없는 보수를 받았다. 우리는 여전히 시끄러운 길가의 낡은 아파트에서 초라하게 살았다. 그 시절 어머니가 감당해야 했던 곤궁함을 생각하면 지금도 마음이 아프다. 누군가 어머니에게 근처 저소득층 거주지역에 작은 집이 나왔다고 말해준 그날을 나는 결코 잊지 못한다. 어머니는 기대에 차서 나를 데리고 그 집을 보러 갔다가, 도저히 살 수 없는 가격을 듣고는 눈물을 흘리며 돌아서야 했다. 열 살밖에 안 된 내 눈에도 4만 달러라는 가격표는 범접 불가능해 보였다. 확신하건대 어머니는 부당한 급여를 받고 있었기에 그 순간이 더 서러웠을 것이다. 자신보다 재능도 열의도 그다지 뛰어나지 않은 남성들이 몇 배나 많은 봉급을 집으로 가져간다는 사실을 어머니도 모르지 않았다.

하지만 급여 문제를 제외하면 어머니의 광고계 생활은 성공적이었다. 어머니는 남성 동료들의 인정을 받았고 창의적인 제작자이자 귀중한 동료로서 입지를 굳혔다. 강한 성격에 수줍음이 없는 어머니는 자기주장이 강한 광고업계에 잘 녹아들었다. 첫 직장에서 얻은 명성을 발판으로 어머니는 이내 패션산업으로 경력을 넓혀갔다.

1960년대까지 광고계 생활을 한 후, 어머니는 직접적인 크리에이티브의 영역으로 눈길을 돌렸다. 바로 구두 디자인이었다. 그렇게 어머니는 '구두의 도시' 브록턴의 딸이라는 유산과 패션에 대한 당신의 관심을 하나로 버무려냈다.[10] 처음에는 드레스 슈즈와 로퍼의 모양을 세련되게 고치는 것으로 출발하여 모드족이 유행하면서 전성기를 맞았다. 어머니는 반짝이와 레이스, 화려한 색의 플라스틱 구슬로 장식한 젊은 여성용 구두를 디자인했다. 하버드 근처의 최신 유행 상점들도 어머니가 디자인한 구두를 판매했다. 한번은 여자 친구가 어머니의 구두를 신고 온 적도 있었다. 어머니는 드디어 경제적 안정을 손에 넣었다. 적어도 소박하게 살면서 안정감을 누릴 정도는 되었다. 나도 기숙사로 떠난 터라 어머니는 누군가를 부양할 의무에서 벗어나 자신만을 돌볼 수 있게 되었다. 마침내 독립심 강한 당신의 기질에 맞는 삶을 살게 된 것이다.

1970년대에 어머니는 이후의 삶을 결정짓게 될 이사를 감행했다. 어머니는 매사추세츠에 뿌리내렸던 삶의 터전을 파내어 북쪽의 메인주로 옮겨 심었다. 고등학교를 졸업하고 잠시 뉴욕시에 체류했을 때 이후로 어머니가 태어난 곳에서 반경 30마일 이상 떨어져 살게 된 것은 이것이 처음이었다. 어머니의 인생 여정이 그랬듯 이번에도 홀로였다. 그렇다고 무작위로 메인주를 선택한 것은 아니었다. 어머니는 〈메인 타임스〉의 창간인이자 편집장인 존 콜의 글에서 영감을 얻었다. 이 신문은 1960년대에 성장한 많은 '언더그라운드' 스타일의 생기 넘치는 주간 신문이었다. 콜은 대학 도시 브런즈

윅에 사는 환경주의자이자 공동체 리더였다. 어머니는 그곳으로 여행을 가서 콜을 만난 뒤, 그곳에 정착하기로 마음먹었다. 나는 이런 사실을 어머니가 짐을 다 싼 뒤에야 알게 되었다.

어머니는 바닷가 근처의 소박한 집을 한 채 사서 작은 사업을 시작했다. 이제 어머니의 작업 영역은 구두를 넘어 양말, 모자, 스카프 등 의류로까지 확장되었다. 어머니는 지역 내 여성 편물공 단체와 계약을 맺고 한 땀 한 땀 손으로 뜬 모직 제품을 생산했다. 이들 프랑스계 캐나다 여성 장인들과의 협업을 상징하는 의미로 회사명은 '콜랩'으로 정했다. 생산된 의류들은 L.L.빈 같은 유명 매장에서 판매되었다. 어머니가 디자인한 모직 의류에는 천연 라놀린이 많이 함유되어 독특한 스타일과 감촉, 향을 느낄 수 있었다. 나는 겨울에 입으라고 어머니가 만들어주신 스웨터를 지금도 간직하고 있다. 이 스웨터는 무겁고, 촘촘하고, 부피도 크다. 그리고 뉴잉글랜드의 1월 칼바람에 안성맞춤으로 참 따뜻하다. 지금 내가 사는 캘리포니아에서는 아직 쓸모를 발견하지 못했지만, 유물이 된 예술품을 사람들이 종종 꺼내 보듯 나는 이 스웨터를 종종 꺼내 본다.

어머니는 그곳에서 진정한 자신으로 살았다. 어머니는 자신의 심미적 취향과 라이프스타일의 지향점을 오롯이 구현하는 옷을 디자인했다. 존 콜을 비롯해 생각이 맞는 동년배 친구들도 생겼고, 가톨릭 공동체에서 젊은 신부님들과 토론도 하고 가르침도 얻었다. 여름에 세 아이를 데리고 방문할 때면 어머니는 늘 우리를 따뜻하게 맞아주었고, 윈슬로 호머의 바닷가 작업실 등 현지 명소를 열성적으로 안내하곤 했다. 나와 아이들에게 어머니는 긍정의 화신이었다. 우리가 방문할 때마다 어머니가 계획을 짜면서 활기차게 하던 말을 우리는 애정 어린 마음으로 기억한다. "자, 이제 일이 술술 풀리는구나!"

어머니는 메인에서 제자리를 찾으면서 자기 자신도 찾았다. 에릭슨의 표현을 빌리자면 자아통합의 모범 사례가 된 것이다. 만약 어머니와 아버지의 결혼이 유지되었다면 이런 일들은 하나도 일어나지 않았을 것이다. 광고계와 패션계에 푹 빠져 일하면서 느꼈던 창조적 성취감은 물론이거니와, 아무런 직장 경력 없이 1950년대 미국 외교관의 아내로 사는 어머니의 모습은 상상하기가 어렵다. 물론 전업주부이자 어머니로서 다른 기쁨을 경험했겠지만, 이것들은 어머니가 살면서 발견한 삶의 목적과는 동떨어진 세상이었을 테다. 그

6장. 목적에 이르는 세 갈래 길

세상은 안정적일지언정 무료했을지도 모른다. 내가 아는 어머니와 내가 이제 알게 된 아버지를 놓고 봤을 때, 짐작건대 두 분의 결혼은 나를 포함한 많은 희생자를 낳으면서 금세 깨졌을 것 같다.

어머니가 삶의 목적에 이르는 길은 보상에 관한 이야기이기도 하다. 결혼 생활의 상실은 평생의 만족감을 주는 커리어를 발견하는 길로 이어졌다. 이 경력을 자신의 가치와 비전에 부합하는 방향으로 발전시키면서 만족감은 점점 더 커졌다. 친구와 가족(나와 아이들), 신앙을 통해 어머니는 영속되는 개인적 만족감을 발견했다.

물론 어머니도 이렇게 생각했는지는 장담할 수 없다. 어머니가 살아 계신 동안 제대로 된 대화를 나눌 기회가 없었기 때문이다. 이것이 내가 가장 후회하는 것 중 하나다. 하지만 이제 어머니 대신 인생 회고를 하면서 이렇게 추측해본다. 이혼 후 발견한 의미 있는 보상 덕분에 어머니는 성숙한 정체성과 충만한 삶을 나타내는 긍정의 정신을 얻을 수 있었다고. 만약 어머니가 인생 회고를 했어도 같은 결론을 맺었으리라고 나는 믿는다.

학자로서 내가
삶의 목적에 이르는 길

이렇게 아버지와 어머니가 각자의 길을 따라 세상을 살아 갔다면, 나는 어땠을까? 그분들이 삶의 목적에 이르기 위해 걸어간 길은 나의 길과 어떤 영향을 주고받았을까?

아버지가 택한 여정은 나의 길에 직접적인 영향을 주지 않았다. 인생 회고에서 확인했듯, 아버지는 나와 관련된 것 이라면 완강히 거부했다. 결과적으로 아버지가 내게 미친 영 향은 아버지의 빈자리를 남긴 것이 전부였다. 그렇게 나는 이 세상에서 '아버지 없는 자식'이라는 딱지를 붙이고 사는 수많은 아이 중 하나로 자랐다.

내가 전공한 발달심리학 분야에는 아버지의 부재가 미치 는 영향에 관한 논문이 많다.[11] 몇몇 연구 결과에 따르면, 아 버지 없이 자란 소년에게는 비교적 인기가 없고 사회적 관계 가 만족스럽지 못하다는 등의 역효과가 나타난다.[12] 반면 별 다른 차이가 없다는 연구 결과도 있다.[13] 아버지 없는 아이들 이라 해서 인지능력이 떨어지는 모습을 보이지는 않는다는 것이다. 그런가 하면 어떤 연구 결과는 아버지 없이 자란 아 이들에게 오히려 장점이 있다고 주장한다.[14] 창의적이고 고도로 생산적인 경향을 드러낸다는 것이다. 내가 기억하기로도 어릴 적에 인기나 사회적 관계에서 딱히 문제가 있었던 것 같지는 않다. 그저 그 시기가 대부분 그렇듯 일련의 미숙한 순간들이 있었을 뿐이다. 나는 한 번도 인지적 능력에 문제가 없었고, 내 직업 정도면 창의적이고 생산적인 일이라고 생각한다. 하지만 이 연구 결과 중 어느 것도 내게 인상적인 통찰을 주지는 못했다. 그저 일반적인 동향을 보여줄 따름이다.

1장에서 언급했듯, 인생 회고는 어디까지나 개인적인 프로젝트다. 인생 회고는 누군가의 인생에 나타나는 패턴을 간파하여 그 사람의 인생을 설명한다. 이 패턴은 전체 인구의 일반적인 동향을 반영할 수도 있고, 아닐 수도 있다. 내가 보편적 연구와 개별적 연구의 차이에 주목한 이유가 이것이다. 보편적 연구는 사람들 사이의 차이를 없애는 규범적인 결과물을 추구한다. 반면 개별적 연구는 독특하고 고유한 특정 사례를 조명하는 결과물을 추구한다. 이 두 가지 연구 유형은 서로 영향을 미치지만, 같은 목적에 이바지하지는 않는다. 인생 회고는 한 개인의 삶을 이해하는 것이 목적인 만큼 정확히 개별적 연구 영역에 속한다.

인생 회고 과정에서 내 삶은 일반적인 동향 말고 특별한 영향을 받았다는 사실이 분명해졌다. 아버지가 없었기 때문에 나는 나만의 관심사를 마음껏 탐구할 수 있었다. 아버지의 지도를 받느라 운신의 폭이 제한되거나 압박감을 느끼는 대신 자유를 만끽했다. 취미나 친구, 거주 형태, 직업을 선택할 때 누구의 허락도 받을 필요가 없었다. 물론 도움도 전혀 받지 못했다. 그래서 때로는 비틀거렸고, 잘못된 선택을 하는 바람에 처음부터 다시 시작해야 했던 적도 있다. 하지만 그 또한 결과적으로 내게 도움이 되었다. 나아갈 길을 안내하는 아버지의 손길 없이 나 스스로 꾸려나가는 법을 배움으로써 독립심이 강해졌다. 아버지가 있었다면 굳이 기르지 않았을 기량과 장점을 발달시킬 기회도 되었다(아버지의 무사태평했던 학창 시절이야말로 이 깨달음을 뒷받침하는 반증 사례다).

이것이 다가 아니다. 나는 적정선을 넘지 않는다면 야망은 좋은 특성이라 생각한다. 가계가 위태로워지면서 나는 야망을 품게 되었다. 이 모든 것이 아버지의 부재가 내게 가져온 결과였다. 이 사실을 그때는 알아채지 못했다가 인생 회고를 하는 동안 내 의식에 떠올랐다. 이러한 영향을 깨닫게 되자, 아버지와 내가 같은 학교를 다녔다는 사실이 더 의미 있게 다가왔다. 이것이야말로 내게 인생을 바꾸는 영향을 미쳤기 때문이다.

아버지와 달리 어머니의 인생 여정은 내게 직접적으로 무수히 많은 영향을 주었다. 나는 인생 회고를 하며 과거에는 미처 깨닫지 못한 어머니의 영향을 몇 가지 확인하게 되었다. 어머니의 직장생활 궤적을 좇다 보니 머릿속에 이런 생각이 떠올랐다. 어머니는 삶의 목적에 따라 일하고 결과물을 만드는 것이 무엇인지 잘 보여주는 본보기였다. 시간이 지날수록 어머니의 특별한 재능과 비전이 그 안에서 점점 많이 반영되었다. 어머니는 생계를 책임져야 했기에 늘 그것이 가능한 시스템 안에서 일했다. 하지만 세월이 흐르면서 어머니는 자신의 창조 본능에 맞게 일하는 삶의 방식을 찾아냈다. 살면서 어머니를 본받아야겠다고 생각한 기억은 없다. 하지만 돌이켜보면 내가 어머니에게 물든 것이 분명하다고 인정하지 않을 수 없다. 이뿐 아니라 어머니는 여성의 입지가 좁았던 시절에 남성들이 장악한 분야에서 여성으로서 활약했다. 이런 어머니를 보며 나는 성평등의 중요성을 받아들이게 되었을 뿐 아니라, 투지와 열의를 지닌 사람이 어떻게 기울어진 운동장을 바로잡으며 역경에 맞서는지 직접 목격할 수 있었다.

인생 회고 과정에서 깨닫게 된 어머니의 영향은 또 있다. 어머니의 가톨릭 개종이 내게 작지 않은 영향을 미쳤다는 사실이다. 나의 영적 여정은 나 외에는 그 누구의 관심사도 아닌 데다, 내게는 종교 교리를 다룰 능력도 없다. 그래도 이것만은 말할 수 있다. 신앙은 내 삶의 중요한 한 부분이다. 내가 삶의 목적과 도덕적 헌신을 연구하면서 늘 품고 있는 관심사의 기원을 거슬러 올라가면 어린 시절의 종교 교육에 다다른다.

물론 내 연구나 논문이 교리적 입장을 취한 적은 없다.[15] 하지만 황금률(모든 주요 종교에는 몇 가지 버전의 황금률이 있다)과 같은 종교적 개념에 관한 글은 쓴 적이 있다.[16] 청소년 발달에서 신앙이 갖는 가치에 관한 논문도 쓴 적 있다. 사실 이 연구는 내 분야의 관례에는 맞지 않는 것이었다. 현대 사회과학에서 종교적 신앙에 관심을 보이는 것은 이례적이며, 심지어 암묵적으로 금기시되기도 했다. 1990년대 말, 나는 발달심리학 분야의 권위 있는 학술 자료 중 하나인《아동 발달학 논문집》의 편집장을 맡았을 때 한 장章을 신앙 발달에 할애했다. 이것은 처음 있는 일이어서 나는 동료들의 반대에 부딪혔다. 저명한 논문집의 한 장을 차지할 만큼 이 주제에 관한 훌륭한 연구가 충분히 있는지 의구심이 든다는 것이었다. 이처럼 내가 개인적으로나 직업적으로 신앙에 관심을 보이게 된 이유는 다름 아닌 어머니의 영향이라고 생각한다.

이와 관련해 기존의 관례를 기꺼이 거스르고자 하는 자세 역시 어머니가 보여준 독립심에 영향받았을 수 있다.

내 인생 회고에는 지적 발달 과정을 추적하는 것이 도움이 되었다. 그 과정에 따라 내 삶의 목적을 밝히는 작업이 진전되었기 때문이다. 나는 고등학교 때 학교 신문 기사를 쓰면서 새로운 것을 발견하고 전달하는 데서 삶의 목적을 발견했다. 이 목적은 나의 천직이 되었고 평생의 목적이 되었다. 나는 인간 발달을 연구하고, 가르치고, 전문가와 일반대중을 위한 글을 쓰고, 유튜브와 팟캐스트, 웹사이트 등으로 소통하며 이 목적을 추구해왔다. 이것은 지식과 해석이 동원되는 작업이기에, 나의 직업 여정은 곧 나의 지적 발달 과정에 따라 인도되었다.

그러므로 이제부터 아버지와 어머니가 우리 학자들이 '대학 밖 현실세계'라 부르는 세상에서 각자의 길을 가는 동안 내가 지나온 나의 지적 역사를 간략히 짚어보고자 한다. 내 이야기에는 아버지처럼 극적이거나 화려한 전개가 없다. 1950년대 커리어우먼으로서 어머니가 헤쳐 나가야 했던 것과 같은 장애물도 만난 적 없다. 그래도 내가 걸어온 직업 여정에는 나름의 매력이 있다. 적어도 나에게는 그렇다. 특히

246

내가 이바지한 발달심리학이라는 지적 역사가 그렇다.

내가 심리학을 연구 분야로 선택한 것은 고등학교 졸업 후 대학교 입학 전에 맞은 여름 때였다. 누군가 내게 에드윈 보링의 논문 선집《역사학, 심리학, 과학》을 주었다. 이 책에서 특별히 기억나는 내용은 없다. 다만 제목에서 보듯 연구 분야가 섞여 있는 것이 매력적이라고 생각했던 기억이 난다. 엄격함과 함께 개념적인 관대함을 겸비한 보링의 방식도 마음에 들었다. 바로 이 지점에서 나도 그와 같은 심리학자가 되어야겠다고 마음먹었다.

내가 대학교에 진학한 타이밍도 좋았다. 하버드에 사회관계학과가 잠시 존재했던 시절에 대학 생활을 했으니 말이다. 이 학과는 사회과학 분야의 학제간 연구를 장려하기 위해 설립된 것이었다. 학생들은 다양한 학문 분야, 특히 인류학과 사회학, 심리학 분야의 뛰어난 학자들에게서 두루 배울 수 있었다. 2학년 때 내 지도교수는 저명한 사회학자 탈코트 파슨스Talcott Parsons였으며, 졸업논문 지도교수는 위대한 사회심리학자 로저 브라운이었다. 그 밖에도 나는 고든 올포트Gordon Allport, 헨리 머레이Henry Murray, 에릭 에릭슨, 스탠리 밀그램Stanley Milgram, 데이비드 리스먼David Riesmsn 등 전설적인 학자들의 수업과 강연을 들었다. 내가 아동발달학에 입문한 계기는 제롬 케이건Jerome Kagan의 강의를 수강하면서이고, 인지과학에 입문한 것은 제롬 브루너Jerome Bruner의 강의를 들으면서다. 광범위한 사회과학 학습을 믿을 수 없을 정도로 촉진하는 환경이었다. 덕분에 뚜렷한 개념 체계를 인식하고 다양한 연구 방법을 익힌 뒤 졸업할 수 있었다.

그런데 인생 회고 과정에서 드러난 내 성격답게, 나는 이 저명한 학문적 멘토들 앞에서 항상 예의 바르게 처신하지는 않았다. 나는 아이들이 호메로스의 《일리아드》에 등장하는 영웅들의 행동에서 감정을 추론할 수 있는지를 주제로 졸업논문을 썼다. 이 연구 방법은 (당시에는 제대로 인정받지 못했던) '질적 연구'의 초기 버전이었다. 나는 행동과 감정 사이의 관계를 정확히 이해하게 하는 아이들의 사고방식을 기술하는 방법으로 접근했다. 논문을 검토위원회에 제출하자, 제롬 케이건이 내가 기술한 사고방식을 분석하려면 아이들이 대답할 때 사용한 단어 수를 통제해야 한다고 지적했다. 하지만 나는 이 유명한 아동심리학자의 조언에 귀 기울이지 않았고, 가르침 받기를 거부했다. 내 주장의 핵심은 사고방식이 복잡해지면 더 많은 단어로 설명하는 게 당연하므로, 단어 수는 시사하는 바가 아무것도 없다는 것이었다. 사고방식이 단어를 사용하게 만드는 것이지 그 반대로 되는 것이 아니기 때문이다. 나는 지금도 이 점에 대해서는 내 생각이 옳았다고 믿는다. 하지만 그 분야의 석학에게 피드백을 받는 어린 학생으로서 내 행동은 전혀 적절하지 않았다. 인생 회고 과정에서 발견한 앤도버의 기숙사 사감 선생님의 평가를 보면 어린 시절부터 이런 행동이 내 몸에 배어 있음을 뼈저리게 느낄 수 있다. "그는 스스로 마음이 넓고 생각이 자유롭다고 자부하지만, 고집이 센 편이고 자신의 관점을 넘어서서 더 나아가지 못하는 경향이 있다." 덕분에 이번 기회에 나는 이런 고질적인 완강함을 주의해야겠다고 새롭게 다짐했다.

이 시기에 나는 저명한 원로 교수님들 외에도 내 학문적 소양을 크게 성장시켜준 대학원생 두 명을 만났다. 더글러스 카마이클Douglas Carmichael은 내게 피아제의 저서를 읽으라고 추천해주었고, 그의 모교인 버클리 캘리포니아 대학교 박사 과정에 지원하라는 제안도 해주었다. 또 한 명은 하워드 가드너Howard Gardner다. 그때부터 그는 내 인생의 친구이자 소중한 공동연구자가 되었다.

대학교 졸업을 얼마 남겨두지 않은 어느 날, 로저 브라운 교수님이 나를 연구실로 불렀다. 그는 내 졸업논문 지도교수이자 학자로서 롤모델이었다. 그는 학자가 어떻게 인문적 깊이가 있는 원대한 비전을 품고 세심하게 연구할 수 있는지 보여주었다. 이미 학계의 걸출한 스타였지만, 그러면서도 지도교수로서 놀라우리만치 학생들을 배려하고 온화하게 대해주었다. 그런데 그날은 그분의 목소리에 짜증이 섞여 있었다. 내가 기억하기로 이런 경우는 그때가 유일했다. 그는 하버드 심리학과 대학원 입학위원회에서 내 지원서를 반려했다고 했다. 그러면서 그답지 않게 화난 목소리로 왜 지원서를 '그따위로 썼냐'고 물었다.

나는 그분이 무슨 말을 하는지 알았다. 지원서에 학문 목적을 밝히면서 나는 '발달사회학'을 연구하겠다는 계획을 적었다. 발달사회학이 뭐가 됐든 상관없었다(확실히 그때 나는 발달사회학이 무엇인지 몰랐다). 나는 (당시 탐독하고 있었던) 장 피아제와 에릭 에릭슨, 어빙 고프먼Erving Goffman, 탈코트 파슨스의 통찰을 빌려와 사회적 조화와 개인적 성취를 향한 인간의 진보 과정을 기록하겠다는 상상을 하고 있었다. 나의 이상주의적인 지원서는 실패작이 되었다. 그런데도 나는 해묵은 성격적 특성인 완고함을 버리지 않고, 입학 지원서를 수정해서 다시 제출할 수 있게 해주겠다는 교수님의 관대한 제안을 거절하고 말았다. 나는 이것이야말로 하버드 심리학과의 편협함이라 여기며 잔뜩 약이 오른 채 연구실을 나갔다. 마음속으로 이제 더 나은 곳으로 옮겨야 할 때라고 생각했다. 다행히 버클리 심리학과에서는 내가 지원서에 쓴 말도 안 되는 내용을 눈감아주고 어쨌든 나를 받아주었다. 아마도 브라운 교수님이 훌륭한 추천서를 써준 덕분일 것이다.

버클리에 도착한 후, 마침내 나는 인간의 발달 과정에서 사회적 차원과 개인적 차원의 삶의 경험이 어떻게 통합되는지(또는 이 분야의 전문용어로 말하면 '역동적으로 상호작용하는지') 실제로 연구할 수 있게 되었다. 이런 복잡한 연구를 할 수 있었던 것은 나를 지도해준 교수님들(조나스 랭거Jonas Langer와 폴 머센Paul Mussen)의 덕이 컸다. 이분들은 자기 분야의 전문가일 뿐 아니라, 여러 분야를 통합하고 확장하고 싶어 하는 학생의 욕망도 너그러이 받아주었다. 오늘날에는 발달체계 간의 역동적인 상호작용에 관해 워낙 많이 알려진 터라 이 분야가 1970년대 초만 해도 얼마나 낯선 영역이었는지 기억해내기 힘들 정도다. 내가 '사회인지'라고 이름 붙인 주제로 논문 심사위원회를 요청했을 때 그들의 당혹스러워하던 표정이 뚜렷이 기억난다. 교수단이 보기에 이 주제는 낯설기만 한 것이 아니라 환상에 불과했을 것이다. 하지만 세상은 얼마나 빨리 변하는가. 그 후 얼마 지나지 않아 사회인지는 발달심리학의 주요 분야가 되어 지금까지 이어지고 있다.

내가 버클리 대학원생 시절에 시작한 연구의 목표는 그때까지 알려지지 않았던, 청소년들이 일상생활에서 사용하는 사회인지의 깊이를 밝혀내는 것이었다. 나는 교육을 거의 받지 않은 청소년들도 사회적으로 얼마나 똑똑할 수 있는지 어렴풋이 알고 있었다. 대학생 때 여름방학에 매사추세츠의 도체스터에서 저소득층 청소년들을 위한 1일 캠프를 지도해본 경험이 있기 때문이다. 대학교 졸업 후 브롱스에서 잠시 사회복지 업무를 했던 경험도 도움이 되었다. 그때 나는 인근에 사는 청소년들이 문제에 휘말리지 않도록(혹은 문제를 일으키지 않도록) 시간을 보낼 수 있는 사회복지관을 담당했다. 그곳 활동 중 하나로 나는 아이들에게 실제로든 뉴스에서 들어서든 아는 사람들을 소재로 촌극을 쓰고 공연하게 했다. 그 촌극을 보면서 그들이 주변 세계에 대해 무척 많이 알고 있다는 사실에 놀랐다. 그들은 사람과 사건에 관해 폭넓게 이해하고 있었고, 지각력과 통찰력도 송곳처럼 예리했다. 저소득층 청소년들도 이전의 심리학 연구가 기록한 것 이상으로 사회에 대해 많은 것을 이해하고 있는 것이 분명했다.

그 시절에 발달심리학 분야에서 유년기와 청소년기의 사회적 이해력을 설명하는 주된 방식은 두 가지였다. 첫 번째로 (당시에 사회인지를 뜻하는 표현이었던) '대인지각'에 관한 일련의 연구가 유명했다. 이들 연구의 요점은 발달이 진행됨에 따라 아이들이 사람들을 이해할 때 '외면'에서 '내면'으로 초점이 바뀐다는 것이었다.[17] 어렸을 때는 사람을 볼 때 외모 등 표면적 자질을 보다가, 나이가 들면서 의도와 미덕 등 내면적 특성을 감지한다는 주장이다. 두 번째 지배적인 시각은 콜버그의 도덕성 발달이론에서 나온 것이었다.[18] 이 관점에 따르면 도덕적 인지는 콜버그의 1단계를 규정한 권력과 권위에 대한 개념이 형성될 때 생겨난다. 이런 시각에서 보면, 어린아이들은 부모나 신처럼 권위 있는 존재의 명령을 중심으로 세계가 구조화되었다고 생각하기 시작하고, 그에 따라 옳고 그름을 판단한다.

물론 나는 이들의 주장을 모두 존중하고 그들로부터 많은 것을 배웠다. 하지만 어느 시각도 내게는 충분치 않아 보였다. 대인지각 연구에 한계가 있는 이유는 두 가지다. 첫째, 사회인지는 주로 사람들 사이의 '관계'와 '교류'에 대해 생각하는 것이다. 왜냐면 이런 것들이 우리가 직접 경험하는 것이기 때문이다. 어렸을 때는 특히 더 그렇다. 그런데 다른 이들이 어떤 사람인지 생각하는 것에만 초점을 맞추면 이런 관계적 관점을 완전히 놓치게 된다. 둘째, 나는 어린아이들이 알려진 것보다 '내면'에 대해 더 많이 알고, 나이 든 사람들이 생각보다 '외면'에 더 많이 신경쓴다고 짐작했다. 콜버그의 발달이론은 명백한 사실을 하나 놓치고 있었다. 어린아이들의 놀이집단에는 나눔, 동정 그리고 공정에 대한 고집 등 도덕적 행동이 가득하다는 사실 말이다. 따라서 어린아이들의 도덕성이 단순히 권위에 대한 복종으로 시작된다고 말한다면, 이는 유치원생들도 가지고 있는 진짜 도덕심을 등한시하는 것이다.

나는 어린아이들의 사회인지 능력을 탐구하면서 첫 저서 《아동의 사회적 세계The Social World of The Child》로 이어진 연구를 시작했다.[19] 이 책이 나오면서 나는 발달심리학 분야에서 예상치 못한 명성을 얻었다. 그 당시 심리학 분야의 유일한 도서 비평 창구였던 〈현대 심리학〉에 이 책에 대한 비평이 첫 번째로 실렸던 덕분이다. 이 경험은 자연스럽게 책 쓰는 과정으로 연결되었다. 고등학교 때 학교 신문에 스포츠 기사를 쓴 것이 연구에 관한 글쓰기 과정으로 이어졌던 것처럼 말이다.

그 후로 15년간 나는 아동기에서 청소년 후기에 이르기까지 사회적 개념의 성장을 기록한 연구를 진행했다. 내가 연구한 개념에는 권위, 정의, 사회적 규칙, 자기 이해 등이 포함되었다. 이 연구는 내가 당대 발달이론의 중심지였던 클라크 대학교 교수단의 일원으로 있는 동안 이루어졌다. 조교수로 시작해 그곳에서 보냈던 15년은 나의 지적 삶에서 가장 활발했던 시기 중 하나다. 나는 지금도 그때 마련해둔 개념적 자본을 밑천으로 삼고 있다.

1980년대 말이 되어 내 연구 경력의 1단계가 서서히 종료되었다. 거기에는 몇 가지 이유가 있었다. 내가 했던 연구 중 어느 것도 이해와 실제 행동 사이의 관련성의 본질을 명확히 밝혀주지 못했다. 이것은 사회인지 발달에 대한 나의 설명에 커다란 구멍을 남겼다. 물론 약간의 진척은 있었다.[20] 어린아이들의 정의 개념과 나눔 행동 사이의 약한 연관관계를 발견한 다음, 또래 사이의 사회적 상호작용이 어떻게 더 발전된 정의에 입각한 추론으로 이어지는지를 살펴보았다. 하지만 이 같은 소소한 결과물을 제외하면, 실생활 속 사회적 행위의 수수께끼는 대부분 탐구되지 못한 상태로 남았다.

그래서 나는 이 수수께끼들을 더 직접적으로 공략하기로 마음먹고, 사람들의 이해와 추론만이 아니라 그들의 실생활 목표와 헌신에 연구 초점을 맞추었다. 동시에 1989년, 중대한 이직을 단행했다. 클라크 대학교를 떠나 브라운 대학교 교육학과 학과장이 되었고, 나중에는 인간발달 연구센터 센터장이 되었다.

대략 그 무렵 나는 앤 콜비와 함께 미국 사회과학협회 SSRC의 초청을 받아 협회에서 설립한 영재성 위원회와 만났다. 이 위원회는 도덕적 영재성 같은 것이 존재하는지, 존재한다면 이것을 어떻게 정의하고 연구할 수 있는지 논의하고 싶어 했다. 앤과 나는 수년간 도덕심리학 분야를 함께 순회하며 부부의 연을 맺기에 이르렀지만, 그때까지 함께 연구한 적은 한 번도 없었다. 둘 다 도덕적 영재성 문제에 대해 깊이 생각해본 적도 없었다. 당시 이 문제에 접근할 때 사용할 만한 유일한 패러다임은 콜버그의 도덕성 발달이론뿐이었다. 이 이론에서는 최상위인 보편적 도덕원리 지향 단계(6단계)를 매우 드물다고 규정해 공식적인 콜버그 도덕성 발달 평가 매뉴얼에도 생략했을 정도다.

그러나 앤과 나는 최상위 단계는 너무 인지적이라 도덕적 영재성처럼 마음이 넓은 것의 근거가 되기에는 충분치 않다는 데 의견을 같이했다. 우리는 이 문제에 접근하려면 용기와 열정적 끈기, 동정, 진실성과 같은 개념들을 동원할 필요가 있다고 보았다. 콜버그의 이론에서는 하나같이 분석할 수 없는 '미덕 주머니' 속 마구잡이식 구성요소로 보고 의도적으로 묵살했던 역량들이다.

앤과 나는 SSRC 위원회와 몇 차례 논의한 끝에 6000달러의 연구 보조금을 지원받아 우리가 '모범적인 도덕적 표본'이라 부르는 사람들을 연구하기로 했다('영재성'이라는 꼬리표가 붙으면 우리 연구가 생물학적 유전을 설명하는 쪽으로 편향될까 우려해 이 표현을 뺐다). 우리는 다양한 전공과 믿음의 전통을 가진 20명의 뛰어난 학자들과 함께 2년에 걸쳐 연구 대상을 선정했다. 그런 다음 잠재적 연구 대상자들에게 연락했고, 마침내 23명에게서 연구에 참여하겠다는 동의를 받았다.

바로 이 시점에 캘리포니아에 소재한 순수지성 과학 연구소의 지원이 더해져 총 1만 2000달러의 연구비로 연구를 시작했다. 이 연구는 우리 부부 모두에게 가장 생산적이고 의미 있는 연구 활동 중 하나가 되었다. 그 첫 결과물이 바로 《배려하는 사람들Some Do Care》이라는 책이다.[21] 이 프로젝트의 영향은 그 후로도 오랫동안 유효했다. 훗날 내가 '훌륭한 직업인'을 연구할 때도 그랬고, 최근 콜비와 함께 출간한 20세기 리더들의 도덕성 형성에 관한 책《이상의 위력The Power of Ideals》에도 영향을 주었다.[22] 그뿐 아니라 최근 긍정심리학의 중요한 연구 도구로서 표본 방법론에 관한 관심이 급증한 데에도 영향을 미쳤다.

《배려하는 사람들》에는 몇 가지 놀라운 연구 결과가 소개되었다. 우리는 연구를 시작하면서 이처럼 비범한 이들이 어떻게 두려움을 다스리고 용기를 유지하는지 말해줄 거라고 예상했다. 연구 대상 중에는 시민의 권리와 정의, 세계평화를 비롯한 도덕적 대의를 위해 목숨을 걸었던 이들이 많았다. 하지만 그들 모두 자신이 행동하는 데에는 용기가 필요하지 않았다고 말했다. 심지어 이구동성으로 두려움을 거의 느끼지 않았다고 했다. 자신이 옳다고 알고 있는 것 외에는 다른 선택지가 없다고 여겼기 때문이다. 아무리 표본 규모가 작았다고는 하지만, 이처럼 만장일치의 답변이 나온 것으로 보아 이런 결과가 이례적인 것이 아님을 알 수 있었다. 도덕적 확신이 개인의 안전과 안위에 대한 일반적인 걱정을 대체한 것이다.

예상 밖의 결과를 얻은 우리는 표본들이 가진 확신의 근거를 면밀히 들여다보았다. 이번에도 결과는 놀라웠다. 표본의 90% 이상이 개인적인 안위를 기꺼이 포기한 밑바탕에 초월적 존재에 대한 믿음이 깔려 있다고 말했다. 이는 전통적 종교관을 가진 사람들에게는 신의 의지에 대한 믿음을 뜻했고(한 표본은 "주님께서 마련해주실 겁니다"라고 표현했다), 그렇지 않은 사람들에게는 어떤 다른 형태의 초월적 힘에 대한 믿음을 의미했다.

《배려하는 사람들》은 출간되자마자 연구 아이디어와 표본 방법론에서 획기적인 연구물로 평가받으며 심리학계의 사례연구 접근법에 새로운 활력을 불어넣었다. 아울러 이 연구는 나에게도 오랫동안 흔적을 남겼다. 표본을 만나 인터뷰를 할 때마다 나는 영감에 젖어 신나는 마음으로 돌아오곤 했다. 그때의 느낌과 표본들의 삶이 전하는 교훈들은 오늘날까지 내 마음속에 고스란히 남아 있다. 게다가 이 연구에서 도덕적 용기에 초점을 맞췄던 경험 덕분에 아버지의 리치필드 재판 증언 이야기의 가치를 포착할 수 있었다. 나는 아버지가 재판의 증인으로 활약한 모습에서《배려하는 사람들》에서 다루었던 행동 패턴을 발견할 수 있었다. 아버지는 자신의 인생 중 바로 그 사건에서 진정한 도덕적 헌신에서 우러난 행동을 실천했다.

《배려하는 사람들》이 출판되고 2년 후, 나는 안식년을 보내면서 하워드 가드너와 미하이 칙센트미하이Mihaly Csikszentmihalyi와 팀을 이루어 '훌륭한 전문 직업인 되기 프로젝트'를 출범시켰다. 우리 목표는 전문 직업인들이 압박과 부정적인 유혹 속에서도 어떻게 윤리적이고 탁월하게 직무를 수행할 수 있는지 파악하는 것이었다. 이런 압박에 개의치 않거나 용기 있게 거부하는 사람들은 어떻게 그렇게 해내는지 알고 싶었다. 우리는 교육, 언론, 생명과학, 비즈니스 등 여러 분야를 연구 대상으로 삼아 도서를 출판하고 논문을 발표했다. 아울러 중간 경력의 직업인들과 학생들을 대상으로 훌륭한 직무 수행을 장려하는 교육 활동도 펼쳤다. 하워드 가드너의 지휘 아래 이 프로젝트는 이제 사회 전반에 걸쳐 '윤리적이고 유능한 직업인'이 되도록 장려하는 광범위한 활동으로 확대되었다. '굿 프로젝트'로 명칭을 바꾼 이 프로젝트는 현재 하버드 교육대학원에 기반을 두고 활발한 활동을 펼치고 있다.[23]

'훌륭한 직업인' 연구 결과에서 가장 인상적이었던 것은 모든 분야의 헌신적인 직업인들이 공적 사명을 명백히 그리고 맹렬히 고수했다는 점이다. 이 사실을 발견한 나는 연구 경력의 다음 단계로 직행했다. 직업에 공적 사명이 있다면 개인에게는 삶의 목적이 있다. 이것이 어떻게 형성되는지 연구하는 데 뛰어든 것이다.

충만한 삶을 살려면 목적이 중요하다는 것은 이미 몇 세기에 걸쳐 각종 글과 영적 가르침을 통해 널리 알려졌다. 그러나 놀랍게도 목적이라는 개념에 주목한 과학적 연구는 거의 없었다. 나는 예부터 전해 내려온 삶의 목적에 대한 지혜를 꼼꼼히 조사하고, 우선 그중 흥미로운 격언과 인용문을 담은 《고귀한 목적Noble Purpose》을 집필했다. 여기에는 인간의 삶에 목적이 어떻게 기능하는지, 그리고 일생에 걸쳐 목적이 어떻게 발달하는지에 대한 요약도 함께 담았다. 그런 다음 나는 모든 연령대의 사람들이 어떻게 삶의 목적을 발견하고 추구하는지 연구하기 시작했다.[24]

나는 최근에 많은 심리학자의 관심을 사로잡은 두 가지 지적 사조에 참여하면서 큰 영향을 받았다. 하나는 마틴 셀리그먼Martin Seligman과 미하이 칙센트미하이가 도입한 긍정심리학이며, 다른 하나는 피터 벤슨과 리처드 러너Richard Lerner와 함께 내가 일찍이 주장해온 긍정적 청소년 발달이론이다. 두 가지 모두 개인의 장점과 자산에 더 집중할 것을 촉구했다. 이들은 인간 발달에 대한 과학적 시각이 문제점과 노이로제, 갈등 및 기타 결핍에만 초점을 맞추다 왜곡되었다는 인식을 공유했다.

이런 편향을 잘 보여주는 개인적인 경험을 소개하겠다. 나는 스탠퍼드 청소년센터가 입주한 건물에 처음 들어갔던 날을 똑똑히 기억한다. 복도 벽에는 비행 청소년에 관한 무시무시한 통계를 보여주는 포스터가 줄지어 붙어 있었다. 살인, 자살, 폭력, 마약 복용 등의 발생률이 폭증한다는 내용이었다. 이런 포스터들의 집중포화를 받으며 걸어가노라면 누구라도 요즘 청소년들은 사회의 희망이 아니라 걱정거리이자 골칫거리라고 느끼게 될 것이다. 1997년 가을, 내가 청소년센터의 수장이 되면서 가장 먼저 한 일이 이 포스터들을 철거한 것이다.

지금까지 인생 회고를 하듯, 내 연구 방향을 정하기 위해 내린 선택들을 찬찬히 돌아보았다. 연구 초점이 사회인지에서 실생활에서의 도덕적 헌신과 목적으로 이동한 것은 분명 내 연구사에 한 획을 긋는 중요한 변화다. 하지만 이것만이 전부가 아니다. 또 다른 중요한 변화는 내가 학자 경력 초기에 이론 정립보다 문제 중심의 연구를 하기로 선택했다는 것이다. 이는 야망 있는 학자가 할 법한 선택은 아니었다. 대학원생이었을 때 멘토들이 자주 해준 말이 있다. 사회과학 분야에서 이루는 최고의 성취는 전공 분야에 족적을 남길 만한 이론 모형을 만드는 것이라고 했다. 바야흐로 원대한 이론들이 풍미하던 시절이었다. 심리학에서도 프로이트, 스키너, 피아제, 비고츠키, 사이먼과 그들의 뒤를 이은 많은 이론 모형 개발자들의 이론을 구별하는 데 관심이 집중되었다. 전공 분야의 원대한 이론을 만들거나 개선하거나 심지어 거부하는 데 필요한 기본 연구를 하는 것이 최고의 지적 소명으로 여겨졌다.

여기에 이념적 메시지가 가세해 위험을 키웠다. 점잖은 이론 논쟁은 종종 격렬한 이념 논쟁으로 이어졌다. 이론은 사람들의 판단부터 가치관에 이르기까지 모든 것을 결정하는 세계관으로 간주되었다. 논쟁이 과열로 치닫기도 했다. 가령 베트남전 시기에 일어난 파리 68 학생 혁명 동안, 하워드 가드너는 구조주의라는 이름으로 알려진 이론적 입장에 대해 다음과 같이 논평했다.

> 68혁명은 학생들의 지적 충성 지형에 새로운 변화를 알리는 신호탄이었다… 학생들은 외쳤다. "구조주의는 죽었다!" 피아제나 레비스트로스의 글을 읽었건 읽지 않았건, 그들은 이 철학과 그들이 경멸하게 된 기득권층 사이의 끈끈한 관계를 감지한 것이다.[25]

심지어 학술지에서도 추정을 두고 격한 논쟁을 벌였고, 추상적인 학술적 수사는 종말론적 사조로 어조를 틀었다. 내가 막 대학원 과정을 마쳤을 때의 일을 예로 들겠다. 나는 콜버그의 도덕성 발달이론에 관한 비평 하나를 우연히 접하고 깜짝 놀랐다. 발달심리학 분야의 시금석과 같은 학술지 〈인간 발달〉에 발표된 비평이었다. 문화적 관점에서 서술한 이 때 이른 글은 다음과 같은 결론으로 끝났다.

고매한 철학을 제외하고는, 오늘날 서구세계에서 활발히
적용되는 도덕적 추론은 인간을 파괴할 공산이 크다… 자
멸적 세상에서는 실제 인간의 다양성을 포용하고 질서를
부여하기보다는 이론적 틀을 사용해 차이를 조정하려 애
쓴다. 이런 세상의 이념을 영속화하기보다는 차이가 발
견될 때마다 이를 탐구하고 분석하고, 발명과 문화적 변
이가 일어나면 이를 차용하고 적용하고 양성하는 편이 더
나을 것이다.[26]

이것은 심리학 이론을 심각하게 문제 삼는 글이었다. 글
쓴이는 콜버그가 서양의 철학적 기반 위에 서양인을 연구한
결과를 가지고 보편성을 주장함으로써 비非서구권 사람들의
관점을 평가 절하했다고 비판하고 있었다. 글쓴이는 이러다
가는 이론적 제국주의로 문화 충돌이 일어나서 궁극적으로
는 세상이 멸망할 수도 있다는 위기의식을 느꼈던 것 같다.
내 말이 억지 비약처럼 느껴질지 모르지만, 저때만 해도 이
런 주장이 제법 합리적인 추론처럼 들렸다.
　이념과 이론이라는 큰 그림에 대한 우려는 어떤 면에서는

미국 심리학계에 반가운 변화였다. 당시 미국 심리학계는 오랫동안 '볼모가 된 경험주의'라며 한바탕 조롱받던 상태에서 막 벗어나던 중이었다. 아동 발달 분야는 생명력 없는 의제를 다루던 단계를 막 넘어서고 있었다. 아이들의 성장 과정에 나타나는 단계별 기량과 행동을 단순히 목록화해서 보여주거나 해 뜰 때부터 해 질 때까지 '아이의 하루'를 기록하던 시대는 지나고 있었다. 1960년대와 1970년대의 이론 논쟁은 이 분야에 활기를 일으켰고 학자들의 연구에 가치를 더했다.

하지만 이론적 담론에는 한계도 있다. 담론이 현실의 문제나 데이터와 분리되어 있을 때 특히 그렇다. 1970년대의 발달학계는 여러 가지 미묘한 의미가 함축된 논쟁들로 가득했다. 보편주의와 맥락주의를 대조시키거나, 피아제와 비고츠키 또는 행동주의와 인지과학을 비교했으며, 행동을 생물학이나 환경학, 상호작용의 관점으로 설명하는 것에 우호적인 주장을 펴기도 했다. 하지만 이런 논쟁으로 얻은 통찰로는 다음과 같은 흔한 질문들에 답하기 어려웠다. 까다로운 아이를 어떻게 다루어야 할까? TV(또는 컴퓨터나 비디오 게임)는 유년기 및 청소년기의 학습에 어떤 영향을 미칠까? 청소년들에게는 어떤 교우관계가 가장 유익할까? 왜 많은 청소년이 반사회적이고 파괴적인 행동에 끌리는 걸까? 청소년들은 선택으로 이끄는 목표와 동기를 어디서 발견할까? 시간과 사회에 따라 가족 형태가 변화하는 것이 청소년의 관점에 어떤 영향을 줄까? 오늘날의 청소년들은 과거의 청소년과 다른 도전에 직면하고 있을까? 발달심리학 분야 바깥에서 사람들이 궁금해하는 질문들은 이런 것들이다. 나는 이런 질문에 접근하려면 더 문제 중심적이고 덜 이론적인 연구가 필요하다고 생각했다. 그때에도 이런 의견을 가졌던 학자는 나만이 아니었다. 1975년, 로저 브라운 교수는 공저한 교과서에 "거대한 이론의 시대는 끝났다"라고 선언했다.[27]

게다가 심리학 이론을 사용해서 격앙된 사회적, 정치적 이념에 이의를 제기하는 것이 내 눈에는 편향되지 않은 과학적 탐구라는 목표와도 어울리지 않아 보였다. 그렇다고 경험주의로의 회귀는 건설적인 목적에 도움이 될 수 없었다. 나는 과학에는 이념이 배제되어야 하지만, 아이디어는 전면에 그리고 중심에 자리해야 한다고 믿었다. 실용적인 문제해결법을 촉진하는 것이 목표인 경우라면 더욱 그렇다. 그 당시 내 눈에는 명백해 보였다. 심오한 개념적 연구가 발달이론을 비판하기 시작했지만, 그 안에는 인간 발달과 관련한 일상적인 문제들을 이해하도록 도와줄 잠재력이 분명 숨어 있었다.

연구를 위해 나는 하나의 이론적 또는 이념적 체계에 얽

매이지 않고, 개념적 차이에 근거한 접근법으로 해결할 수 있는 문제들을 선택했다. 동시에 그 문제들을 해결하려 노력함으로써 이론 정립에 필요한 정보를 얻을 수 있기를 바랐다. 그렇게 된다면 이런 도전적인 시도에서 얻은 혜택이 양방향으로, 즉 이론에서 문제로 그리고 문제에서 이론으로 흘러갈 것이다. 이것은 지금도 여전히 내 목표로 남아 있다. 이렇게 내 연구는 우리 시대의 지적 풍토에서 나만의 방식으로 자라났다.

아울러 발달학에서 떠오르는 새로운 아이디어들을 놓치지 않기 위해 또 다른 학술적 활동도 시작했다. 바로 다른 학자들이 쓴 논문들을 모아서 논문집을 편찬하는 일이다. 그중에서도 두 가지 활동이 특히 의미 있었다. 1978년, 나는《아동 청소년 발달을 위한 새로운 방향》이라는 시리즈를 창간해 25년간 편집을 맡았다. 1998년에는《아동 심리학 논문집 : 5판》의 편집장이 되었고, 2006년에는 리처드 러너와 함께 6판의 공동 편집을 맡았다.《새로운 방향》시리즈는 내 인생에서 손꼽을 만한 최고의 학습 경험이었다. 내가 편집장으로 있는 동안 이 시리즈는 많은 세부 영역으로 새로이 접근했다. 덕분에 나는 엄청나게 다양한 주제를 수박 겉핥기로나마 접할 수 있었다. 이때의 경험을 바탕으로《아동 심리학 논문집》의 편집장 자리를 제안받았다. 60년 이상 우리 분야의 연구 결과물을 집대성하는 기준이 되어온 발행물이었다. 내가 편집장으로 있는 동안 대단한 역량을 지닌 편집위원들(리처드 러너, 로버트 시글러, 디애나 쿤, 낸시 아이젠버그, 어빙 시겔, 앤 레닝어)이 모여 이 논문집의 유구한 전통에《새로운 방향》시리즈와 유사한 미래지향적 모습을 가미했다.[28]

논문집만이 아니라 일반 독자를 위한 대중서도 집필했다. 처음부터 의도한 것은 아니었다. 1980년대 중반, 한 젊은 편집자가 내게 아동의 도덕성에 관한 책을 쓸 의향이 있는지 물었다. 마침 내게는 이 주제로 쓴 원고가 하나 있었다. 하버드 대학교 출판사에서 출간하려다 불발된 원고였다. 나는 원고 전체를 다시 검토한 다음 그에게 보냈다. 그렇게 해서《도덕적 아이The Moral Child》라는 책이 출간되었다.[29] 전혀 예상치 못했지만 이 책은 상당한 독자층을 확보했다. 교수와 학생뿐 아니라 부모를 비롯한 일반 대중도 이 책을 읽었다(가장 예상 밖의 일은, 어떻게 된 일인지 모르겠지만 〈보그〉에 이 책이 소개된 것이다). 이 경험은 대중적 글쓰기에 대한 내 욕구를 자극했다. 1990년대 중반에는《더 큰 기대Greater Expectations》를 출판하면서 수많은 미국 방송 프로그램에 출연했다.[30] 이 책은 성취와 헌신의 기준을 높게 잡고 그에 맞게 청소년들을 키워야 한다는 주장을 담았다. 요즘 듣기엔 진부한 잔소리 같지만, 1990년대 미국은 그야말로 자존감 운동의 전성기였다. 이런 과잉보호 분위기 속에 내 책은 대세를 거스르며 이목을 끌고 논란을 일으켰다. 이 책이 여론에 어떻게 기여했는지는 알 길이 없다. 하지만 이 책에서 비판했던 생각이나 관행들이 출간 이후 점차 줄어들었다고 생각된다. 그 뒤 후속작으로 높은 기준을 설정해서 청소년들을 교육하는 공동체 단위 전략을 제안하는 책을 출간했지만, 상대적으로 판매는 저조했다.[31] 출판사 말로는, 독자들은 실천 가능한 해법보다는 사회 비판에 더 끌리기 때문이라고 했다. 그 말이 사실이라면 건설적인 문제 해결은 요원하지 않을까. 그 후 나 또한 스탠퍼드로 옮겨가면서 이 해법을 실현하려던 계획을 포기하고 말았다.

스탠퍼드에서 나는 목적의 발달에 관한 연구 프로그램을 시작했다.[32] 이 연구 결과는《무엇을 위해 살 것인가》의 출간으로 이어졌고, 나와 함께했던 뛰어난 제자들이 후속 연구를 이어가고 있다. 그들은 나 혼자서는 상상할 수 없는 수준까지 삶의 목적에 대한 이해를 확대시켰다.

어머니나 아버지와 달리, 나의 이야기는 여전히 진행형이다. 지금까지 나의 연구는 내가 기술한 여러 방향으로 계속돼왔다. 나는 새로운 방향을 시도하는 노력을 멈춘 적이 없다. 이 책 또한 그 시도의 일환이다. 어느 방향이 맞는지는 섣불리 단정할 수 없다. 지금은 그냥 이 상태로 기다려볼 뿐이다. 스파게티를 던지고 어떤 것이 벽에 붙는지 두고 보듯, 어떤 방향이 유효한지 결과를 기다려보려 한다.

7장.

아버지의 마지막 골프 레슨

"필은 체격도 크고 사교적인 데다 훌륭한 골퍼였죠."

아버지의 흔적을 찾아나서며 맨 처음 접한 자료가 케네스 맥코맥의 미국 해외공보처 구술 역사 자료다. 거기서 이 문구를 발견하는 순간, 나는 기쁨과 좌절이 뒤엉킨 복잡한 감정에 휩싸였다. 아버지가 골프라는 무한도전 게임에 통달한 사람이었다는 게 기뻤고, 그런 아버지와 골프 한 게임 같이 하지 못했다는 생각에 좌절했다.

그 후 나는 아버지에 대해 훨씬 많은 것을 알게 되었다. 아버지에 대해 무지했던 시간이 후회되는 이유는 많다. 하지만 모든 이유를 통틀어도 아버지가 훌륭한 골퍼였다는 걸 알게 되었을 때만큼 마음 쓰라렸던 적은 없었다.

열 살 무렵 나는 우연히 골프를 접하고는 첫 스윙에 그만 사랑에 빠져버렸다. 하지만 레슨받을 돈도 없고 조언해줄 사람도 없었기에 독학으로 배워야 했다. 아버지의 골프 실력이 전문가급이었다는 사실이 유독 마음에 사무쳤던 이유다. 고백건대 사랑에서 우러난 슬픔은 아니었다. 아니, 한 번이라도 내 앞에 나타나서 골프는 이렇게 하는 거라고 보여줄 수 없었던 걸까? 아버지의 빈자리가 한스럽게 느껴진 적이 있다면 바로 그때였다.

아버지의 골프 실력을 증언하는 기록은 탐색을 이어가는 내내 여기저기서 튀어나왔다. 처음 베르나 고모를 만났을 때 고모는 아버지가 자신의 골프 실력을 "아주 대단한 것"처럼 자랑스러워했다고 했다. 고모의 말을 뒷받침하듯, 여동생 라완도 아버지가 늘 낮은 한 자릿수 싱글 핸디캡을 유지했다고 기억했다. 아버지의 손자 앨버트에 따르면, 아버지는 방콕의 유서 깊은 로열 클럽이 주최한 토너먼트에 우승해서 벽면에 이름이 새겨졌다고 한다. 수말리는 아버지의 골프 실력이 태국에서의 외교관 경력에 도움이 되었을 것이라는 내 추측이 맞다고 확인해주었다.

나는 살면서 숱한 삶의 기술을 아버지 없이 혼자 터득해야 했다. 모두 골프보다 훨씬 실용적인 것들이었다. 하지만 내 성장 과정의 안내자로서 아버지가 남겼던 모든 빈자리 가운데 가장 간절한 것은 골프 코스에서의 빈자리였다. 아마도 골프가 아버지에게 그리고 나에게 그만큼 의미가 컸기 때문일 것이다. 다른 영역에서는 아버지의 도움 없이도 꽤 잘 살아왔지만, 골프는 분통 터지게도 그렇지 못했다. 들쭉날쭉한 내 실력은 간혹 반짝 빛을 발할 뿐 결코 그 이상 늘지 않았다. 골프에서 아버지의 빈자리는 인지한 순간부터 내 마음을 좀먹듯 괴롭히더니 지금까지도 한으로 남아 있다.

그런데 인생은 예측불허라더니, 충분히 오래 살고 운도 따른다면 인생은 잃어버린 조각 가운데 몇몇을 채워주기도 한다. 수많은 세월이 흐른 뒤 마침내 나는 시간의 간극을 뛰어넘어 아버지에게 골프 레슨을 받게 되었다.

2015년 이자 워너를 처음 만났을 때가 계기였다. 첫 만남에서 이자는 나를 자애롭게 대해주었을 뿐 아니라 두 가지 잊지 못할 선물도 주었다. 첫 번째 선물은 그녀가 다정하게 내뱉은 감탄의 한마디였다. 한창 대화를 나누고 있는데 이자가 나를 지그시 보더니 난데없이 이렇게 말했다. "네 아버지가 너를 참 좋아했을 것 같구나." 대수롭지 않은 칭찬일지 모르지만 내게 남은 반향은 어마어마했다. 60대 중반이 되었어도 여전히 사무치게 듣고 싶었던 말이었기 때문이다.

이자의 두 번째 선물은 우리가 만난 다음 주에 도착했다. 집으로 배달된 우편물에는 1950년대에 태국에 도착한 뒤 얼마 지나지 않았을 때의 아버지 사진이 여럿 들어 있었다. 그 가운데 아버지가 식민지 시대풍의 흰 옷을 입고 골프 코스에 서 있는 사진이 있었다. 아버지가 웨지 클럽으로 풀 스윙하는 모습을 포착한 사진이었다. 막 칩 샷을 마쳤는지 잔디와 먼지가 아직 공중에 흩날리고 있었다.

내 눈길을 사로잡은 것은 아버지의 자세였다. 아버지는 공을 때리기 전에 공이 **놓였던** 자리를 내려보고 있었다. 골프를 치는 사람이라면 이것이 얼마나 어려운지, 그리고 얼마나 중요한지 잘 알 것이다. 공을 때리고 나면 과연 공이 잘 맞았는지(골프의 신이 내게 재능을 주었는지) 확인하고 싶어서 눈으로 공의 궤적을 쫓고 싶은 유혹이 든다. **때린 다음에도** 고개를 숙이고 있으면 좋은 샷이 될 확률이 높아진다. 하지만 말처럼 쉬운 일이 아니다. 집중력과 좋은 습관, 훈련, 자기통제 등 세상에서 가장 요구 조건이 많은 게임인 골프에 필요한 모든 덕목이 발휘되어야 하는 순간이다.

이자가 보낸 사진에서 나는 다른 누구도 아닌 아버지가 보여준 모범적인 고급 골프 기술을 눈앞에서 생생하게 목격할 수 있었다. 내가 아버지에게서 받은 첫 번째이자 마지막 레슨이었다. 이 레슨은 효과가 있었다. 이 사진을 마음속 깊이 아로새긴 후부터 나는 칩 샷을 할 때 거의 고개를 들지 않는다. 덕분에 내 핸디캡은 2타가 줄었다. 반세기를 뛰어넘은 아버지의 사진 레슨 덕분이 아닐까.

너무 애쓰지 않아야
잘할 수 있는 것

내 인생에서 골프는 많은 것을 의미한다. 많은 사람에게 그렇듯 내게도 골프는 즐거운 여가활동이지만 그것만이 전부는 아니다. 나는 어릴 적 살던 초라한 동네의 시립 골프 코스에서 골프를 시작했다. 이곳은 깔끔하게 관리된 컨트리클럽과는 거리가 멀어도 한참 멀었다. 어느 날, 내가 다니던 중학교의 체육 강사가 지역 시립 골프 코스 학생 입장권을 50센트에 팔았다. 그 시절에도 이 정도면 싼 가격이었다. 나는 친구 한 명과 수업이 끝나면 곧장 골프장으로 달려가 빠른 속도로 27홀을 돌고 저녁 먹기 전에 서둘러 집으로 돌아가곤 했다.

그 시절의 기록은 남아 있지 않지만 골프와 관련된 모든 것을 사랑했던 기억만큼은 또렷하다. 좁은 집과 학교를 벗어나 드넓은 벌판을 거닐면 속이 확 트이던 느낌, 작은 공을 단 한 번 때리는 것으로 수백 야드를 날려 보내는 힘, 시합 중에도 경쟁자의 성공을 응원하는 스포츠맨십, 답답하다 싶을 만큼 강박적인 경기 규칙, 한 홀 안에서도 승부가 엎어지고 다시 뒤집어지는 긴박감 등 모든 것이 다 좋았다.

열두 살 때 참가했던 여름 캠프의 드라이버 샷 대회에서 우승했던 기억이 난다. 참가자들은 한 줄로 나란히 서서 드라이버 샷을 날렸고, 잠시 뒤 다시 두 번째 샷을 했다. 내가 친 첫 번째 샷은 똑바로 길게 날아가 나머지 참가자들을 모두 제쳤다. 그러고 몇 분 후, 사람들의 탄성과 함께 내 두 번째 샷은 (그때까지 가장 긴 비거리 기록이었던) 내 첫 번째 샷보다 20야드 더 멀리 날아갔다. 나는 이 묘기로 캠프 트로피를 받아 집으로 가져갔다.

그런데 이 이야기는 여기서 끝나지 않고 기묘한 반전으로 이어진다. 앞서 2장에서 언급했듯, 기억은 믿을 수 없다는 속성을 잘 보여주는 사례다. 그 대회 이후 50년 넘게 흐른 어느 날, 이제는 지긋이 나이 먹은 그 여름 캠프 참가자들과 오랜만에 만나는 자리에 참석했다. 참석자 중 나를 알아보는 사람은 거의 없었다. 학교 동창이 아닌 캠프 참가자들과 평생 친구가 되는 경우는 별로 없으니 당연할 만도 했다. 그런데 누군가가 나를 보더니 갑자기 눈을 반짝였다. 그는 나보다 한두 살 어렸는데, 캠프에 있을 때 서로 잘 알던 사이는 아니었다. 하지만 내가 드라이버 샷 대회에서 우승했던 것은 기억하고 있었다.

"기억나다마다요. 그해 여름 내내 모두가 그 이야기를 했다니까요." 초로의 그가 말 그대로 껑충껑충 뛰면서 반가워했다. "빌리 데이먼이 퍼터로 골프공을 250야드까지 날렸대!" 음, 물론 잘못된 이야기다. 다른 참가자들처럼 나도 드라이버를 사용했으니까. 하지만 내가 아무리 노력한들 그의 기억에서 퍼터를 지울 수는 없을 것이다. 그는 그런 일이 있었다고 100% 확신했다. 이렇듯 기억은 본질적으로 **구성되는** 것이다. 짐작건대 그의 기억이 의도치 않게 왜곡된 이유는 예외적이었던 내 기록을 어떻게든 구별하기 위해서였던 것 같다.

중학교를 졸업한 후 나는 40년간 골프를 끊었다. 세 아이를 키우고 경력을 쌓는 더 막중한 목표가 그 자리를 대신했다. 그러니 내 골프 핸디캡이 18이라는 보잘것없는 수준을 벗어나지 못한 것도 당연했고, 이걸로 아버지를 탓할 수는 없다. 골프 망명자로 사는 기나긴 시간 동안 골프는 내게 금지된 쾌락과 같았다. 내가 생각해도 골프는 너무 많은 시간을 잡아먹는 데다 위험할 정도로 중독성이 강했다. 소중한 시간을 낭비한다는 죄의식이 내 머리를 지배했다. 나는 적은 시간에 더 많이 뛰고 더 많이 땀을 내는 테니스나 길거리 농구 같은 운동을 했다. 그러다 보니 몇 번 큰맘 먹고 골프 코스에 나가도 혼자 서두르다 서툴게 헤매기 일쑤였다.

오스카 와일드의 유명한 명언을 빌리자면, 유혹을 없애는 한 가지 방법은 유혹에 빠지는 것이다. 이 방법은 유혹에 저항할 이유가 사라졌을 때 특히 효과적이다. 어느덧 아이들이 자라서 집을 떠나 독립하자 내 인생에 새로운 지평이 열렸다. 나는 골프의 세계에 다시 발을 들였다. 망명에서 돌아온 사람이 막상 고국을 어색해하듯, 처음에는 주저하며 시작했다. 그래도 다행히 금방 예전의 스윙이 살아났다. 비록 어릴 때 어깨너머로 배우느라 그립 잡는 법을 잘못 익혔다는 것을 알게 되어 교정하느라 몇 달 애를 먹었지만.

동지애와 경쟁심, 매너가 어우러진 골프만의 독특한 관례와 문화에 다시 익숙해지는 즐거움은 더할 나위 없었다. 나는 골프가 사람을 몰두하게 하고 겸허하게 만드는 게임이라고 생각한다. 두 가지 모두 내게 유익하다. 아버지와 달리 내 실력은 '훌륭한 골퍼'와는 한참 거리가 멀지만, 골프 코스에 나가면 (심리학 전문용어로는 '최적 경험optimal experience'이라 하는) 몰입감을 종종 느끼는 덕분에 고르지 못한 내 기량도 좋아진다. 시간 낭비를 죄악시하는 강박관념에 순응하듯, 나는 빠르게 진행하는 속성 골프를 대단히 좋아한다.

골프는 인간의 네 가지 기본 감각을 일깨운다. 육체적 감각은 명확히 알 수 있다. 전기 카트를 타지 않고 직접 클럽

세트를 둘러메고 코스를 터벅터벅 걸을 때 특히 그렇다. 그 밖에도 사회적 감각(경기자들은 서로 경쟁과 내기를 하면서도 스포츠맨 정신으로 서로를 응원한다), 정신적 감각(마음 상태가 샷 하나하나의 결과를 결정짓는다), 신비적 감각이 있다. 정말이다, '신비적 감각.' 이렇게 말하면 이상하게 들릴 수 있지만, 나는 절정의 순간에 분명히 느꼈다. 존 업다이크의《골프의 꿈》부터 마이클 머피의《내 생애 최고의 골프》에 이르기까지 이 감각은 몇몇 위대한 작품에도 서정적으로 설명되어 있다.

골프의 신비를 풀기 위해 업다이크는 먼저 분류학적으로 접근했다. 골프가 어떤 활동 종種에 속하는지 규명하고자 그는 취미나 일, 놀이, 관광 같은 카테고리를 살펴보다가 마침내 초월적이고 환각적인 어감이 가득한 카테고리로 정했다.

일종의 비非화학적 환각제인 골프는 사람의 몸을 이상하리만치 길게 늘어나고 가늘게 연결된 구성물들로 쪼갠다. 그러면서도 불안해 보이는 작은 다발들로 묶인 과잉의식과… 연골의 행복감을 선사한다. 요컨대 골프는 이렇게 몸의 감각을 변화시켜서 진실이 악화된 상황을 돌파하는 것처럼 보이게 한다. 마치 가면이 벗겨져 평범한 현실의 구조가 드러나는 것처럼.

옳소! 골프 스윙이 골프를 이루는 부분의 총합보다 위대하다는 것을 업다이크가 어찌나 잘 포착했던지. 스윙이 잘되면 몸과 마음, 장소를 초월하는 감각에 물들게 된다.

마이클 머피는 스코틀랜드의 포스만 옆에 있는 골프의 발상지에서 경험했던 '위대한 게임'인 골프를 마치 다른 세상의 것처럼 다룬다.[1] 1972년에 내놓은 베스트셀러《내 생애 최고의 골프》에서 머피는 그가 '버닝부시'라고 이름 붙인 미스터리한 코스를 따라 한 홀 한 홀씩 독자들을 안내한다.[2] 경기자 중에는 쉬바스 아이언스라는 현인도 포함되어 있다. 이 현인은 젊은 미국인 동반자(머피의 허구적 버전)에게 골프를 대하는 태도에 관해 조언한다. 또한 명상을 통한 훈련으로 성적뿐 아니라 경험도 강화하는 방법을 가르쳐준다. 버닝부시의 오래된 모든 홀이 신비와 영성으로 희미하게 빛난다.

《내 생애 최고의 골프》에 숨겨진 공공연한 비밀은 버닝부시가 그 유명한 세인트앤드루스의 올드코스라는 사실이다. '가장 위대한 골프 무대'라 불리는 올드코스의 역사는 수백 년 전으로 거슬러 올라간다. 그 시절, 강풍을 맞으며 골프를 쳤던 이 해안가는 풀 뜯는 양을 키우는 것 외에 다른 쓸모가 있으리라 누구도 상상하지 못했던 곳이다. 워낙 역사와 전설이 대단한 코스인지라 세계 곳곳에서 방문객들이 골프 성지

순례를 하듯 이곳을 찾는다. 다 큰 어른들이 12번 홀에서 몸을 돌려 저 멀리 보이는 세인트앤드루스의 시내 첨탑들을 바라보니 눈물이 핑 돌았다고 말하는 것을 직접 들은 적도 있다. 나도 막내딸이 에든버러 대학교에서 한 학기 동안 공부할 때 딸아이를 만나러 이곳에 가서 한 게임 즐길 수 있었다. 그날의 스코어카드와 골프공은 마치 고대 서사에 나오는 원정 전리품처럼 내 서재 책상 위에 고이 모셔져 있다.[3]

어른이 되어 다시 불붙은 골프 열정이 탄력을 받으면서 나는 스탠퍼드 골프 코스 교수 회원으로 등록하고, 골프 관련 글을 탐독하고, 골프 영화를 보고, 틈만 나면 유서 깊은 코스를 찾아 게임을 했다. 그중에는 업다이크의 《골프의 꿈》을 통해 유명해진 매사추세츠 코스(사우스 해밀턴의 마이오피아 헌트 클럽)와 빌 팩스턴이 감독한 영화 〈내 생애 최고의 경기〉로 알려진 코스(브룩라인의 더 컨트리클럽)도 있었다. 나는 마이클 머피와 아는 사이가 되어 노던 캘리포니아에 있는 그의 고향을 방문했다. 그는 내게 골프의 신비를 보는 독특한 시각을 깨우쳐주었을 뿐 아니라 심리학과 인간의 정신적, 육체적 능력의 경계에 관한 깊은 통찰도 나누어주었다(머피의 또 다른 업적은 빅서에 뉴에이지의 영적 가치를 구현한 에솔렌 연구소를 공동 설립한 것이다). 덕분에 나는 골프만이 아니라 전 생애에 걸친 인간 발달에 대한 이해를 넓힐 수 있었다.

　골프에 대해 내가 아는 모든 것과 아버지의 인성에 대해
내가 알게 된 모든 것을 놓고 보면, 아버지가 훌륭한 골퍼였
다는 것은 그리 놀라운 사실이 아니다. 골프의 비밀 가운데
하나는 너무 열심히 하지 말아야 한다는 것이다. 너무 집중
하는 것과 너무 집중하지 않는 것 사이의 중간 지점에서 플
레이해야 하는 게 골프다. 《내 생애 최고의 골프》에서 골프
의 큰 스승 쉬바스 아이언스는 머피가 나쁜 샷을 하자 이렇
게 말한다. "자네는 너무 잘하려고 하는군." 그러면서 선禪에
서 말하는 초연함이 왜 효과적인지 설명한다. 마음을 쓰되,
흐르는 대로 흘러가게 두라. 힘을 빼고 편하게 스윙하라(이렇
게 하면 실제로 공이 더 멀리 나간다). 주어진 상황에 따라 플레
이하라. 그는 이렇게 썼다. "코스가 당신을 통해 플레이하게
하라." 일이 잘 안 풀리면 그냥 "잘 풀릴 때까지 기다려라."
이 얼마나 아버지에게 딱 맞는 스포츠란 말인가! 아버지는
너무 애쓰지 않기의 장인이었던 사람이다. 하지만 애정이 가
는 것(전시의 군사재판 증인 임무, 외교 업무, 두 번째 가정)이 생
기자 그것을 지키기 위해 자기 자리를 지켰고, 상황에 맞게
잘 대처했다. 아버지는 골프의 달인이 되었다. 이것은 수년

간 이 난해한 운동에 땀과 돈과 열정을 쏟아부으며 고군분투한 수많은 이들이 결코 이루지 못한 성취였다.

너무 애쓰지 않기의 장인이라… 내 곁에 없었던 아버지는 어머니와는 얼마나 다른 사람이었던가. 어머니는 아버지가 돌아오지 않는다는 충격에서 벗어난 후 자신의 운명(과 내 운명)을 개척하기 위해 쉼 없이 일했다. 어머니는 세세한 모든 부분까지 일일이 챙겼다. 실로 엄청난 에너지의 소유자였다. 물론 사람을 성가시게 하는 종류의 에너지였던 경우도 많았다. 이것이 어머니와 사이좋게 지내기 힘든 이유 중 하나였다. 나의 인생 회고 결과, 아버지는 학창 시절이나 어른이 되어서나 안이하고 역량을 다 발휘하지 못하고, 무책임하고, "여과하지 않고 말하는" 사람으로 묘사되었던 것을 알게 되었다. 아버지는 설렁설렁 느긋한 사람이었다. 무엇이 되었건 이와 반대되는 의미의 표현을 쓰면 바로 어머니에게 딱 들어맞는 표현이 될 것이다.

결혼은 했으나 영원히 헤어져 살았던, 너무도 달랐던 둘 사이에서 나는 어느 지점쯤 속하는 걸까? 두 극단의 중도를 추구하는 것이 언제나 바람직하긴 하지만, 솔직히 말해 내 경우에도 적용된다고 할 수는 없다. 살면서 활동하고 기회를 맞았을 때(중대한 일이건 그저 즐거움을 위한 일이건) 어떻게 접근했는지를 생각해보면, 나는 아버지보다는 어머니 쪽에 훨씬 더 가깝다. 이런 성격에 따라오기 마련인 삶의 모든 부침도 포함해서 말이다. 순전히 나만을 놓고 하는 이야기이므로 일반화는 허용될 수 없지만, 이 하나의 사례만 놓고 보면 유전보다는 양육 환경이 상대적으로 중요한 듯하다. 나는 어머니가 키웠다. 어머니는 함께 살면서 내가 직접 체험할 수 있는 롤모델 역할을 했다. 아버지는 내게 DNA를 물려주었다. 물론 이것도 내게는 몹시 중요하고, 아버지에게 진심으로 감사한다. 하지만 이것이 내 성격을 형성하지는 않았다. 그리고 불행히도 아버지의 대단한 골프 실력을 내게 물려주지도 않았다.

아버지와 함께한
골프 라운드

처음에는 한스러운 마음이 들었던 것도 사실이다. 하지만 아버지가 훌륭한 골퍼였다고 상상하자 골프에 대한 애정이 더 뜨거워졌던 것도 사실이다. 그리고 거꾸로 나의 골프 사랑 때문에 아버지와의 결속이 좀 더 끈끈하게 느껴졌고 조금은 그를 좋아하게 된 것도 맞다. 급기야 나는 새로 알게 된 사실들에 탄력받아 개인적인 골프 성지순례에 나섰고, 그러면서 아버지와의 유대를 더 단단하게 느꼈다.

성지순례의 첫 단추는 내 의지와 상관없이 채워졌다. 어느 날 '새로 생긴' 사촌 크리스(베르나 고모의 아들)에게서 전화가 왔다. 그는 로드아일랜드에 있는 옛집 차고에 아버지가 어릴 때 썼던 낡은 골프클럽 세트가 그대로 남아 있다고 했다. 크리스는 수화기 너머로 내가 숨이 멎듯 놀라는 소리를 들었을 것이다. 당장 그 클럽이 보고 싶었다. 동시에 속으로 경탄했다. 골프클럽이 70년이나 그대로 보관된 집이 요즘 어디 있겠나. 이처럼 주거지가 변함없는 인생이라니 새삼 경이로웠다. 그에 비하면 나를 키워준 가족과 내가 키워낸 가족은 뿌리 없이 떠도는 유목민처럼 느껴졌다.

마음씨 좋은 사촌은 바로 그 주에 클럽을 보내주었다. 나는 보물이 가득한 무덤을 발굴하는 고고학자라도 된 양 택배 포장을 뜯었다. 클럽은 상자에서 쉽게 꺼낼 수 있었다. 클럽이 든 가벼운 캔버스 골프 백은 내가 들고 다니던 통통한 폴리에스터 백과는 닮은 구석이 거의 없었다. 캔버스는 햇볕을 받아 그을린 상태였고, 바닥 가장자리를 따라서 가죽 장식이 드문드문 남아 있었다. 순간 사막 기후에 닮은 빅토리아풍

사파리 재킷이 떠올랐다.

가방 안쪽 주머니를 뒤지자 몇 가지 보물이 더 나왔다. 골프공 두 개와 성적이 기록된 피츠필드 컨트리클럽 스코어카드였다. 골프공에는 '아쿠쉬네트'라고 찍혀 있었다. 골프를 사랑하는 사람이라면 잘 알겠지만, 매사추세츠의 아쿠쉬네트는 최고의 골프공 브랜드인 타이틀리스트의 전신이다. 타이틀리스트라는 브랜드를 사용하기 시작한 것은 1935년, MIT 출신 고무 전문가들이 기존의 골프공보다 균형이 잘 잡힌 공을 디자인하면서부터다. 아버지는 1923년생이다. 즉 브랜드 교체 시기를 감안할 때, 아버지가 이 클럽을 사용할 무렵의 나이는 아무리 높이 잡아도 열두 살이다. (공 상태가 완전히 새것 같은 것으로 보아 아마 맞을 것이다.)

함께 발견된 스코어카드에는 더 많은 내용이 담겨 있었다. 카드에 기록된 그날 아버지는 에미, 앤, 스콧이라는 친구들과 함께 경기했다. 전반 9홀까지 아버지는 친구들과 비슷하게 58타라는 평범한 성적을 기록했다. 그런 다음 후반 9홀은 아버지의 기록만 있는 것으로 보아 혼자 경기를 이어갔던 것 같다. 그 9홀에서 아버지가 기록한 점수는 무려 43타였다. 열두 살 소년이 딱딱한 아이언과 진짜 나무 헤드가 달린 우드로 타이틀리스트가 균형 좋은 공을 생산하기 전의 전근대적인 공으로 낸 것이라고는 믿기 힘든 성적이었다. 후반 9홀의 성적에 포함된 파 네 개는 아버지의 눈부신 잠재력을 보여주는 기록이었다.

스코어카드에 적힌 성적을 보고 아버지가 피츠필드 컨트리클럽의 페어웨이를 따라 공을 보낼 때 실제로 어떤 샷을 했는지 알 수 있을까? 나라면 그 홀들을 어떻게 공략했을까? 상상을 이어가다 보니 아버지가 골프를 배웠던 코스, 아버지가 소년이었을 때 걸어다녔던 그 땅을 직접 보고 싶다는 강한 열망이 일었다. 어른이 된 나의 들쭉날쭉한 실력과 어린 시절 아버지의 재능을 비교해보고 싶은 마음이 간절했다. 피츠필드 사람들은 버크셔 산맥 발치에 자리한 이 경사진 코스를 PCC라는 애칭으로 부른다. 나도 PCC에서 골프를 쳐보고 싶었다.

원래 사설 골프장은 외부인의 출입이 쉽지 않다. 하지만 나는 운 좋게도 인맥이 있었다. 예전에 박사과정 학생이었고 지금은 친구로 지내는 켄딜 브롱크의 남편 브라이언 브롱크가 피츠필드 출신이었다. 그와 나는 매사추세츠의 추억과 레드삭스에 대한 변함없는 애정을 공유하는 사이다. 그가 내게 오랜 친구이자 피츠필드의 유명인사인 젊은 기업인 매튜 키팅을 소개해주었고, 고맙게도 매튜는 함께 골프 라운드를 하자며 나를 피츠필드로 초대해주었다. 아버지의 1930년대 스코어카드를 마음속에 품은 채 임한 그 게임은 내게 아버지와 함께한 골프 라운드가 되었다.

피츠필드 컨트리클럽은 아버지와 베르나 고모가 자랐던 집에서 1마일도 안 되는 분주한 거리에 면해 있었다. 나는 클럽에 가기 전에 사우스 마운틴 로드에서 예전 모습을 그대로 간직하고 있는 친가에 잠시 들렀다. 데이먼 가家는 그곳에서 1950년대까지 살았다. 할아버지가 돌아가시고 베르나 고모가 결혼하고 나자, 할머니는 보스턴으로 이주해서 아파트 한 층에 내가 '이모할머니'라고 불렀던 여자 사촌들과 함께 지냈다. 아버지는 전쟁 후에 유럽과 태국에서 살았기 때문에, 아버지에 관한 모든 자료에는 피츠필드에 있는 그의 어릴 적 집이 미국 국내 거주지로 계속 기록되어 있었다.

나는 고택 주변을 거닐며 사진도 몇 장 찍었다. 집에 사람이 없어서 집 안을 볼 수는 없었다. 네 살 때까지 어머니가 이 집에 나를 몇 번 데리고 왔다고 했지만 그때의 기억이나 느낌을 일깨우는 것은 없었다. 아마도 내가 마지막으로 방문했을 때, 병환으로 침대에 누워 계시던 할아버지의 모습만 희미하게 머릿속에 남아 있을 뿐이다. 이 기억조차 실제인지 구성된 것인지, 혹은 둘 다인지 나로서는 알 수 없다.

데이먼 가 고택에서 피츠필드 컨트리클럽까지는 차로 10분이 채 걸리지 않았다. 그날은 화창한 봄날이었다. 짙푸른 하늘에 구름 한 점 없었고, 들꽃 향이 가벼운 바람에 실려 왔다. 코스에 도착하자 전면으로 드넓게 펼쳐진 전원의 경관과 인근의 호수를 내려보고 우뚝 선 산세에 감탄이 절로 나왔다. 건물이 빽빽하게 들어찬 암울한 공장 도시에서 자란 나는 아버지가 어린 시절을 보낸 목가적인 풍경에 넋을 빼앗겼다. 마음속으로 찌릿한 질투가 일었다. 아버지의 골프 인생을 알게 되면서 느꼈던 한스러움이 다시 격하게 몰려왔다. 대체 아버지는 왜 잠시라도 들러서 한두 번이라도 레슨을 해주지 않은 거지?

하지만 코스에 발을 디디자 나를 짓누르던 온갖 부정적인 감정이 사라졌다. 나는 첫 스윙을 하면서 해방감을 느꼈다. 푸르른 산악 지형이 마음껏 쳐보라고 어깨를 두드려주는 것 같았다. 나는 즉시 힘을 빼고 긴장을 풀었다. 이것은 골프에서 쉬운 일이 아니지만 모든 것의 열쇠이기도 하다. 첫 번째 드라이버 샷을 앞으로 보냈다. 이어진 페어웨이 샷들은 푸른 하늘로 높이 날아올라 최고점에서 잠시 멈추더니 잘 가꾸어진 잔디 위로 가볍게 떨어졌다. 멋진 샷을 날릴 때마다(평소보다 좋은 샷이 많았다) 전율이 흘렀다. 그린이 낯설었던 탓에 어이없는 실수도 많았지만, 그 어떤 실수에도 18홀을 돌면서 느낀 들뜬 행복감이 반감되지 않았다. 갑작스럽게 등장하는 언덕과 호수의 풍경, 그리고 야생의 모습과 세심하게 관리된 조경의 조화가 이 코스를 기존의 어떤 코스와도 다르게 만들었다. 그렇다고 코스가 이상하거나 낯설었다는 뜻은 아니다. 오히려 반대로, 마치 고향에 온 느낌이었다. 고향에 돌아온 사람을 반기듯 골프 코스가 나를 환영하는 것만 같았다.

이날의 성적을 요약하자면, 열두 살 즈음의 아버지가 거의 모든 홀에서 나를 압도했다. 나의 총 성적은 93타(그 당시의 내 평균 성적과 비슷했다)로, 전반 9홀은 46타였고 후반 9홀은 47타를 기록했다. 파는 총 다섯 개가 나왔다. 후반 9홀 43타라는 눈부신 성적이나 18홀 가운데 파 여섯 개라는 기록 앞에서 나는 도저히 아버지의 맞수가 되지 못했다. 아버지의 총 타수(101타)는 나보다 많았지만, 이것은 전반에 망쳐버린 홀이 몇 개 있었기 때문이다. 그중에는 8번 홀과 9번 홀도 있었는데, 이때 아버지는 친구들과 장난을 치며 놀았던 것 같다. 그러다 아버지 혼자 남게 되자 집중하기 시작했고, 모든 것이 달라졌다. 이 시점부터 아버지의 게임은 분명한 격차를 보이며 내 게임을 앞섰다. 열두 살짜리 아이가 골동품 같은 클럽과 공으로 경기를 했는데도 말이다. 만약 이것이 재능 경연대회였다면 아버지는 단연 우승감이었다.

내가 이토록 아버지의 기량과 내 기량을 비교하는 데 집착했던 이유는 경쟁심 때문이 아니었다. 아버지의 골프 재능을 간접적으로 접한 것만으로도 나는 큰 만족감을 느꼈다. 코스를 몸소 경험하면서 아버지가 얼마나 잘했는지 깨닫고 뚜렷하게 그려볼 수 있게 되면서 자부심과 함께 보상받은 느낌도 들었다. 진심으로 아끼는 사람이 대단한 성취를 했을 때 누구나 느끼는 바로 그런 자부심이었다. 또한 아버지라는 사람이 쓸모없는 패배자였다는 철없는 분노에서 벗어난 것으로도 보상받았다고 느꼈다. 이 불편한 의혹을 해소한 것이 내 인생 회고의 결과 중 하나였다.

내가 인생 회고를 시작한 이유는 내 인생의 첫 페이지에서부터 사라져버린 이 남자에 대해 가능한 한 모든 것을 알아내기 위해서였다. 내가 찾아낸 아버지의 성취에 견주어보면 골프는 작은 징표에 불과하다. 하지만 내게는 의미심장한 징표다. 나와 같은 감정을 느꼈던 한 남자와의 연결 관계, 골프는 바로 이 관계를 보여주는 연결고리이기에 의미가 깊다.

8장.

아버지의 삶을 탐험하며
깨달은 것

마음속 후회를
새롭게 이해하다

"후회, 조금은 있지, 하지만 다시 언급할 정도는 아냐." 프 랭크 시나트라가 부른 이 노래의 가사를 들을 때면 그 현명 함에 미소 짓게 된다. 인생 회고에 나서기 전까지는 내 인생 여정을 '왜'와 '만약'이라는 의문을 품고 밀착해서 들여다보 려 한 적이 없었다. 이런 자세가 용감해 보일지는 모르나 심 리적 안녕감을 느끼기에 충분한 처방은 아니었다. 자칫 마음 속에 묻혀 있던 후회를 건드릴까 두려웠다. 그러다가 내 과 거를 다시 살펴보고 비밀을 밝히기 시작하면서, 이 후회를 어떻게 다루느냐가 중요한 과제가 되었다.

후회는 자아수용의 가장 큰 걸림돌이다. 후회는 과거에 하 지 않았더라면 싶은 선택을 가리킨다. 이런 이유로 후회에 매달리면 감정적으로 불안정해질 수 있다. 후회를 흘려보내 지 않으면 원망이 생기고, 마음이 쓰라리며, 회의하는 마음 이 깊어지고, 극단의 경우에는 에릭 에릭슨이 경고했듯 한없는 절망감에 빠지게 된다. 지나온 길을 돌아보며 과거의 경험과 인생 자체의 가치를 긍정해야 하는데, 후회에 매달려 있으면 그러기가 어렵다.

반면 긍정적인 방식으로 후회를 다루면 자기쇄신과 자기 발전의 기회가 생긴다. 우리는 후회를 통해 드러나는 실수에서 배울 수 있다. 왜 그런 실수를 했는지 파악하고 미래에는 다른 경로를 선택할 수 있다. 나이 들수록 우리는 성장 지향적인 방식으로 후회를 받아들여야 한다. 실의에 빠진 채 후회 때문에 마음을 졸여서는 안 된다.

후회는 크게 두 가지로 나뉜다. 객관적 후회는 실질적인 영향을 준 잘못된 행동을 깊이 성찰한 결과 생기는 것이다. 이에 반해 주관적 후회는 '일어났을지도 모를 일'을 근거 없이 추측하면서 생겨난다. 인생 회고를 할 때는 이 두 유형을 구별하는 것이 중요하다. 해결되지 않은 후회라는 감정의 함정에 빠지지 않으려면 이 두 가지를 다르게 처리해야 하기 때문이다.

객관적 후회는 우리가 저지른 실수를 인정한 뒤에 뒤따라온다. 실수를 정면에서 바라볼 때 인간은 교훈을 얻는다. 이는 인생 회고의 가장 중요한 장점과도 일맥상통한다. 과거 경험을 돌아보며 동시에 배움의 기회로 삼는 것 말이다. 이 책에서 주장하듯, 인생 회고는 우리가 과거를 이해하도록 돕는 역할만 하는 것이 아니다. 교훈을 통해 우리를 미래로 안내하는 역할도 한다.

반면 주관적 후회는 일종의 '대체 우주alternative universe' 사고방식에서 기인한다. 우리는 가지 않은 길을 상상하면서 우리의 실제 삶과는 다른 모습을 떠올려보곤 한다. 의도적이든 의도적이지 않든 이런 사고 패턴은 벌어진 상황에 대한 불만을 반영하고, 대개 이런 불만이 계속되도록 살을 붙인다. 또한 세월이 흐르고 때로 우여곡절을 겪는 동안 긍정적 정체성을 유지하지 못하게 가로막는다. 이런 식의 사고 패턴은 자아수용의 첫 번째 원칙에도 부합하지 않는다. 우리 삶에 큰 획을 그은 사건들이 현재의 우리를 만들었으며, 다른 어떤 구성으로도 그렇게 하지는 못한다는 사실 말이다.

나의 과거에도 두 가지 유형의 후회가 모두 있었다. 나도 인지하지 못했던 뜻밖의 발견이었다. 나는 으레 '난 괜찮아'라고 말하면서 수많은 후회를 마음속에 묻어두고 있었다. 덕분에 기능적으로는 꽤 효과적으로 살았지만, 왜곡된 감정이 찌꺼기처럼 남아 있었다. 기존의 내 방식은 이런 왜곡된 감정을 부정하는 것이었다. 하지만 이 방법은 한계를 드러냈다. 나는 이제 예전처럼 할 수 없게 되었다. 객관적 후회에 대해 나는 이렇게 결론지었다. 내가 실수를 한 것은 사실이니 인정하고 거기서 교훈을 얻어야 한다고.

내가 깊이 후회했던 실수 하나는 아버지와의 사이에서 실제로 무슨 일이 있었는지 어머니에게 묻지 않았다는 것이다. 만약 물어봤더라면 아마도 고통스럽고, 난처하고, 질질 끄는 대화가 되었을 것이다. 그리고 어머니가 회피했을 것이 분명하다. 아마도 나는 어색한 상황에 놓였을 것이다. 하지만 그 대화가 우리 둘의 관계를 망가뜨리지는 않았을 것이다. 오히려 우리의 유대를 더 강화하고 더 유익한 대화로 가는 문을 열었을 가능성이 크다. 그러지 못했던 건 심각한 실수였다. 이제는 결코 되돌릴 수 없기 때문이다. 이제는 어머니가 무엇을 알고 있었는지 알아내고 어머니와 나의 감정을 이야기할 기회가 모두 사라져버렸다.

그리하여 나의 인생 회고에서 얻은 첫 번째 교훈은 이렇다. 나를 비롯해 모든 이들에게 해당하는 교훈이다. **너무 늦기 전에 사랑하는 사람들과 중요한 대화를 반드시 나누도록 하라.** 말처럼 쉽지 않을 수도 있다. 생니를 뽑는 것처럼 힘들고 고통스러울 수도 있다. 어색할 수도 있고, 갈등이 생길 수도 있으며, 달갑지 않을 수도 있다. 반대로 어쩌면 할리우드식으로 사방에서 미소와 포옹이 오가며 대화가 끊이지 않을지도 모른다. 어떤 식으로든 이 대화의 끝은 이로운 결과로 이어질 것이다. 여러분 자신을 위해서(인생 궤적의 모든 배경을 알게 된다), 여러분의 관계를 위해서(분위기가 부드러워지고, 앞으로의 대화가 더 편해지고, 서로를 더 이해하게 된다), 여러분이 사랑하는 사람들을 위해서(여러분이 힘껏 노력한다는 사실을 그들에게 알려준다). 이 교훈은 특히 간곡하다. 이런 대화는 시간이 지남에 따라 기회가 줄어들기 때문이다. 제때 하지 않으면 가치를 잃고 결국에는 영영 없어지고 만다.

나의 객관적 후회 가운데 다른 하나는 이것이다. 아버지에 관한 실마리가 언뜻언뜻 모습을 드러냈을 때 더 자세히 알아보지 못했다는 것이다. 가장 지독한 실패는 정신없는 장년기 동안 피치트라가 보낸 두 번째 편지에 답장하지 않은 것이다. 바빴다는 것은 핑계가 되지 못했다. 인생 회고를 하면서 무신경하게 대했던 이때의 기억을 떠올리자, 내가 얼마나 끔찍한 실수를 저질렀는지 뼈저리게 와닿았다. 친가 가족들을 하나둘 만나기 시작한 뒤에는 더욱 분명해졌다. 베르나 고모와 사촌들, 다른 친척들과 아버지의 딸들(수말리와 라완)을 좀더 일찍 알았더라면 내 삶이 훨씬 풍요로웠을 텐데.

내가 간과했던 작은 실마리인데, 나는 어릴 때도 무신경했다. "피는 못 속이는 법"이라고 했던 그 불쾌한 아주머니의 말이 가장 선명하게 기억에 남지만, 내가 아무 생각 없이 흘려들은 다른 말들이 분명 그 대화에 포함돼 있었을 것이다. 비록 가끔이었지만 할머니를 만날 때에도 아버지의 빈자리에 대한 수수께끼를 탐색할 기회는 분명히 있었다. 하지만 나는 한 번도 그렇게 하지 않았다.

이 모든 것이 작용한 결과를 나는 가장 후회한다. 아버지가 살아 계셨을 때 만나서 서로 알아갈 가능성을 내가 박탈해버렸다. 그것만으로도 엄청난 손실인 데다, 내가 이복 여동생과 사촌들, 베르나 고모를 알게 될 기회도 인생의 황혼기로 미루어지고 말았다. 가족이 거의 없는 소년에게 한꺼번에 가족이 생길 수도 있었는데 말이다.

물론 아버지의 존재를 일찍 알게 되었으면 내 안에 불확실한 성격의 복잡한 감정들이 생겨났을 것이다. 하지만 아버지의 인생 궤적이 내 운명에 얼마나 크게 작용했는지, 특히 내가 받은 학교 교육에 어떤 영향을 주었는지 알게 되었을 것이다. 정확히 내가 어떻게 지금과 같은 사람이 되었는지를 (즉 진정한 나의 발달정체성 이야기를) 제대로 이해하려면 이런 사실을 반드시 알아야 했다. 그런데 내가 아버지의 운명에 오랫동안 무관심했던 탓에 근본적인 자기이해 작업이 수십 년이나 미루어졌던 것이다.

나는 왜 이토록 무관심했을까? 그리고 이 실수에서 무엇을 배울 수 있을까? 이번에도 나는 인생 회고를 통해 교훈을 얻으려 한다. 학교 생활기록부를 보고 알게 되었지만, 나의 고집스러운 독립심은 오래전부터 남달랐다. 그 기질 그대로 내 곁에 없는 아버지에 대해서도 반항적인 모습으로 고집을 드러낸 것이다. "난 당신이 필요 없어!" 이런 태도는 아버지가 있었다면 도와주었을 모든 일을 홀로 헤쳐가야 했던 어린 소년이기에 용서받을 수 있다(또한 누구든 어린 시절의 성향은 원칙적으로 '용서받을 수 있어야' 한다). 하지만 고집스러운 면이 너무 오래 방치된 상태로 있으면 필수적인 학습을 방해한다. 고집은 교만이라는 형태의 파괴적인 악덕이 되고, 지적 겸손이라는 필수적인 미덕을 가로막는다. 내 마음속에 고집스러운 면이 계속 남아 있었던 탓에 칠흑 같은 상태로 무관심만 커졌고, 그 결과 아버지와 그의 가족을 발견할 모든 기회가 차단되었다.

인간의 학습 능력은 열린 마음과 호기심, 겸손에 달려 있다. 아울러 무언가를 발견하면서 감정적 균형이 일시적으로나마 흔들릴 위험을 기꺼이 감수하는 의지에 달려 있다. 아버지에 대한 나의 태도를 보건대 나는 이런 위험을 무릅쓰지 못했다. 이런 사실을 알게 된 것이 내게는 늦은 나이에 받은 인성 교육인 셈이다.

내가 두 번째 유형의 주관적 후회를 오랫동안 품고 살았다는 사실은 더욱 놀라웠다. 아버지가 전쟁에서 돌아가시지 않았다는 사실을 알게 된 후로, 나는 때때로 아버지에 대해 우울하게 반추하곤 했다. 내가 그려본 아버지의 모습은 성취도 목적도 없는 공허한 삶에 빠진 쓸모없는 불한당의 그것이었다. 이런 이미지는 어린 시절에 내 앞에 등장한 모든 실마리와 모순되었다. 특히 내가 대학생일 때 어머니가 노골적으로 알려준 사실과 비교해보라. 아버지가 목표 없는 떠돌이라면 어떻게 양육비를 지원할 수 있었겠는가? 심지어 그로부터 20년 후에는 피치트라가 보낸 편지를 통해 아버지가 안정적인 두 번째 가정을 꾸렸고 주목할 만한 외교관 경력을 쌓았음을 확실히 알게 되었다. 그런데도 내 멋대로 지어낸 상상의 산물을 고집하며 아버지를 떠돌이 인간쓰레기로 여겼다. 이것은 사실에 위배되기만 한 것이 아니었다. 이 때문에 나는 아버지가 왜 그런 결정을 내렸는지 이해할 수 없게 되었다. 그 결과 어머니와 나를 버린 아버지를 용서하기가 더욱 어려워졌다.

용서하는 능력은 필수적인 인성적 미덕이다. 이 능력은 끝없는 원망의 고통에서 우리를 구해주고, 우리가 용서한 이들과 긍정적 관계를 복원할 수 있게 한다. 무엇보다 자신을 용서하는 데 힘들어하지 않도록 해준다. 피치트라의 두 번째 편지를 읽고 아버지가 편찮으시다는 사실을 처음 알았을 때, 나는 그보다 더할 수 없을 정도로 무심했다. 어쩌면 자업자득이라는 생각을 잠시 했을지도 모른다(이 또한 지금에서는 확실하지 않다). 어떤 경우든 아버지에 대한 편견과 용서하지 않으려는 마음은 오류였다. 이 오류 때문에 나는 오랜 세월을 혼란과 불편한 감정에 시달렸다. 나는 아버지에게 원망을 품었지만, 스스로 이를 인정하지 않았다. 이것은 원망 중에서도 최악의 원망이다. 인정받지 못한 원망은 풀어낼 수도 없으니까. 진지한 인생 회고를 통해서야 이 원망을 인정하고 씻어낼 수 있었다.

여기서 얻게 되는 교훈은 이렇다. 현실이 뒷받침하지 않는, 환상에 불과한 믿음을 유지하는 것은 일종의 자기기만이다. 여기에는 자기기만에 수반되는 모든 위험이 뒤따른다. 그중 하나는 용서를 가능하게 하는 진실을 포착할 수 없게 만든다는 것이다. 인생 회고를 통해 알게 된 사실들이 아버지를 폄훼하는 환상들을 갈기갈기 찢어버린 뒤에야, 나는 이해하고 용서하는 능력을 아버지에게까지 확장할 수 있었다. 그게 아버지에게 가치 있는 일이 되기에는 너무 늦었지만, 나는 뒤늦게나마 위안받고 마음의 평화를 얻었다.

얼마 전에 대화할 때 이복 여동생 라완이 이런 표현으로 문장을 시작했다. "우리 아버지의 모든 불운으로…" 그 뒤의 내용은 기억나지 않는다. 이 첫 마디가 몰고 온 감정의 파도가 엄청났기 때문이다. 이 표현을 떠올리면 아버지가 20년간 몹쓸 병마와 싸웠던 사실이 생각난다. 케네스 맥코맥은 이렇게 말했다. "지금은 하루 종일 침대 생활을 하고 있지요. 제 생각에 거의 시력을 잃은 것 같아요. 그의 유일한 낙은 의회 도서관에서 제공하는 오디오북을 듣는 것이죠." 이제 안타까움으로 내 심장이 깨지듯 아프다. 뭐라도 할 수 있었다면 좋았을 텐데. 더 정확하게는, 아버지에게 내 위로가 힘이 될 수 있을 때 곁에 있었더라면 좋았겠다는 생각이 든다. 당신의 아들이 살아온 이야기와 용서의 말을 해드렸다면 좋았을 것 같다. 지금 내가 아는 것을 그때 알았더라면 아마 아버지에게 감사 인사를 했을 것이다. 이런 감정을 갖기까지 너무 오랜 시간과 장기간의 인생 회고가 필요했다. 그래도 그럴 수 있어서 기쁘다.

감사하는 마음을 발견하다

인생 회고의 첫 번째 목적은 주어진 삶의 가치를 긍정하는 것이다. 이렇게 추상적으로 말하기는 쉽다. 하지만 어떤 삶이든 자세히 들여다보면 만만치 않다. 더러는 유독 힘든 삶도 있다. 많은 사람의 삶을 망치는 실체적인 비극을 마냥 긍정적으로 여기기는 어려운 법이다. 중병에 걸리거나 사랑하는 사람을 잃거나 전쟁과 내전, 경제 붕괴를 맞는 등 세상의 온갖 재난들이 삶의 질을 나락으로 떨어뜨린다. "다 잘될 거야", "좋은 쪽으로만 생각해" 같은 허울 좋은 말은 비극이 가져온 고통을 덜어주지 못한다. 우리는 비극에 대처할 용기와 비극이 초래한 피해를 견디며 살아남을 의미 있는 방법을 찾아야 한다.

나아가 비극까지는 아니어도 모든 삶에는 실망과 난파된 계획, 놓쳐버린 기회가 한 자리씩 차지하고 있다. 그중에는 자신의 결점으로 인한 것들도 있다. 스스로 초래한 숱한 파괴의 흔적 앞에서 어떻게 해야 고요한 자아수용의 경지에 도달할 수 있을까?

인생 회고를 하면 감사를 통해 자아수용에 이르게 된다. 그 논리는 이렇다. 우리에게는 각자 지구상에 주어진 삶이 하나씩 있다. 삶에서 일어나는 일 가운데 몇몇은 우리의 통제 범위 안에 있고, 몇몇은 이 범위를 넘어선다. 자신이 통제할 수 없는 결과는 설명하려 애쓰지 말아야 한다. 인생 회고는 우리에게 부정적 영향을 주는 통제력 너머의 힘이 무엇인지 확인하게 해준다.

우리 삶에는 운 좋게도 긍정적 영향을 주는 것들도 있다. 인생 회고를 통해 확인한 부정적 영향력과 긍정적 영향력을 옳바로 비교하는 것 역시 중요하다. 만약 긍정적 영향이 상당하고 비극적 결과가 견딜 만하면 우리는 감사의 길로 접어든다. 반대로 결과가 너무 비극적이면 그것을 애통해하고 그에 따른 고통에 대처할 방법을 찾아야 한다. 이것은 인생 회고의 자아수용 과제를 넘어서는 자기탐구의 문제다.

자신의 운명을 통제하고자 했던 선택이 뜻한 바를 이루었는지 자문하는 것은 자연스러운 일이다. 어떤 실수 때문에 지금 후회하는지 알면 실수로부터 배울 수 있다. 하지만 그런다고 해서 우리가 선택해서 가고 있는 현재의 길이 달라지지는 않는다. 만약 다른 선택을 했다면 어떻게 달라졌을까? 그 상상의 길에 대해 어떻게 생각해야 할까? 인생 회고에서 '가지 않은 길'은 잃어버린 기회가 아니다. 우리가 선택해서 만든 지금의 삶을 살지 못하게 했을 수도 있는 통로일 뿐이다. 그것이 무엇이건, 우리가 실제로 했던 선택이 우리를 오늘날과 같은 사람으로 만들었다.

대체로 사람들은 자신의 정체성을 지키고 싶어 한다. 종종 다른 사람의 상황이 부러울 수는 있지만, 그래도 마음과 정신마저 그 사람이 되고 싶은 것은 아니다. 어떤 사람이 되건 우리는 살아 있는 한 자기 자신으로서 삶을 경험하는 데 전념한다. 이 사실을 깨달으면 현재의 우리를 만들어낸 선택들이 소중해진다. 그렇다고 향상을 추구하지 말라는 뜻은 아니다. 다만 자신이 도달한 현재의 자아를 인정해야 한다는 것이다. 선택도, 그에 따른 결과도 주인은 나 자신이다. 이 선택은 지금의 나를 이루는 한 부분이다. 그래서 우리는 자신이 한 선택을 소중히 여긴다. 이런 근본적인 사실을 인정하는 것이 주어진 삶과 그 삶을 빚어낸 우리의 선택에 감사하는 열쇠가 된다.

최근 심리학계에는 '감사'를 다룬 연구가 많다. 로버트 에먼스Robert Emmons 연구진이 밝혀낸 결과, 감사할 줄 아는 사람들은 대체로 지역 공동체와의 유대가 강하고, 친구나 친척과의 관계도 만족스럽고, 다른 사람들이 좋아하는 사람들이다.[1] 그들은 감사할 줄 모르는 사람들보다 스트레스 관련 질환도 적고, 비만도 낮으며, 혈압도 더 낮다. 에먼스의 실험에 따르면 감사하는 마음이 커질수록 주관적 신체적 안녕감도 향상된다. 감사할 줄 아는 자세는 기쁨과 평정심, 경이로움, 용서를 생성해낸다. 또한 학습을 촉진하고 성공의 무대를 마련해준다. 감사할 줄 아는 이들은 으레 사람들에게 긍정적인 반응을 받는다. 주변 사람들을 인정하는 분위기를 뿜어내기 때문이다. 감사하는 마음은 힘든 시기에 회복력을 선사하기도 한다. 감사하는 마음이 인성적 강점인 이유가 여기 있다.

이것은 단순히 정중한 매니로 "감사합니다"라고 말하는 차원을 넘어선다. 감사는 살면서 겪게 되는 온갖 상황에서 긍정적 본질을 발견하겠다는 품위 있는 결심이다. 이것은 우리가 받은 혜택을 인식하고, 그에 대한 고마움을 경험하여, 그 혜택의 원천에 호의를 느끼고, 고마움과 호의로부터 긍정적으로 행동하고 싶은 욕구가 생기는 것을 의미한다. 고마움의 대상은 사람들(친구, 직장동료, 친척)일 수도 있고, 초월적 힘(신, 자연)일 수도 있으며, 제도(국가, 사회, 학교, 대학교)일 수도 있다. 대부분의 종교는 감사의 마음을 최고의 미덕으로 여긴다. '시민의 덕목'을 다룬 글들 또한 감사의 마음을 자애로운 행동의 주요 동기로 꼽는다.[2]

인생 회고를 하면서 내가 오랫동안 의혹을 품어왔다는 사실을 깨달았다. 나를 이끌어주고 보호해주고 모범이 되는 등 아들을 위해 할 수 있는 최선을 다하는 아버지가 곁에 있었다면 내 운명은 더 나아졌을까? 어렸을 때는 이런 의문을 단단히 봉해두었다. 의문이 들더라도 결국엔 꺾이지 않고 혼자서도 잘할 수 있다고 큰소리치며 고군분투할 것 같았기 때문이다. 하지만 의문은 늘 마음 한구석을 떠나지 않았고, 대처하기 힘든 문제를 만날 때마다 고개를 들었다. 의구심이 들면 문제가 악화되고 불안정한 악감정이 더해진다. 나의 긍정적 정체성과 안녕감에 그림자를 드리운 이 오랜 의혹을 떨쳐버리려면 어떻게 해야 할까?

나의 해법은 내가 처한 현실 덕을 본 것에 감사할 방법을 찾는 것이었다. 이것이 감사의 과정을 거쳐야 자아수용에 이른다는 주장이 의미하는 바다. 이를 위해 나의 과거와 현재 조건들이 내 모든 바람을 충족시켜왔다고 일일이 확인할 필요도 없었다. 객관적으로 모든 일이 내게 유리하게 풀렸다고 억지로 믿을 필요도 없었다. 내가 할 일은 따로 있었다.

먼저, 나의 과거와 현재 조건들이 내가 경험하고 소중히 여기는 모든 것에 기여한 바를 감사해야 했다. 나아가 나의 과거와 현재 상황 덕분에 내 미래를 위한 선택을 하게 된 것도 고마워해야 했다.

그렇게 하려면 불운에는 뜻밖의 보상이 따른다는 사실을 적어도 심리학적 의미에서는 이해해야 한다(이와 반대되는 사례도 마찬가지다. 복권 당첨 같은 뜻밖의 횡재도 시간이 지나면 불행을 몰고 오는 경우가 종종 있다). 살다 보면 불운에 적응하는 것을 넘어 더 잘될 방법까지 발견하는 경우가 있지 않은가. 그결과 객관적으로 더 강해지기도 한다. 가령 수많은 스포츠 스타들이 어릴 적 허약한 몸을 고쳐보려 운동을 시작했다고 말한다. 최고 반열의 기업가 중에는 난독증을 비롯한 학습장애로 고생한 이들이 수두룩하다.

한편으로 인간의 적응 능력이 주관적이라는 사실을 일깨우는 사례도 많다. 우리는 우리가 바꿀 수 없는 조건에 만족하며 사는 법을 배운다. 사고로 하반신이 마비된 사람들에 대한 임상 자료에 따르면, 약 1년의 적응기가 지나면 대체로 사고 이전과 유사한 수준의 주관적 안녕감, 즉 행복을 느끼는 상태에 도달한다고 한다. 고대의 스토아 철학자들이 깨달았듯, 심리적 상태는 객관적 조건에 무조건 수렴되는 것이 아니다.

헨리 데이비드 소로는 이렇게 적었다. "마음이 차분해지고 충분히 준비되면, 낙담할 때마다 그 안에서 보상을 발견하게 된다."[3] 인생 회고 과정에서 나는 객관적 또는 주관적 경험을 통해 아버지의 빈자리가 어떻게 크고 작은 방법으로 보상되었는지 알게 되었다. 객관적으로는, 나 스스로 헤쳐가는 법을 배웠다. 아마 돌봐줄 아버지가 있었다면 하지 않았을 일이었다. 같은 학교를 다닌 나와 아버지의 학창 시절을 비교해보라. 아버지는 안정적으로 양육되어 틀림없이 좋았겠지만, 과잉보호 탓에 게으른 열등생이 된 것으로 보인다. 이와 대조적으로 나는 팍팍한 환경에서 근성을 키울 수 있었다. 이는 경쟁이 치열한 집단 안에서 교육받고 경력을 쌓을 때 큰 도움이 되었다.

이번에는 나의 가정생활을 살펴보자. 어머니와 나의 성정을 내가 상상한 아버지의 성정과 비교하면서 돌아보니, 아버지가 집으로 돌아왔으면 우리 셋 누구도 행복하지 못했을 거라는 생각이 이제는 든다. 나로서는 두 분이 결혼 생활을 오래 유지하는 것은 고사하고 짧은 연애 기간이나마 어떻게 잘 지냈는지 도저히 상상이 되지 않는다. 아버지와 나를 놓고 봐도 둘 사이에 갈등이 심했을 것이 불 보듯 뻔하다. 언젠가 아버지가 그의 딸 피치트라의 독립적인 성격 때문에 자주 싸웠다는 이야기를 들었다. 내가 파악하기로 피치트라는 명랑하고 상냥한 아이였다. 어렸을 적의 나와 비교하면 더욱 그랬다. 만약 아버지가 과하게 까다로운 아내와 쇠고집인 아들과 함께 살았다면 우리를 어떻게 대했을까? 이제는 내가 그런 입장이 아니어서 다행이다 싶다.

내가 처했던 상황을 과도하게 장밋빛으로 포장하지는 않겠다. 어찌됐든 아버지의 부재로 생긴 객관적 손실에 고통받은 것은 사실이다. 남자 어른이 되는 길을 알려줄 사람이 없어서 청소년기 내내 혼자 힘으로 그 구멍들을 메워야 했다. 넥타이 매는 법, 면도하는 법, 자전거를 타고 자동차를 운전하는 법 같은 소소한 구멍들은 잠시 덩황하고 버벅대다 보면 터득이 되었다. 반면 더 어렵고 더 중요한 것들도 있었다. 내 아이가 생겼을 때가 그랬다. 나는 보고 배운 바 없이 아버지 되는 법을 깨쳐야 했다. 또한 세상이 돌아가는 이치를 말해줄 아버지가 없어서 중요한 기회를 몇 번 놓치기도 했다.

하지만 나는 이런 객관적 상실감을 보상할 심리적 혜택을 주관적 측면에서 발견했다. 마지막으로 골프를 예로 들겠다. (이번에는 골프 대신 수영이나 스케이트, 정원 가꾸기, 독서 등 다른 취미활동을 넣어도 무방하다.) 나는 곁에 없었던 아버지가 어떤 사람이었는지 알게 되면서 골프를 할 때의 느낌이 달라졌다. 골프에서의 빈 구멍을 주관적으로 보상받은 경험은 인생을 회고하며 감사의 마음을 찾고 싶었던 나의 탐색을 대표적으로 보여준다.

어린 시절부터 골프는 내게 기쁨과 황홀함의 원천이었다. 문제는 실력이었다. 나는 몇 년이나 홀로 노력했지만 결과는 대단치 않았다. 훌륭한 샷을 할 수는 있지만, 숙련된 일관성이 부족해서 정말 좋은 성적을 내지는 못한다. 골프를 처음 시작했을 때 옆에서 가르쳐줄 아버지가 있었다면 훨씬 실력 좋은 골퍼가 되었으리라 의심치 않는다. 그랬더라면 나쁜 습관이나 자세를 뒤늦게 고칠 필요도 없었을 테고, 어렵게 연마한 좋은 습관도 더 쉽게 포착해서 골프 달인이 되었을 것이다. 상상만으로도 짜릿하다. 하지만 그런 일은 결코 일어나지 않을 것이다. 이것이 내가 입은 객관적인 손실이다.

그런데 이런 객관적 손실을 생각하다 보니, 나와 함께 경기하던 여러 실력 좋은 골퍼들에게 생각이 미친다. 그들은 게임이 완벽하지 않을 때마다(짜증스러울 정도로 모든 골퍼에게 규칙적으로 일어나는 일이다) 괴로워한다. 샷이 빗나갈 때마다 뛰어난 골퍼들도 좌절, 괴로움, 공포를 느낀다. 탁월한 그들도 자신의 게임에 만족하지 못하는 경우가 허다하다.

하지만 나는 그렇지 않다. 입증해야 할 실력이 없는 나는 골프 코스에서 보내는 모든 순간을 철저히 즐긴다. 좋은 샷이 나오면 신나고, 끔찍한 샷이 나오면 웃고 털어버린다. 러프에 빠진 공을 기적적인 샷으로 건져올릴 때면 짜릿한 쾌감을 느낀다. 내가 이렇게 골프를 즐길 수 있는 것은 나 자신에 대한 기대치가 낮기 때문이다. 그리고 그 이유는 제대로 배우지 못한 탓에 이만저만한 중급 실력이라서 그렇다. 골프에서 느끼는 좌절 없는 황홀감 덕분에 나는 내 인생의 가치를 어마어마하게 높여준 모험 길에 오를 수 있었다.

만약 내가 아버지의 교습을 받았어도 똑같은 황홀함을 느낄 수 있었을까? 알 수 없는 일이다. 어쩌면 끝내 가지지 못한 둘만의 황홀감을 공유할 수 있었을지도 모른다. 다른 한편으로, 나는 연구자로 살면서 부모를 통해 입문한 활동에 흥미를 잃은 청소년들을 많이 만났다. 그들은 자기만의 관심거리를 갖고 싶어 했다. 내가 이 두 가지 중 어느 쪽으로 반응했을지는 알 수 없다. 하지만 어느 쪽이든, 지금 내가 골프를 대하는 방식을 조금도 바꾸고 싶지 않다는 것만은 분명하다. 나는 지금과 같은 방식으로 골프를 즐길 수 있어서 기쁘다. 그리고 나를 위해 상황이 이런 식으로 돌아간 것에 감사한다.

나는 이런 메시지를 골프에만 국한하지 않았다. 인생 회고를 하는 동안 내 과거와 현재의 다른 부분들도 이런 방식으로 보는 법을 배웠다. 객관적 손실이 있을 때마다 보상(일부는 객관적 보상이고 일부는 주관적 보상)도 있었다는 사실을 깨달았다. 이 사실을 인식할수록 내게 감사할 것이 많다는 근원적인 믿음이 강해진다. 이 믿음은 대단히 중요하다. 긍정적인 미래를 준비하기 위해 정체성을 쇄신한다는 인생 회고의 목표는 바로 이런 감사하는 마음에 달려 있다.

미래를 향해
정체성을 쇄신하다

문득 삶을 찬찬히 뜯어보게 되는 순간이 있다. 내게 잘 맞는 일을 하는지, 사람들과의 관계가 바람직한지, 나와 잘 어울리는 곳에 살고 있는지 의구심이 들 때가 그렇다. 나의 재정 상태는 양호한지, 내가 가족과 직장 그리고 세상에 얼마나 기여하고 있는지 의문이 들 때 자기 삶을 찬찬히 살펴보게 된다. 지금 행복한지 불만족스러운지, 내 생각이 어리석었는지 지혜로웠는지 궁금할 때, 삶을 찬찬히 검토해본다. 누구에게나 이런 순간이 주기적으로 찾아온다. 그리고 대개는 가장 먼저 떠오르는 자신의 조건이나 특성을 슬쩍 성찰하는 것에 그친다.

하지만 더러는 이 작업에 특별한 의미가 부여돼 온 마음을 쏟으며 노력해야 할 때도 있다. 졸업, 결혼이나 이혼, 사랑하는 사람과의 이별, 신체적 장애, 새 직업이나 은퇴 등 중대한 인생의 과도기를 맞을 때가 대표적이다. 인생의 갈림길에 도달하면 새로운 환경에 정신적으로 적응해야 한다. 어떤 갈림길은 약속으로 가득하지만(졸업, 결혼, 새 직장), 어떤 갈림길은 불길한 기운이 감돌 수도 있다(건강의 위기, 재정 악화, 그리고 많은 경우 은퇴도 여기에 해당한다). 새로운 환경이 달갑든 그렇지 않든, 그에 대비한다는 것은 현재 자신이 어떤 사람이며 변화된 조건에서는 어떤 사람이 될 수 있는지 살펴본다는 의미다.

여기에는 정체성을 쇄신하는 작업이 수반된다. 우리에게 도움이 되었던 부분을 재확인하고 필요에 따라 변경하거나 추가하는 것이다. 이것은 새로운 도전과 기회를 가져올 미래를 위해 정체성을 평가하고 재측정하는 과정이다. 미래는 과거나 현재와 다르지만, 연속성도 존재한다. 그러므로 새로운 환경이라는 조명 아래 정체성을 다시 살펴보면서 어떤 면에서는 정체성의 연속성을 유지하고 다른 면에서는 변화시켜야 한다. 이처럼 변화된 환경에 맞게 정체성을 적응시키는 것이야말로 개인의 성장과 번영의 열쇠다.

예컨대 성인기에 접어드는 청년은 직업인, 부모, 시민 등의 역할을 자신의 정체성에 포함시켜야 한다. 더 나이 들어 일자리를 떠나 은퇴하는 이에게는 새로운 삶의 목표와 나이에 맞는 생활방식, 우아하게 나이 드는 방법을 찾는 적응과정이 필요하다.[4] 어떤 나이건 마찬가지다. 변화하는 환경에 적응하려면 탑승수속을 하듯 정신적 체크인을 해야 한다. 미래를 직시하기 위해 현재의 정체성을 확인하고, 적응하고, 변화시켜야 한다.

정체성의 성장은 빈 캔버스에 멋대로 낙서하듯 무작위로 일어나지 않는다. 모든 종류의 심리적 발달이 그렇듯, 정체성의 성장 역시 정립된 개념 위에 이루어진다. 그 뒤에 무엇이 추가되건 대부분은 이런 초창기 개념을 기점으로 방향을 설정한다. 발달학자 하인츠 워너Heinz Werner가 지적했듯 "무에서 유가 나올 수는 없다." 그렇기에 정체성 성장 방향이 제대로 설정되려면 과거를 이해하는 것이 무척 중요하다. 우리가 어디에 있었는지 알면 지금 어디로 가고 있으며 앞으로 어떤 사람이 될지를 의식적으로 통제할 수 있다.

인생 회고를 통해 내 직업 선택의 뿌리(인간 발달과 도덕적 헌신에 초점을 두고 연구하고 글쓰기)를 파악한 후, 나는 이 맥락을 미래의 활동으로 확장해야겠다는 새로운 결심이 섰다. 또한 이런 삶의 목적을 타인들과 공유할 방법에 대한 아이디어도 생겼다. 덕분에 더 많은 에너지를 얻었다. 다 포기하고 빈둥거리는 삶으로 도피하고 싶은 노화의 유혹에도 넘어가지 않았다.[5] 무엇이 그 옛날 자신에게 목적을 심어주었는지 알면 불가피한 변화에 대한 적응력이 강해진다. 자신의 과거를 잘 이해할수록 미래의 방향성 선택이 더 현명해진다.

　인생 회고는 개인의 정체성과 미래의 방향을 의식적으로 통제하고자 하는 활동이다. 이를 통해 나이 들면서 저절로 일어나는 변화에 대한 성찰과 정보가 추가된다. 정체성은 시간이 흐르면서 변한다. 앞서 말했듯, 이런 변화는 언제나 과거 경험의 영향을 받는다. 하지만 우리 대부분은 기억력의 한계나 핵심 사실의 부족, (내 경우처럼) 가족의 비밀 때문에 과거의 중요한 부분들을 모른 채 산다. 인생 회고는 현재의 깨달음을 위해 과거의 중요한 부분을 다시 떠올리는 작업이다. 이 작업으로 생겨난 명확성과 이해는 미래 자아의 모습과 실체를 향해 가는 우리의 역량을 강화할 것이다. 여기에 무엇에든 감사하는 마음이 더해진다면, 인생 회고는 의도대로 되지 않은 모든 것들을 겸허히 받아들이며 우리가 이끌었던 삶의 가치를 긍정하도록 도와줄 것이다.

희망찬 미래에 이르는 방향을 올바르게 설정하고, 자신의 과거와 현재를 긍정적으로 해석하는 것. 인생 회고의 이 두 가지 이점은 성숙에 이르는 핵심 요건이다. 인생 회고를 창안한 로버트 버틀러는 노인들, 그중에서도 우울증과 싸우는 노인들을 염두에 두고 만들었다. 그러나 노인 환자뿐 아니라 모든 이들에게도 인생 회고가 가치 있다고 주장했다. 전 생애에 걸친 정체성 쇄신이라는 개념은 버틀러와 에릭슨의 이론에 모두 부합한다. 안타깝게도 이들의 주장을 뒷받침할 수 있는 내 증거는 나의 사례 하나뿐이다. 그럼에도 나는 자신 있게 말할 수 있다. 나는 인생 회고를 치료 목적으로 진행하지도 않았고, 너무 나이 들어서 하지도 않았다. 그런데도 앞에서 말한 두 가지 이점을 다 누릴 수 있었다.

오히려 인생 회고를 더 일찍 시작했더라면 좋았겠다는 아쉬움이 든다. 그동안 나는 아버지 없이 자랐다는 감정이 해소되지 않은 채 (그리고 대부분 부정된 채) 너무 오랫동안 살았다. 나에게 직업적 목적을 갖게 해준 학교 교육이 어떻게 가능했는지도 너무 오랫동안 잘못 알고 있었다. 알고 지냈으면 큰 기쁨이 되었을 가족들과 너무 오랫동안 교류 없이 살았다. 그러다 인생 회고를 기점으로 그런 감정들이 모두 해소되었고, 아버지를 둘러싼 진실도 밝혀졌으며, 나의 발달 궤적에 대한 잘못된 추측도 수정되었고, 가족과의 관계도 강화되었다. 그래서 나는 이 모든 혜택을 반기는 것만큼이나 그혜택을 입기까지 너무 오래 기다린 것이 후회된다.

하지만 모든 후회가 그렇듯, 알고 보니 이번 후회에도 보상적 측면이 있었다. 내가 새로 알게 된 사실들에 신이 나서잔뜩 상기되어 있을 때, 한 친구가 내게 이런 말을 했다. "빌, 하느님께 정말 감사하네. 자네가 아버지에 대해 이 모든 것을 알게 되어서. 그리고 하느님께 다시 감사한다네. 자네가더 일찍 알게 되지 않은 것을."

그때는 이 말에 고개를 갸우뚱했다. 지금도 내가 이 말에전적으로 동의하는지 여전히 확실하지는 않다. 하지만 이제친구의 말이 무슨 뜻인지는 안다. 그 친구의 말은 한 가지, 아니 두 가지 면에서 일리 있었다. 첫째, 어머니가 살아 계실때 아버지에 관한 진실을 찾아 나섰다면 아마도 어머니는 깊이 상처받았을 것이다. 만약 그랬다면 내가 어떻게 반응했을지 지금도 잘 모르겠다. 어쨌든 우리 모두를 괴롭게 했으리라는 것은 분명하다. 둘째, 아버지가 살아 계실 때 만나서 부자 관계로 지냈다면, 나는 지금의 내가 되지 않았을 것이다. 멀리 떨어져 사는 아버지와의 관계는 골치 아팠을 공산이 크다. 만약 내가 아주 어려서 아버지를 만났다면 아버지와의 동일시가 역효과를 낳았을 수도 있다. 어머니는 못마땅한 얼굴로 지켜보았을 것이고, 나는 반항적 기질까지 가세해 상황을 최악으로 몰아갔을 것이다. 이 뜨거운 역학관계가 내 성장기에 어떤 영향을 미쳤을지 누가 알겠는가? 더욱이 실제의 나는 아버지 없이 대처하는 법을 터득하면서 삶의 기술을 익힐 수 있었다. 이것이야말로 인생 회고를 통해 알게 되고 감사하게 된 보상 요인이다.

당신만의 이야기로
인생의 위대한 다음 장章을 써내려가라

나의 경우, 딸아이의 전화 한 통으로 뜻밖의 사실을 알게 된 후에야 삶을 돌아보는 일에 관심을 가지기 시작했다. 게다가 운 좋게도 로버트 버틀러와 그의 제자들이 쓴 인생 회고법에 관한 글들을 읽어본 상태였다. 댄 맥애덤스 연구진이 실시한 인생 이야기와 서사정체성, 성격 발달에 관한 과학적 연구에 대해서도 알고 있었다. 다만 다른 사람도 아닌 내 인생을 살펴보는 데 과학적 방법을 본격적으로 동원하고 싶지는 않았다. 여러 개인을 관통하는 일반적인 패턴보다는 나라는 유일한 삶에 투영된 특정한 패턴에 관심이 있었기 때문이다. 이에 따라 나는 공식적인 연구보다 훨씬 간소화한 조사 절차를 밟았다.

내가 한 작업은 누구든 으레 짐작할 만한 것들이다. 오랜 기억을 되짚고, 기억나는 대로 메모를 했다. 나와 아버지의 학교 생활기록부를 찾아보았다. 나와 우리 가족을 알았던 친구나 친척을 찾아 연락했다. 아직 생존해 있는 아버지의 친구나 친척을 만나서 그들이 아는 내용을 들었다. 역사 기록물 보관소를 찾아 아버지의 군 시절 기록과 외무부 근무 기록을 조사했다. 소셜미디어로 '새로 생긴' 가족들이 어디 사는지 확인했고, 문서 기록이 없거나 이야기의 핵심 인물이 사망하면서 생긴 빈 구멍은 인터넷 검색으로 채웠다. 가능한 경우에는, 서로 다른 정보원들의 증언을 교차 확인하여 내가 알아낸 정보의 신빙성을 입증했다.

이 과정은 고르지 않았기 때문에 과학적 의미에서 신뢰성을 주장할 만하지는 않다. 예측할 수 없게 변화하는 기억의 속성은 불가피한 것이라, 내가 내놓을 수 있었던 인생 이야기에는 여전히 모호함이 남아 있다.

이런저런 이유로 나는 내가 사용한 접근법이 심리학적 연구나 실천에 채택될 준비가 된 방법이라 생각하지는 않는다.

그보다는 일종의 파일럿 프로그램 정도로 보면 될 듯하다. 이 경험은 개인적으로도 가치 있었고, 발달심리학자의 입장에서도 매우 흥미로웠다. 바라건대 다른 연구자들이 대표성 있는 연구 대상 표본을 가지고 정식으로 인생 회고법의 잠재력을 탐구했으면 좋겠다. 버틀러와 그의 제자들은 '치료적 자서전', '구조화된 기억', 이른바 '회상의 기술과 회상의 과학'[6] 등 다양한 인생 회고법을 제시한 선구자들이다. 나는 이들의 연구가 인간의 자아실현에 관한 통찰을 제공하며 탐구할 만한 가치가 있다고 생각한다. 비록 나의 인생 회고에는 적용하지 않았지만, 장년기와 노년기의 자아실현에 이르는 길을 체계적으로 탐구하고자 하는 이들에게 내 시도가 참고가 되기를 바란다.

인생 회고는 본질적으로 목적이 있는 작업이다. 이것은 한 사람의 삶의 의미와 그가 수년에 걸쳐 발견하고 추구한 삶의 목적을 확인해주는 사건들을 다시 떠올리는 의도적인 활동이기 때문이다. 나는 인생 회고법을 사용하면서 마음속에 세 가지 개인적 목적과 한 가지 전문가적 목적을 품었다.

첫 번째 개인적 목적은 아버지와 그의 인생 이야기를 찾는 것이었다. 나의 아버지가 된 뒤 내 인생에서 영원히 사라져버린 그 남자의 삶에 큰 흥미를 느꼈다. 그에 대해 더 많은 사실을 알게 되면서 나의 관심은 그의 두 번째 가족, 그의 군 복무 시절과 외교관 시절, 그가 살았던 역사적 시기로 확장되었다. 아버지의 인생 이야기는 그가 살던 시대의 역사와 얽혀 있다. 누구든 그렇지 않겠는가마는 아버지는 좀 더 극적이고 파란만장한 방식으로 역사와 얽혀 있었다. 이 때문에 나는 아버지의 이야기에 더 강하게 끌렸다.

두 번째 개인적 목적은 아버지의 가족과 알고 지내는 것이었다. 그들이 누구인지 알게 되면서 나는 그들과 연결되고 싶어졌다. 그들 또한 나와 아내, 우리 아이들과 가족 관계를 이루는 것에 놀랍도록 호의적이었다. 그들을 만나기까지 그토록 오래 걸린 바람에 얼마나 많은 것을 놓쳤는지 깨달은 뒤, 나는 인생 회고가 가져온 이 선물을 더욱 깊이 만끽했다.

내 인생 회고의 세 번째 개인적 목적은 나 자신을 아는 것이었다. 우리는 나이 들면서 이런 생각에 맞닥뜨리곤 한다. 지금의 나를 만든 과거의 사건들을 내가 과연 제대로 이해하고 있는 걸까? 그러면서 자신을 알고 싶어진다. 누구나 시간이 흐르면서 변하지만, 이를 완전히 인식하지 못할 수도 있다. 나의 경우, 내 인생 이야기와 현재의 나를 있게 한 변화를 이해하는 것은 아버지의 인생 이야기가 내 이야기에 어떻게 영향을 주었는지 알게 되는 것을 의미했다. 마리아의 전화로 탐색을 시작했을 때, 나는 마침 이런 일을 할 만한 인생 시기에 있었다. 버틀러와 에릭슨이 연구한 자기쇄신과 삶의 긍정을 찾는 사람들과 비슷하게 말이다. 마리아의 전화는 딱 좋은 순간에 내게 걸려 온 셈이었다. 마침내 진실과 진실이 가져다 주는 이로움을 알게 되면서 나는 삶의 매 단계에서 자기 인식을 향상하는 것의 가치를 깨닫게 되었다.

나의 네 번째이자 전문가적 목적은 정체성 재구성과 자기 쇄신에 대한 접근법 하나를 나 자신에게 시도해보는 것이었다. 이 접근법을 좌우하는 것은 인생 이야기를 하는 것이다. 1990년대부터 이를 주제로 한 연구와 논문이 상당히 많이 등장했지만 아직 주류 심리학과 발달학에 의미 있는 영향을 주지 못하고 있다. 이와 대조적으로, 인문학 분야에서는 최근 들어 자기 서사personal storytelling에 관한 관심이 커졌다. 이런 시도가 늘어나고 성공을 거두는 것을 보면 인생 이야기의 매력이 가늠된다. 버틀러와 그 제자들의 연구를 보면 정체성 반영과 성장을 위한 심리학적 방법론으로서 스토리텔링의 잠재력을 알 수 있다. 나는 이 새로운 심리학적 접근법에서 목격한 가능성에 강한 호기심을 느꼈고, 나 자신에게 시도해보고 싶었다.

사람들을 돕는 것이 존재이유인 심리학은 자아발견과 나아가 자아통합을 추구하는 이들에게 조언해줄 방법을 탐색해왔다. 초창기 심리학은 거의 오로지 **과거**의 해소되지 않은 갈등에만 초점을 맞추어 심리적 고통을 덜어주려 했다. 지그문트 프로이트가 오래된 상처를 치유하기 위해 깊이 묻혀 있던 환자의 기억을 끌어올린 것은 유명하다. 이 고통스러운 역사를 깨끗이 치우면 상처를 소독하는 데 도움이 될 수 있다는 것이 '재구성 작업'의 기본 전제다. 그런데 상처를 소독하는 것도 아팠다. 어쩌면 처음 상처받았을 때보다 더 강렬하게 아팠을 것이다.

20세기 후반에 일어난 심리학의 '인지 혁명'은 개인이 세계를 경험하는 **현재**의 방식에 더 주목했다. 인지심리학자들은 사람들이 과거에 묶여 있고, 기억하지도 못하는 사건들이 그들을 움직인다는 발상이 불편했다. 인지심리학에서는 더 적극적이고 기술 기반의 관점에서 인간의 본성을 바라보았다. 만약 사람들이 더 합리적이고 안정적이며 긍정적인 방식으로 삶을 바라볼 수 있도록 격려받는다면, 현재의 문제에 더 잘 대처하고 현재의 기회를 더 잘 잡을 수 있으리라는 생각이었다. 건강한 심리적 기능을 위해 실제로 이밖에 다른 무엇이 필요하단 말인가? 주로 인지행동치료CBT로 구현된 이러한 접근법은 동양의 전통사상과 수행으로 더욱 강화되었다. 다양한 명상과 요가는 '현재에 머무르기'의 가치를 강조하면서 이를 향해 마음을 집중하는 방법들을 설파했다. 동양사상이 낯선 이들에게는 스토아학파의 사상을 공유했다. 스토아 철학자들은 강력한 마음의 습관을 만들어 정서적 안정을 얻는 방법을 통해 경험을 규정하고 통제하고 향상하는 힘을 믿었다.

최근에는 심리학의 초점이 **미래**(혹은 미래의 열망)가 정체성과 자기발전에 미치는 영향으로 옮겨갔다. 이 흐름은 심리학자 마틴 셀리그먼의 이른바 '전망적 사고'[7]에 관한 논문들에 바탕을 두고 있다. 주장의 핵심 내용은 이렇다. 희망찬 미래 전망을 상상할 때, 과거의 문제에 머물 때보다 더 주체적이고 적응력 있게 자신의 발달을 도모할 수 있으며 효과도 유익하다. 이런 관점에서 보면, 우리의 직관과 달리 미래는 과거나 현재보다 인간 발달에 더 중대한 영향을 미친다. 인간은 그들의 상상력에 이끌려 미래로 빨려들어간다. 종국에 우리의 운명을 만드는 것은 바로 이것이다. 이런 주장은 창의력이나 영성과 같은 인간의 고등 능력을 강조하는 셀리그먼의 긍정심리학 운동과도 일맥상통한다.[8]

목적의 발달에 관한 나의 논문들은 전망적 사고라는 개념

및 긍정심리학 접근법과 가장 근접해 있다. 목적은 본질적으로 미래지향적이다. 목적이 있는 사람들은 그들이 장기간에 걸쳐 이루고자 하는 목표를 내다본다. 목적의 힘은 의욕, 에너지, 희망, 회복력 등 미래지향적 헌신이 가져다주는 장점에 있다. 목적은 미래의 열망이 어떻게 그 사람의 자기발전을 가능케 하는지 보여주는 최고의 본보기다. 과거의 사건들이 제아무리 위력 있고 파괴적이더라도, 이것이 우리 운명을 영원히 결정짓지는 않는다. 바로 이것이 해방의 지점이다. 인간은 생각과 상상력을 통해 자기 삶과 정체성의 미래 방향을 통제할 힘을 얻는다.

물론 과거는 여전히 중요하다. 마찬가지로 현재의 경험에 주목하는 것도 필수적이다. 모든 심리학파는 저마다 주장하는 핵심점이 있다. 과거, 현재, 미래는 모두 한 사람의 자아에 대한 시각을 형성하는 데 일정한 역할을 한다. 심리학을 과거지향적, 현재지향적, 미래지향적 접근으로 구별하면 실제 자기발전 과정보다는 심리학의 역사에 초점을 맞추기 쉽다. 심리학파마다 전혀 다른 접근법이 있다는 사실에서 우리가 취해야 할 메시지는 이것이다. 잊어버린 자신의 과거 기원부터 상상속 미래에 이르기까지, 우리 삶의 모든 시간은 우리에게 자기규정과 잠재적 성장에 필요한 재료를 제공한다. 적극적으로 이 재료를 꼼꼼히 살피는 것은 우리 몫이다. 그런 다음 거기서 발견한 것을 통합하여 우리가 과거에 어떤 사람이었고, 지금은 어떤 사람이며, 나이 들고 성장하면서 어떤 사람이 되고자 하는지 일관되고 뚜렷하며 만족스러운 비전으로 만들어내는 것도 우리의 몫이다.

자신이 추구하는 삶의 목적과 정립하고자 하는 정체성을 계속해서 성찰하는 한, 자기 성장의 가능성은 전 생애에 걸쳐 끝없이 열려 있다. 하지만 실제 성장하려면 시간이 걸리고, 오롯이 성장만 하는 경우도 드물다. 심리적 발달에는 많은 굴곡이 있고, 이론화되지 못한 역설도 많다. 나는 이처럼 발달적 변화의 복잡하고, 장기적이고, 역설적인 본질에 특히 관심이 많았다. 현재 내가 진행 중인 탐구도 예외가 아니다.

마지막으로 한 가지 덧붙이고 싶은 것이 있다. 인생 회고를 하면서 나는 목적이 있는 온전한 모습의 만족스러운 자아정체성을 발달시키는 과정에는 네 가지 역설이 존재한다는 것을 알게 되었다.

첫째, 긍정적으로 미래를 내다보는 능력을 지니려면, 개방적이고 솔직하게 뒤를 돌아보고 후회와 부정적인 사건들을 인정하고 수용할 줄 알아야 한다.

둘째, 자전적 발견은 자아에 대한 이해를 깊게 해준다. 하지만 동시에 (기존에는 알려지지 않은 방식으로) 자아 형성에 영향을 미친 타인들의 지식에 의존하기도 한다.

셋째, 온전한 정체성을 정립하려면 과거에 내가 했던 것, 현재 내가 하고 있는 것, 미래에 내가 선택해서 할 것에 대해 진지하게 생각해야 한다. (모두 다 중요하다.) 하지만 자신에게만 너무 몰입하다 보면 해로운 자기도취에 빠질 수 있다. 인생 궤적을 되돌아볼 때 겸손은 필수다.

넷째, 목적은 자아에 유익하다. 자아를 넘어 세상에 유익한 목표를 달성하겠다는 다짐을 요구하기 때문이다. 이런 식으로 목적은 회복력과 에너지를 북돋고 무기력과 자기도취를 방지한다.

인간이 살면서 하는 모든 선택은 나는 지금 어떤 사람이며 앞으로 어떤 사람이 되고 싶은지 스스로 인식한 데에서 나온다. 자아정체성이 매일의 삶에서 그토록 강력한 힘을 발휘하는 이유다. 자아정체성은 우리가 감수하는 모든 위험과 우리가 성취하고자 하는 모든 열망, 우리가 추구하는 모든 평범하고 고귀한 목적을 만들어낸다. 자아정체성은 태어나면서부터 주어지는 것이 아니다. 우리는 어떤 부류의 사람이 될지 스스로 결정할 수 있(고 또 결정해야 한)다는 인식을 바탕으로, 의도적으로 정성스럽게 자신의 자아정체성을 다듬어갈 수 있다. 그럴 때 비로소 자신의 미래를 창조하는 데 적극적인 역할을 할 수 있다.

주(註)

1장.
정체성의 빈칸을 채우는 여정

1 빅터 프랭클, 이시형 옮김,《빅터 프랭클의 죽음의 수용소에서 : 죽음
   조차 희망으로 승화시킨 인간 존엄성의 승리(Man's Search for Mean-
   ing: An Introduction to Logo-Therapy)》, 청아출판사 (2020).
2 이와 관련해 참조할 자료는 다음과 같다. M. E. P. Seligman and M.
   Csikszentmihalyi, "Positive Psychology: An Introduction," *Amer-
   ican Psychologist* 55 (2000): 5 – 14; and M. E. P. Seligman, T. A.
   Steen, N. Park, and C. Peterson, "Positive Psychology Progress:
   Empirical Validation of Interventions," *American Psychologist* 60
   (2005): 410 – 421.
3 자기 서사적 접근법에 대해서는 다음의 자료를 참조하라. B. Haight
   and J. Webster, eds., *The Art and Science of Reminiscing: Theory, Re-
   search, Methods, and Applications* (Washington, DC: Taylor and Francis,
   1995); D. Rubin, ed., *Remembering Our Past* (New York: Cambridge
   University Press, 1996); James E. Birren, ed., *Aging and Biography*
   (New York: Springer, 2004); J. E. Birren and D. E. Deutchman,
   Guiding Autobiography Groups for Older Adults (Baltimore and London:
   Johns Hopkins University Press, 1991); D. McAdams, "The Psychol-
   ogy of Life Stories," *Review of General Psychology* 5, no. 2 (2001):

100 – 122; E. Bohlmeijer, M. Roemer, P. C. Smit, and F. Smit, "The Effects of Reminiscence on Psychological Well-Being in Older Adults: A Meta Analysis," *Aging and Mental Health* 11, no. 3 (2007): 291 – 300; U. M. Staudinger, "Life Reflection: A Social-Cognitive Analysis of Life Review," *Review of General Psychology* 5 (2): 148 – 160; D. P. McAdams and K. C. McLean, "Narrative Identity," *Current Directions in Psychological Science* 22, no. 3 (2013): 233 – 238; Stanton Wortham, "Narrative Self-Construction and the Nature of Self," in *Narratives in Action* (New York: Teachers College Press, 2001), 136 – 156; J. M. Adler, W. L. Dunlop, R. Fivush, J. P. Lilgendahl, J. Lodi-Smith, D. P. McAdams, K. C. McLean, M. Pasupathi, and M. Syed, "Research Methods for Studying Narrative Identity: A Primer," *Social Psychological and Personality Science*, 8 (2017): 519 – 527.

4   R. Butler, "Foreword: The Life Review," in *The Art and Science of Reminiscing: Theory, Research, Methods, and Applications*, ed. B. Haight and J. Webster (Washington, DC: Taylor and Francis, 1995), xvii.

5   노스웨스턴 대학교의 댄 맥애덤스와 그의 동료들이 개발한 인생 이야기 인터뷰 방법은 '인생 이야기 연구 그룹' 웹사이트(https://sites.northwestern.edu/thestudyoflives researchgroup/instruments/)에서 확인할 수 있다.

6   이는 위대한 심리학자 고든 올포트가 20세기 초에 소개한 '공리주의적' 연구와 '관념론적' 연구의 차이점이기도 하다. 공리주의적 연구는 전체 인구의 일반적인 경향을 설명하는 패턴을 찾으며, 댄 맥애덤스의 연구가 좋은 사례다. 반면 이 책에 적용된 관념론적 연구는 해당 사례를 설명하는 패턴을 찾기 위해 단일 사례를 조사한다. 물론 두 유형 모두 상호 영향을 미칠 수 있다.

7   Willoughby Tavernier, "Adolescent Turning Points: The Association between Meaning-Making and Psychological Well-Being," *Developmental Psychology* 48, no. 4 (2012): 1058 – 1068.

8   J. J. Bauer, D. P. McAdam, and A. R. Sakaeda, "Interpreting the Good Life: Growth Memories in the Lives of Mature, Happy People," *Journal of Personality and Social Psychology* 88, no. 1 (2005):

203 – 217; M. Pinquart and S. Forstmeier, "Effects of Reminiscence Interventions on Psychosocial Outcomes: A Meta-Analysis," *Aging and Mental Health* (2012): 1 – 18.

9 James Birren and Betty Birren, "Autobiography: Exploring the Self and Encouraging Development," in *Aging and Biography*, ed. James E. Birren (New York: Springer, 2004), 34 – 48.

10 Timothy Hoyt and Monisha Pasupathi, "The Development of Narrative Identity in Late Adolescence and Emergent Adult," in *Developmental Psychology* 45, no. 2 (2009): 558 – 574; Jack Bauer and Dan McAdams, "Personal Growth in Adults' Stories of Life Transitions," *Journal of Personality* 72, no. 3 (2004): 573 – 602.

11 R. Butler, "Foreword: The Life Review," in *The Art and Science of Reminiscing: Theory, Research, Methods, and Applications*, ed. B. Haight and J. Webster (Washington, DC: Taylor and Francis, 1995), xx – xxi.

12 Paul T. P. Wong, "The Process of Adaptive Reminiscences," in *The Art and Science of Reminiscing: Theory, Research, Methods, and Applications*, ed. B. Haight and J. Webster (Washington, DC: Taylor and Francis, 1995), 23 – 24.

2장.
과거의 문을 열다

1 USIA는 국무부의 문화 담당 부서였다. 공산주의나 전체주의 체제에 휩쓸릴 가능성이 있는 모든 국가에 미국식 민주주의 전통과 생활양식의 장점을 전파하는 데 전념했다. 이 '문화'라는 용어에는 예술, 지리적 설명, 뉴스 보도, 정치 논평, 은밀한 선전 등이 두루 포함된다. USIA는 주둔 국가에 대한 정보를 수집했으며, 미국의 다른 정보기관과도 연계되어 있는 것으로 알려졌다.

2 T. Brokaw, *The Greatest Generation* (New York: Random House, 1998).

3장.
정체성과 삶의 목적

1   스티브 잡스의 스탠퍼드 졸업식 연설은 "You've Got to Find What You Love", 스탠퍼드 뉴스, 2005년 6월 14일, https://news.stanford.edu/2005/06/14/jobs-061505/ 참조.

2   견디기 힘든 인생의 재앙에 대처하는 치유법에 대해서는 D. Van Tongeren and S. Vantongeren, *The Courage to Suffer: A New Clinical Framework for Life's Greatest Crises* (West Conshohocken, PA: Templeton Press, 2020). 참조.

3   의학분야의 최근 저술 중에는 아툴 가완디, 김희정 옮김, 《어떻게 죽을 것인가 : 현대 의학이 놓치고 있는 삶의 마지막 순간(Being Mortal: Medicine and What Matters in the End)》, 부키 (2022). 참조.

4   윌리엄 데이먼, 정찬우 옮김, 《무엇을 위해 살 것인가 : 스탠포드대 인생 특강 · 목적에 이르는 길(The Path to Purpose: How Young People Find Their Calling in Life)》, 한국경제신문사 (2012). 참조. 이와 유사한 결과를 보고한 전 세계의 연구에 대해서는 스탠퍼드 청소년 센터 https://coa.stanford.edu/ 참조.

5   위와 같음.

6   피터 벤슨, 신홍민 옮김, 《우리 아이 재능 멘토링(Sparks: How Parents Can Help Ignite the Hidden Strengths of Teenagers)》, 맥스미디어 (2011).

7   Encore.org(https://encore.org/) 마크 프리드먼(Marc Freedman)의 작업 참조.

8   M. J. Bundick, K. Remington, E. Morton, and A. Colby, "The Contours of Purpose beyond the Self in Midlife and Later Life", *Applied Developmental Science*, 1-21, DOI: 10.1080/10888691.2018.1531718.

9   이 사실은 필립스 아카데미 앤도버보다는 브록턴 지역에 대해 더 많은 것을 시사한다. 학교의 오랜 명성에 걸맞게 이 학교는 언제 어디서 어떻게든 '노력하는' 소년들을 환영해왔다. 1778년에 작성된 학교 헌장에는 "모든 영역의 소년"을 교육할 것을 약속했고, 그 사명을 충실히 지켜왔다. 그럼에도 내가 자란 동네에서는 특별한 인연이 없는 한 이 학교에 대해 알지 못했다.

4장.
미성숙한 아버지와 성숙한 아들

1 내가 동창회에 참석한 이후 몇 년에 걸쳐 학교는 도서관을 개조하고 기록물 보관소를 캠퍼스 본관 지하로 옮겼다. 내가 방문하기 전에 이런 변화가 일어나지 않아서 다행이라 생각한다.

2 Lexico.com: https://www.lexico.com/definition/character.

3 문득 '자아를 넘어서는' 목적의 중요성에 대한 내 글이 앤도버 시절에 받은 인성 훈련으로 거슬러 올라갈 수도 있겠다는 생각이 든다.

4 Peter Schweizer and Rochelle Schweizer, *The Bushes: Portrait of a Dynasty* (New York: Doubleday, 2017).

5 Richard M. Lerner, *Concepts and Theories of Human Development* (Oxford: Taylor and Francis, 2018).

6 윌리엄 데이먼, 정찬우 옮김, 《무엇을 위해 살 것인가 : 스탠포드대 인생 특강 · 목적에 이르는 길》, 한국경제신문사 (2012), 앤절라 더크워스, 김미정 옮김, 《그릿 : IQ, 재능, 환경을 뛰어넘는 열정적 끈기의 힘 (Grit: The Power of Passion and Perseverance)》, 비즈니스북스 (2019).

5장.
전쟁과 도덕적 성숙

1 이러한 기록은 미국 미주리주 세인트루이스에 있는 국립인사기록센터 (NPRC)에 보관되어 있었을 것이다. 그러나 1973년 7월 12일 발생한 화재로 1912~64년에 전역한 군인들의 복무 기록이 담긴 1600만 개의 파일이 소실되었다. 아버지의 공식 파일도 그중 하나였다.

2 앤절라 더크워스, 김미정 옮김, 《그릿 : IQ, 재능, 환경을 뛰어넘는 열정적 끈기의 힘》, 비즈니스북스 (2019).

3 W. Damon and A. Colby, *The Power of Ideals: The Real Story of Moral Choice* (New York: Oxford University Press, 2015); A. Colby and W. Damon, *Some Do Care: Contemporary Lives of Moral Commitment* (New York: The Free Press, 1992)..

6장.
목적에 이르는 세 갈래 길

1   J. Bach, *America's Germany: An Account of the Occupation* (New York: Random House, 1946), 11.

2   Bach, *America's Germany*, 99.

3   Bach, *America's Germany*, 4.

4   Bach, *America's Germany*, 151.

5   Bach, *America's Germany*, 229.

6   R. Jeffers, *The Double Axe* (New York: Random House, 1947), viii.

7   Daniel Fineman, *A Special Relationship: The United States and Military Government in Thailand, 1947–1958* (Honolulu: University of Hawai'i Press, 1997).

8   Paul Handley, *The King Never Smiles* (New Haven, CT: Yale University Press, 2006).

9   Medium.com. https://medium.com /@robertrochlen/in-1956-kukrits-wife-or-ex-wife-who-worked-for-usis-with -my-father-told-my-father-that-the-4d2d61b0ad5e.

10   미국 매사추세츠주에 위치한 브록턴은 한때 70여 개의 신발 공장이 있어 '세계의 신발 수도'로 불렸다. 얼마 전 1920년대 무성 영화에서 "브록턴 신발은 여기서 사세요!"라는 플래카드가 뉴욕의 거리를 장식한 장면을 본 적이 있다. 내가 태어날 무렵 브록턴의 신발 회사들은 대부분 뉴잉글랜드의 높은 인건비와 대공황의 여파를 견디지 못해 남부로 이전하거나 파산한 상태였다. 그들이 떠난 후 도시는 내가 어린 시절을 보내는 동안에도 여전히 경제 불황의 늪에 빠져 있었다.

11   대표적으로 다음과 같은 연구가 있다. N. J. Cabrera and C. S. Tamis LeMonda, eds., *Handbook of Father Involvement: Multidisciplinary Perspectives* (Oxford: Taylor and Francis, 2013); H. S. Goldstein, "Fathers' Absence and Cognitive Development of Children over a 3- to 5-Year Period," *Psychological Reports* 52, no. 3: 971 – 976; M. Shinn, "Father Absence and Children's Cognitive Development," *Psychological Bulletin* 85, no. 2: 295 – 324.

12   M. Leidy, T. Schofield, and R. Parke, "Father's Contributions to

Children's Social Development," in *Handbook of Father Involvement: Multidisciplinary Perspectives*, ed. N. J. Cabrera and C. S. Tamis-Le-Monda (Oxford: Taylor and Francis, 2013).

13 Goldstein, "Fathers' Absence and Cognitive Development of Children over a 3- to 5-Year Period."

14 미하이 칙센트미하이, 노혜숙 옮김, 《창의성의 즐거움(Creativity: Flow and the Psychology of Discovery)》, 더난출판사 (2003).

15 W. Damon, "Good? Bad? Or None of the Above? The Time-Honored Unavoidable Mandate to Teach Character," *Education Next* 5 (2): 20 – 28.

16 J. M. Mariano and W. Damon, "The Role of Spirituality and Religious Faith in Supporting Purpose in Adolescence," in *Positive Youth Development and Spirituality: From Theory to Research*, ed. R. Lerner, R. Roeser, and E. Phelps (West Conshohocken, PA: Templeton Foundation Press, 2008), 210 – 230.

17 W. J. Lively and D. B. Bromley, *Person Perception in Childhood and Adolescence* (London: Wiley, 1973).

18 L. Kohlberg, "The Study of Moral Development," in *Moral Development and Behavior*, ed. T. Lickona (New York: Holt, Rinehart, and Winston, 1976).

19 W. Damon, *The Social World of the Child* (San Francisco: Jossey-Bass, 1977).

20 W. Damon, "The Development of Justice and Self-Interest during Childhood," in *The Justice Motive in Social Behavior*, ed. M. Lerner (New York: Plenum Press, 1981), 57 – 72; W. Damon and M. Killen, "Peer Interaction and the Process of Change in Children's Moral Reasoning," *Merrill-Palmer Quarterly* 28 (no. 3): 347 – 367.

21 A. Colby and W. Damon, *Some Do Care: Contemporary Lives of Moral Commitment* (New York: The Free Press, 1992).

22 W. Damon and A. Colby, *The Power of Ideals: The Real Story of Moral Choice* (New York: Oxford University Press, 2015).

23 https://www.thegoodproject.org.

24 이 책 3장에서 이 연구 프로젝트의 핵심 결과를 설명했다.

25 H. Gardner, *The Quest for Mind* (New York: Random House, 1972).

26 E. L. Simpson, "Moral Development Research: A Case Study of Scientific Bias," *Human Development* 17: 81–106.

27 R. Brown and R. Herrnstein, *Psychology* (Boston: Little, Brown, 1975).

28 W. Damon, ed., *Handbook of Child Psychology: The Fifth Edition*, 4 vols. (New York: John Wiley and Sons, 1996); W. Damon and R. Lerner, eds., *Handbook of Child Psychology: The Sixth Edition*, 4 vols. (New York: John Wiley and Sons, 2006).

29 W. Damon, *The Moral Child: Nurturing Children's Natural Moral Growth* (New York: The Free Press, 1990).

30 W. Damon, *Greater Expectations: Overcoming the Culture of Indulgence in Our Homes and Schools* (New York: The Free Press, 1995).

31 W. Damon, *The Youth Charter: How Communities Can Work Together to Raise Standards for All Our Children* (New York: The Free Press, 1997).

32 스탠퍼드 청소년센터 간행물 웹페이지 https://coa.stanford.edu/publications.

7장.
아버지의 마지막 골프 레슨

1 이 용어를 조심스럽게 사용하는 이유는 골프 문헌에서 종종 볼 수 있는 용어일뿐더러 골퍼들이 골프를 얼마나 진지하게 받아들이고 있는지를 시사하기 때문이다. 한편으로는 골퍼들이 흔히 주고받는 농담이기도 하다. "골프가 인생의 축소판이라 하지만, 사실 인생이 골프의 실사판이다." 이 책에서 이 골프의 지혜를 언급하는 이유는 나의 골프 경험을 인생 리뷰에서 얻은 통찰력의 가치 있는 사례로 활용하기 위해서다.

2 마이클 머피, 민훈기 옮김, 《내 생애 최고의 골프(Golf in the Kingdom)》, 미래를소유한사람들 (2013).

3 이 기록이 나를 구제할 길 없는 광신도로 낙인찍지 않기를 바라며 한

마디 덧붙인다. 그날 사용한 공은 예전에 매사추세츠에 있는 업다이크의 홈 코스를 순례할 때 구입한 것이었다. 세인트앤드루스에서 나는 백 티에서 85타를 치고 유명한 로드 홀에서 파를 기록하는 등 평소보다 훨씬 좋은 플레이를 펼쳤다. 정말 놀라운 점은 18개의 까다로운 홀에서 공을 한 번도 잃어버리지 않았다는 것이다. 이제 그 공은 마치 새것처럼 흠집 하나 없이 내 서재에 놓여 있다. 신비롭지 않은가?

8장.
아버지의 삶을 탐험하며 깨달은 것

1　R. Emmons, *Thanks! How the New Science of Gratitude Can Make You Happier* (New York: Hachette Book Group, 2007).

2　H. Malin, P. Ballard, and W. Damon, "Civic Purpose: An Integrated Construct for Understanding Civic Development in Adolescence," *Human Development* 58:103 – 130.

3　S. J. Cramer, ed., *I to Myself: An Annotated Selection from the Journal of Henry D. Thoreau* (New Haven, CT: Yale University Press, 2007).

4　우아하게 나이 드는 방법은 다음의 자료를 참조하라. M. Freedman, *How to Live Forever: The Enduring Power of Connecting the Generations* (New York: Hachette Book Group, 2018).

5　마크 프리드먼은 이런 무의미한 노화를 '황금기 신화'라 부른다. 언젠가 릭 워렌 목사의 유쾌한 강연을 들은 적이 있는데, 그는 은퇴 후 "햇볕이 잘 드는 해변의 파라솔 아래서 술 마실" 생각은 버리라고 말했다. 은퇴 후 시간을 어떻게 보낼지 고민할 때마다 이 이미지가 떠오르면 항상 웃음이 난다.

6　Barbara Haight and Jeffery Webster, *The Art and Science of Reminiscing: Theory, Research, Methods, and Applications* (Washington, DC: Taylor and Francis, 1995).

7　마틴 셀리그먼 외, 김경일 외 옮김, 《전망하는 인간, 호모 프로스펙투스(Homo Prospectus)》, 웅진지식하우스 (2021).

8　C. Peterson, 문용린 외 옮김, 《긍정심리학의 입장에서 본 성격 강

점과 덕목의 분류(Character Strengths and Virtues: A Handbook and Classification)》, 한국심리상담연구소 (2009).

아버지의 마지막 골프 레슨
더 충만하고 의미 있는 삶으로 안내하는 인생수업

2024년 2월 28일 초판 1쇄 발행

지은이 윌리엄 데이먼
옮긴이 김수진
펴낸이 김은경
편집 권정희, 장보연
마케팅 박선영
디자인 황주미
경영지원 이연정
펴낸곳 ㈜북스톤
주소 서울시 성동구 성수이로7길 30, 2층
대표전화 02-6463-7000
팩스 02-6499-1706
이메일 info@book-stone.co.kr
출판등록 2015년 1월 2일 제2018-000078호

ISBN 979-11-93063-29-3 (03180)

북스톤은 세상에 오래 남는 책을 만들고자 합니다. 이에 동참을 원하는 독자
여러분의 아이디어와 원고를 기다리고 있습니다. 책으로 엮기를 원하는 기
획이나 원고가 있으신 분은 연락처와 함께 이메일 info@book-stone.co.kr로
보내주세요. 돌에 새기듯, 오래 남는 지혜를 전하는 데 힘쓰겠습니다.